Bernd W. Klöckner / Steffen Horn / Werner Dütting

Kompaktwissen Altersvorsorge

Bernd W. Klöckner
Steffen Horn
Werner Dütting

Kompaktwissen Altersvorsorge
Das Produkthandbuch zum Rechentraining

Bibliografische Information der Deutschen Nationalbibliothek
Die Deutsche Nationalbibliothek verzeichnet diese Publikation in der
Deutschen Nationalbibliografie; detaillierte bibliografische Daten sind im Internet über
<http://dnb.d-nb.de> abrufbar.

1. Auflage 2010

Alle Rechte vorbehalten
© Gabler | GWV Fachverlage GmbH, Wiesbaden 2010

Lektorat: Guido Notthoff

Gabler ist Teil der Fachverlagsgruppe Springer Science+Business Media.
www.gabler.de

Das Werk einschließlich aller seiner Teile ist urheberrechtlich geschützt. Jede Verwertung außerhalb der engen Grenzen des Urheberrechtsgesetzes ist ohne Zustimmung des Verlags unzulässig und strafbar. Das gilt insbesondere für Vervielfältigungen, Übersetzungen, Mikroverfilmungen und die Einspeicherung und Verarbeitung in elektronischen Systemen.

Die Wiedergabe von Gebrauchsnamen, Handelsnamen, Warenbezeichnungen usw. in diesem Werk berechtigt auch ohne besondere Kennzeichnung nicht zu der Annahme, dass solche Namen im Sinne der Warenzeichen- und Markenschutz-Gesetzgebung als frei zu betrachten wären und daher von jedermann benutzt werden dürften.

Innenlayout: workformedia, Mainz
Umschlaggestaltung: KünkelLopka Medienentwicklung, Heidelberg
Druck und buchbinderische Verarbeitung: MercedesDruck, Berlin
Gedruckt auf säurefreiem und chlorfrei gebleichtem Papier
Printed in Germany

ISBN 978-3-8349-1924-3

Inhalt

Vorwort Bernd W. Klöckner	9
Vorwort Steffen Horn	11
Vorwort Werner Dütting	13
Vorsorgemarkt in Deutschland	15
Bedarf Nutzen und Angebot	18
Mit einem Taschenrechner beraten?	22
Vorteil „Wissen"	25
Deutsche Rentenversicherung (DRV)	31
Reflexion gesetzlicher Vorsorgestaat	31
Formen der Mitgliedschaft in der DRV	32
Versicherungspflichtiger Personenkreis kraft Gesetz	32
Existenzgründer	34
Merkmale für Selbstständigkeit	35
Handwerker	36
Versicherungspflicht auf Antrag	38
Freiwillige Versicherung	39
Versicherungsfreiheit	39
Geringfügig Versicherte	40
Freiberufler	45
Beitragszahlung und Befreiung von der Versicherungspflicht	45
Gesetzliche Renteninformation	52
Gesetzlich erwerbsunfähig	65
Reform der Erwerbsminderungsrenten	65

Anspruchsvoraussetzungen	67
Leistungen im Detail	72
Hinzuverdienst „EMR-Rente"	75
Renten wegen Todes	77
Anspruchsvoraussetzungen Hinterbliebenenrenten	78
Reform der Hinterbliebenenrenten	81
Leistungen unter Einkommensanrechnung	82
Rentenabfindung und Splittung	90
Waisenrenten	92
Wer geht wann in Rente?	95
Gesellschaft im Umbruch	96
Rente im Alter	97
Krankenversicherung der Rentner (KVdR)	106
Mitgliedschaftsformen Krankenversicherung für Rentenbezieher	107
Beitragshöhe	111
Vertrauen als Anfang von allem	117

Vom Bedarf zur Notwendigkeit — 119

Revitalisierung der Kundenbeziehung	119
Ermittlung des individuellen Risikoschutzes	124
Berufsunfähigkeit, Bedarf (v)erkannt	124
Bedarfsermittlung	125
Drei Prüfpunkte der Vertragsgestaltung	130
Rentenzahlung in der Praxis	137
Pflegebedürftigkeit	139
Beitrag und Leistung	139
Pflegebedürftig ein Zahlenbeispiel	143
Privater Hinterbliebenenschutz	148
Vielfalt im Programm	149
Richtig versorgt ins Alter	155
Produktverkauf, Nein Danke!	155
7-Schritte-Verkaufsstrategie©®	157
Entwicklung des Garantie- und Gesamtzinses	167
Vorsorge und Steuer	174

Schicht 1: Basisversorgung (DRV, Rürup) — 177
Schicht 2: Zusatzversorgung (Riester, bAV) Riester-Rente — 190
   Riester-Rente — 191
   „Wohn-Riester" — 206
   Betriebliche Altersversorgung (bAV) — 210
Schicht 3: Sonstige Versorgung (Klassik-Renten, Fonds) — 223
   Kapital- und Rentenversicherungen — 223
   Die Finanzberatung von jungen Eltern/Großeltern — 236
   Bausparen — 243

SONSTIGES — 251
Vermögenswirksame Leistungen — 251
Geschlossene Fonds — 252
Abgeltungsteuer — 254
Temporäre Beitragszahlung — 258
Versicherungsvertragsgesetz/VVG–Reform — 262
   Änderungen des neuen VVG in der Berufsunfähigkeitsversicherung — 262
   Auswirkungen auf den zukünftigen Rückkaufswert — 263
   Beteiligung an den Bewertungsreserven — 264
   Informationspflichten des Versicherers — 266
EU-Vermittlerrichtlinie — 267
   Wesentliche Punkte der Vermittlerrichtlinie — 267
   Auskunftspflicht des Vermittlers (Erstinformationen) — 267
   Erlaubniserteilung für Versicherungsmakler — 268
   Sachkundenachweis des Vermittlers — 269
   Eintragungspflicht — 271
   Beschwerde- und Schlichtungsstellen — 271
   Beratungs- und Dokumentationspflicht — 272
   Importieren von Datensätzen — 276
   Datensätze in PDF- oder Excel-Format darstellen — 277

Persönlicher Abschlusstest — 279
Lösungen — 285

Schluss	301
Danksagung Bernd W. Klöckner	303
Danksagung Steffen Horn	305
Danksagung Werner Dütting	307
Anhang Teil I	309
Anhang Teil II	318
Stichwortverzeichnis	341
Die Autoren	347

Vorwort Bernd W. Klöckner

Der Finanzmarkt ändert sich. Die Bedürfnisse der Kunden ändern sich. Wer heute als Finanzverkäufer, Finanzberater oder mit welcher Bezeichnung auch immer in Verkaufs- und Beratungsprozessen punkten will, muss fachliche, rechnerische und emotionale Kompetenz mitbringen. Zuvor trainieren. Immer und immer wieder. Die alles entscheidende Botschaft lautet: Gewinner verkaufen Information. Verlierer verkaufen Produkte. Das ist ein entscheidender Lehrsatz aus den Bernd W. Klöckner® Seminaren und Trainings. Freunde und Fans der Klöckner® Methode werden diesen Satz an den gemeinsamen Trainingstagen oft gehört haben. Ich schreibe das aus einem besonderen Grund: Dieses vorliegende Buch – ein weiteres Buch der Gabler-Reihe, basierend auf der Arbeit mit dem Finanztaschenrechner BWK Business® – macht Sie mehr noch als Sie es ohnehin sind zu einem Informationsprofi. Ziel der Autoren war und ist es, dass Sie bei allen Geldfragen Ihrer Kunden und potenzieller Interessenten Ansprechpartner Nr. 1 werden. Und wenn Sie es bereits sind, dass Sie es bleiben. Das ist alles. Damit Sie Ansprechpartner Nr. 1 für Ihre Kunden und Mandanten sind und bleiben, müssen Sie trainieren. Immer und immer wieder. Dieses Buch ist dabei ein zweifelsohne exzellentes Training. Die Autoren dieses Buches bieten Ihnen eine einfach wirkungsvolle Kombination aus Fachwissen, wirkungsvollen Verkaufs- und Beratungsansätzen und mittels des Finanztaschenrechners BWK Business® auf den Punkt gebrachten Zahlen. Da gibt es eine Person. Diese Person sagt Dinge wie: „Oh, ich brauche keine Zahlen. Ich verkaufe über Emotionen". Nun: Es gab auch einige wenige Teilnehmerinnen und Teilnehmer in den Bernd W. Klöckner® Seminaren und Trainings, die so dachten. Dann entdeckten sie, wie eine im richtigen Moment auf den Punkt gebrachte Zahl sehr für wichtige Emotion sorgen können. Sie werden als Profi wissen, was ich meine. Nun: Es ist also völlig in Ordnung, wenn Sie – sollten Sie erstmals ein solches Buch basierend auf dem Finanztaschenrechner BWK Business® lesen – zunächst denken „Wie soll mir diese Kombination aus Fachwissen und rechnerischer Kompetenz helfen?", bevor Sie im Laufe der folgenden Seiten feststellen werden, dass die Klöckner Methode, also die Kombination aus fachlicher, rechnerischer und emotionaler Kompetenz eine sehr, sehr wirkungsvolle Technik ist. Das ist alles. Und es ist die Wahrheit. Unter www.berndwkloeckner.com finden Sie im Downloadbereich eine Leistungsbilanz. Lesen Sie selbst, welchen konkreten Erfolge die Klöckner Methode bringt. Mit diesem Buch halten Sie ein besonders wertvolles Folgebuch zu dem Bestseller „Rechentraining für Finanzdienstleister Band 1" in den Händen. Mit diesem Buch werden Sie zweifelsohne Ihren Erfolg steigern. Sie werden mittels der Kenntnisse aus diesem Buch Ihre Kundenbeziehungen festigen. Und Ihre Kunden werden Sie aus Überzeugung empfehlen. Noch ein Hinweis: Sie lesen dieses Buch. Sie sind Mitarbeiter/in irgendeiner Unternehmung, einer Organisation aus dem Finanzbereich. Dann gilt: Kombinieren Sie Ihre bisherige Vorgehensweise, Ihr bisheriges Beratungssystem mit der Klöckner Methode. Kombinieren Sie die Arbeit mit dem Finanztaschenrechner BWK Business® mit Ihrem bisherigen Beratungsablauf. Trainieren Sie Ihre Kompetenz. Zeigen Sie so auf diese Weise eindrucksvoll in allen Verkaufs- und Beratungsgesprächen, dass Ihre Kunden, dass die potenziellen Interessenten, mit denen Sie sprechen, mit Ihnen rechnen können. Im wahren Sinne des Wortes.

Viel Erfolg! Vielen Dank!

Ihr/Euer

Bernd W. Klöckner

M.A. (Univ.), Dipl.Bwt. (FH), MBA
Systemisches Management (Univ.)

www.berndwkloeckner.com
mail@berndwkloeckner.com

Jetzt anmelden: Der tägliche BWK Blog, das einzige Gratis-Online-Training. Unter www.berndwkloeckner.com

Vorwort Steffen Horn

Ein Leben in unserer Gesellschaft unterscheidet sich deutlich von vorausgehenden Epochen. Der Begriff Zeit nimmt nie da gewesene Dimensionen an. Aufgrund dieses Fortschritts wächst die Menge an Informationen und Wahlmöglichkeiten unaufhörlich an, auch im Bereich der Finanzdienstleistungen. Betrachtungsweisen und Entscheidungen müssen sich dieser schnelllebigen Gesellschaft angleichen. Das gilt heute, aber auch morgen. So mancher Berater, erst recht mancher Kunde, scheint unter der Datenflut und Wahlmöglichkeit regelrecht zu ersticken. Das Buch „Kompaktwissen Altersvorsorge", soll den Ehrgeiz und Pioniergeist aus den vorausgehenden Bänden Rechentraining für Finanzdienstleister Band 1 und 2 fortführen. Sie halten ein Nachschlagewerk in Ihren Händen, mit welchem in der Praxis wiederkehrende Fragen souverän und verständlich gelöst werden können. Letztlich entscheiden Sie, aufgrund des enormen Wissens, wie Sie auf bestimmte Fragestellungen Ihres Gegenübers reagieren. Einfachheit kann im Zeitalter der Informationsüberfrachtung nur von Vorteil sein. Wir glauben daran und hoffen, Sie ein Stück näher an praxiserprobte Beratungen heranführen zu können. Wenn uns dies gelingt, freuen wir uns. Ihr Erfolg bestärkt unser Wirken und die Weiterentwicklung auf dem Gebiet der verständlichen Berechnungen mit dem BWK Business® und damit verbundenen Freude am Beruf des Finanzdienstleisters.

Der schlechte Ruf dieser Branche allein erfasst nicht das Streben und Wirken einer großen Gruppe von Menschen, welche sich der Verantwortung einer fairen und vernünftigen ganzheitlichen und langfristigen Beratung Tag für Tag stellen. Wir arbeiten gern ohne Tricks und doppelten Boden. Denn letztlich gilt: Ehrlich währt am längsten.

Steffen Horn, Aschersleben Juli 2009
st-horn@gmx.de

Vorwort Werner Dütting

Der Finanzdienstleistungsstandort Deutschland entwickelt sich Jahr für Jahr weiter. So ist es für die Mehrheit nur schwer, einen Durchblick zu behalten. Einen Durchblick aus Produktwissen und -verkauf. Gerade in Zeiten der Finanzkrise ändern sich die Sichtweisen von Kunden und Beratern. Stand vielleicht vorher Rendite im Vordergrund, so ist es nun Sicherheit. Sicherheit des eigenen Geldbeutels, der Finanzprodukte – auch bei Verlust des Arbeitsplatzes des Kunden. Auch der Gesetzgeber schließt sich an und ändert die Anlegerrechte. Ein Finanzdienstleister braucht nun nicht nur besondere Qualifikationen, sondern muss zudem dokumentieren und herausfiltern, welche Produkte ein Kunde benötigt. Welche Rahmenbedingungen gibt die gesetzliche Rente, wie hoch kann diese angesetzt werden und soll der Kunde wirklich für das Alter noch zusätzlich eine Riester-Rente oder Basis-Rente abschließen? Zudem: Was sind überhaupt Riester- und Basis-Rente? Zu diesen Fragen und ein paar weiteren mehr versuchen wir Ihnen eine Antwort mit diesem Werk zu geben. Doch: Finanzberatung gehört auf jede individuelle Person zugeschnitten. Das wissen Sie bereits. Wir sprechen hier nicht vom homo oeconomicus – also von gleich handelnden Personen – die alle beispielsweise eine Riester-Rente benötigen. Vielleicht ist es ein Traum einer dieser Personen, auszuwandern. Allein schon das Wort „vielleicht", sollte dem Finanzberater die Augen öffnen. Denn für den Anspruch der Riester-Zulage gibt es bekanntlich einige Hürden. Sind diese bekannt? Wenn nicht, sollten Sie dieses Buch weiter in den Händen halten und später unter Riester-Rente nachschlagen. Dieses kleine Beispiel zeigt, dass Sie die Rahmenbedingungen der Produkte kennen sollten. Übrigens haben wir dieses Buch als Nachschlagewerk konzipiert. Soll heißen: Das erste Lesen wird durch das Inhaltsverzeichnis begleitet. Danach wird das

Stichwortverzeichnis wichtiger sein, indem Sie ein bestimmtes Produkt oder auch eine Antwort auf eine Frage schneller finden werden.

Für mich persönlich ist es eine Ehre, wieder einmal mit Bernd W. Klöckner® und diesmal auch mit Steffen Horn in einem Boot zu sitzen. Mit diesem Boot rudern wir schon seit einigen Jahren zusammen – natürlich ausgestattet mit dem BWK Business® – durch die Republik und stehen für bessere Beratungen und Verkauf. Nach dem Bestseller Rechentraining für Finanzdienstleister Band 1 und Band 2 geht es nun einen Schritt weiter. Nämlich weiter hin zur Produktebene. Schon im Band 2 gingen wir mehr auf bestimmte Produkte ein und wie diese mit dem BWK Business® zu berechnen sind. Was ausblieb, waren die genauen Rahmenbedingungen der einzelnen Produkte. Das gibt dieses Buch her. An manchen Stellen werden Sie noch die eine oder andere Berechnung mit dem BWK Business® finden. Nehmen Sie die Herausforderung an und rechnen Sie mit.

Bei Fragen, Anregungen oder Verbesserungen höre ich gerne von Ihnen. Nun jedoch viel Spaß beim Durcharbeiten dieses Buches und dem späteren Nachschlagen.

Shenzhen/China, Juli 2009

Werner Dütting

www.duetting.com
werner@duetting.com

Vorsorgemarkt in Deutschland

In Deutschland gibt es rund 75 Versicherungsunternehmen, deren Mitarbeiter Tag für Tag um die Gunst der rund 82 Millionen Kunden werben. Ob Sach- oder Vorsorgebedarf, jedem Kunden sein Produkt, seinen individuellen Nutzen zu seiner Zeit. Die Wettbewerbslage ändert sich dabei ständig und das Kundenverhalten scheint nie 100-prozentig kalkulierbar. Die Kunden wechseln leichter und sind durch die zahlreichen Kontroversen vieler Medienberichte zum Thema Vorsorge sensibler und auch deutlich kritischer geworden. Die Qualität eines Produktes und ein perfekter Service allein sind dabei kein Garant für das Vertrauen und die Bindung Ihres Kunden. Heute nicht und auch zukünftig nicht.

Der Vorsorgemarkt im Jahr 2009 zeichnet sich dennoch durch wiederkehrende Konturen aus. Die Finanzkrise ist nunmehr seit einem Jahr real und ihre Auswirkungen werden auf die Gestaltung und den Gebrauch der Finanzprodukte nachhaltigen Einfluss haben. Alt bewährte Produkte bekommen wieder neuen Fahrtwind. Abwägen, prüfen und vergleichen – ein Trend, der sich auch künftig fortsetzt. Es lebe das Internet! Das bedeutet für Sie, die Zukunft des Beratens wird mehr denn je durch Ihre eigene Persönlichkeit und Gesprächsmethodik sowie Ihr Wissen bestimmt.

Beständige Werte schaffen? Diese Überlegung erreicht nicht mehr jeden Kunden. Viele setzen heute ihre Priorität eher in einen kurzfristigen Konsum. Wiederum ein anderer Teil der Gesellschaft gestaltet Vorsorge zum Beispiel in Form des Mehrgenerationenhauses. Die junge, berufstätige Generation sorgt für die Alten, die Alten hüten Haus und Hof. Das Zusammenleben gestaltet sich hier, bedarfsorientiert unter einem Dach. Es lebe das altbewährte Modell! Das in Deutschland häufig diskutierte Thema der Kinderbetreuung, scheint sich damit gleich selbst zu lösen.

Ein guter Ansatz, denn Nachwuchs hat unser Land bitter nötig. Im Jahr 2050 wird Deutschland noch knapp 70 Millionen Bürger haben. Zu diesem Zeitpunkt gib es dann rund doppelt so viele Rentner wie Neugeborene. Unsere gesetzliche Rentenversicherung wird aber auch diese Krise überstehen. 118 Jahre Umlageverfahren, da sind Veränderungen nicht auszuschließen. Sie treffen dabei Beitragszahler und Leistungsempfänger gleichermaßen. Gehen wir davon aus, dass dem Thema Vorsorge in den kommenden Jahren eine neue Wertigkeit zukommt.

Bedingt durch die zahlreichen Reformen und die, zum Teil, dringend notwendigen, gesetzlichen Einschnitte auf der einen, und die bedrohliche demographische Entwicklung Deutschlands auf der anderen Seite. Unsere Gesellschaft altert. Die Vorsorgeberatung ist umso mehr eine sehr wertvolle, wichtige Aufgabe.

Im täglichen Beratungsalltag und im Verkauf tauchen dabei immer wieder Grundsatzfragen auf, denen wir uns als Berater von Zeit zu Zeit stellen müssen:

- Soll ich als Verkäufer, alles sagen, was ich weiß?
- Ist kündigen immer die schlechteste Wahl?
- Sollte ich ein bestehendes Produkt auch negativ bewerten und davon abraten dürfen?

Ein einheitlicher, klar definierter Standard sollte sein: Den Kunden fair zu beraten, indem er informiert, aufgeklärt und fachlich qualifiziert beraten wird. Da die Preise und Produkte zahlreicher Unternehmen annähernd identisch sind, wird das Hauptaugenmerk des Kunden auf eine verständliche Beratung und den Nutzen ausgerichtet sein. Der Markt mit seiner enormen Produktfülle macht so scheint es, beinahe alles versicherbar, vorausgesetzt die Bedingungen stimmen. Die Realität sieht aber oft auch anders aus. Da werden durch den Berater, oft auch aus Unsicherheit und Unkenntnis über ein Produkt, teils sehr dürftige Lösungen präsentiert und verkauft. Kommt Profitgier hinzu, entspringen beraterorientierte Produkte. So entsteht das verzerrte, um nicht zu sagen negative Image der Finanzdienstleister. Die EU-Vermittlerrichtlinie und die VVG-Reform beschränken die Auswirkungen hier nur bedingt. Die zunehmende Arbeit des Ombudsmannes bestätigt diese Aussage. Im Jahr 2007 gingen in der Schlichtungsstelle rund 17.500 Klagen ein. Klingt wenig könnte man jetzt meinen. Wir sprechen hier nur über die registrierten Fälle in letzter Stufe!

 BEISPIELHAFTE FÄLLE AUS DER PRAXIS:

- **Fall 1:** Ein 47-jähriger Straßenbauarbeiter benötigt einen Kredit, für den Umbau seines Hauses. Zusätzliche Bedingung eines Finanzberaters: Der Abschluss einer Berufsunfähigkeitsversicherung zur Kreditabsicherung. Der Mann verdient ca. 1.500 € Netto im Monat und hatte bereits durch seine Tätigkeit, zwei Bandscheibenvorfälle. Trotzdem kommt es zur Umsetzung der Forderung und zum Vertragsabschluss. Der Antrag weist keine gesundheitlichen Beeinträchtigungen auf. Der Finanzberater nimmt Falschangaben zum Gesundheitszustand für seinen Abschluss in Kauf. Die beantragte Jahresrente beträgt 1.400 €. Absicherung? nicht wirklich!

- **Fall 2:** *Der Klassiker Bausparen.* Dem Kunden ist Bausparen ein Begriff und er möchte mit einem monatlichen Eigenaufwand von 50 € in 7 Jahren eine möglichst hohe Förderung/Sparsumme erreichen. Empfehlung des Beraters: 80.000 € Bausparsumme. Die Summen passen nicht zum Beitrag. Bei einer ordentlichen Beratung hätte ein Bausparvertrag sinnvoll sein können. Der Reiz lag hier wohl eher in der der sofortigen Abschlussgebühr von 1 Prozent.

- **Fall 3:** *Die neuen Steuersparmodelle sind da.* Eine junge Frau (2 Kinder im Alter von 3 und 8 Jahren) kennt die Vorteile der Riester-Rente seit Beginn. Der Abschluss im Jahr 2002 und der Beitrag wurden einst optimal ermittelt. Soweit alles okay. Vorab: Ausgewiesene Leistungen am Ende und die Probabilität sind nicht Bestandteil der nun folgenden Beratung. Der vertraute Berater meldet sich im Jahr 2008 erneut. Ziel des Beraters: Umstellung auf eine neue „Steuersparrente". Das heißt konkret, die Frau zahlt nun nicht mehr in die Riester-Rente, sondern in eine zusätzliche Basisrente. Die Riester-Rente ist nach 6 Jahren, ohne " konkretes Wissen" der Kundin beitragsfrei gestellt worden. Sie glaubte weiter die Förderung in Form der staatl. Riester-Zulagen zu erhalten. Welches Vertrauen können ernsthafte Berater hier im Nachgang erwarten?

Vorsorgemarkt in Deutschland

Vielleicht finden Sie Parallelen zu ähnlichen Fällen oder kennen noch extremere Fehlberatungen aus Ihrer Praxis. Faires Verkaufen bedeutet demnach nicht, den Kunden auf Grundlage des angeeigneten „Fach"-wissens zu übergehen, den eigenen Nutzen in den Vordergrund zu stellen und gute Produkte oder lang erarbeitete Lösungen/Konzepte zu zerstören, um Platz für etwas Neues zu schaffen. Berater, die lange genug am Markt sind, wissen um die Qualität und die Mühen ihrer Arbeit und die der Mitbewerber. Am Ende stehen drei kleine Worte auf dem ständigen Prüfstand der täglichen Arbeit, Ihrem langanhaltendem Leistungsversprechen!

- klar
- präzise
- ehrlich

... muss eine fachlich kompetente, erfolgreiche Vorsorgeberatung sein, um den Ansprüchen des Kunden und des Beraters gerecht zu werden. Nur mit dauerhafter Zufriedenheit auf beiden Seiten ist langfristiger Erfolg garantiert. Eine beständige, positive Kundenbeziehung hat das „gute Gefühl" nach einem Gespräch oder einem Vertragsabschluss zur Basis. Gute Kundenbeziehungen wachsen über Jahre oder gar Jahrzehnte. Hier zählt nicht allein das Produkt.

Bedarf Nutzen und Angebot

Der Übergang von gesetzlichen und sozialen Grundabsicherungen hin zu privaten Vorsorgekonzepten lässt sich in fünf Bereiche untergliedern. In der Anlage: „Die Phasen des Lebens" sind die verschiedenen Wechselwirkungen des Lebens aufgeführt. Die Grafik auf Seite 20 vermittelt eines: Das Leben verläuft von der Geburt bis ins hohe Alter selten kontinuierlich und selten ohne Störungen. Die einzelnen Lebensphasen verlangen somit eine der Zeit angepasste Neuausrichtung von Zielen, Möglichkeiten und Werten. Unter dem Aspekt der Vorsorge befinden sich demnach auch die fünf Bereiche in ständiger Veränderung. Stillstand tritt nie ein – auch wenn der Kunde meint, es habe sich nichts verändert.

Wesentliche Bereiche:

- das Erwerbs-/Berufsunfähigkeitsrisiko   Punkt 1
- das Pflegerisiko   Punkt 2
- das Hinterbliebenenrisiko   Punkt 3
- das Langlebigkeitsrisiko   Punkt 4
- das Sparen   Punkt 5

Die einheitliche Grundidee aller Versicherungen und Banken ist es dabei, das finanzielle Risiko des Einzelnen auf eine große Gruppe von Versicherten zu verteilen. Je mehr Personen sich einem Risikobereich anschließen, je besser kalkulierbar wird auch der Beitrag, der letztlich von jedem Einzelnen zu zahlen ist. Die Risikoeinschätzung der Kunden ist dabei verschieden, selten kalkulierbar und unterschiedlichster Natur.

Für austauschbare Produkte, zum Beispiel Kfz-Versicherung, Laufzeitkonto etc., bei denen nur der Preis oder Zins entscheidet, braucht man keine Berater mehr, so scheint es! Vorsorge insgesamt ist aber weiterhin erklärungsbedürftig und individuell. Die nachfolgende Risikosegmentierung gibt dem Begriff Vorsorge seine unheimliche Komplexität und dem Buch seinen Rahmen und Inhalt.

Punkt 1: Erwerbs-/Berufsunfähigkeitsrisiko
Kein Mensch kann im Verlauf seines Lebens ausschließen, durch einen Unfall oder eine Krankheit vorzeitig aus dem Berufsleben auszuscheiden. Weder der Zeitpunkt, noch die Fortdauer und auch die finanzielle Situation zum Eintritt des Bedarfsfalles lassen sich genau vorhersagen. Es ist sehr hilfreich, die gesetzlich erbrachten Leistungen zu kennen und zusätzliche Parameter zu definieren, welche dem Vorsorgegedanken im Ernstfall Rechnung tragen.

Punkt 2: Pflegerisiko
Als Grundabsicherung konzipiert, existiert seit dem Jahr 1995 in Deutschland eine Pflegepflichtversicherung. In Zukunft besteht die Herausforderung darin, die steigende Lebenserwartung der Bevölkerung, mit der jetzt schon erkennbaren Zunahme an Pflegebedürftigen in ein vernünftiges Gleichgewicht zu stellen. Geht nicht, wird es jetzt heißen. Stimmt! Weitere Reformen werden zwingend notwendig. Höhere Zuzahlungen der Betroffenen und Leistungskürzungen gehen miteinander einher. Den Wenigsten ist bewusst, dass Prognosen zufolge für das Jahr

Abbildung 1 Die Phasen des Lebens

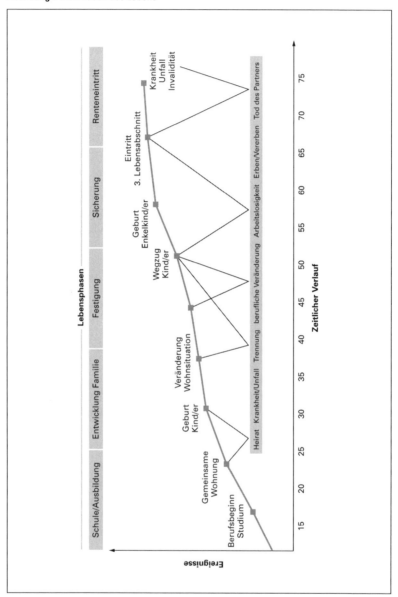

2050 mit einem Anstieg von aktuell 2 Millionen auf rund 5 Millionen pflegebedürftigen Menschen gerechnet wird.

Punkt 3: Hinterbliebenenrisiko
Der Gedanke an den Hinterbliebenenschutz fällt häufig im Zusammenhang mit einer anstehenden Kreditabsicherung für Immobilien oder Fahrzeuge. Ein vorzeitiger Tod des Versorgers könnte die Familie finanziell ruinieren. Der Abschluss eines darauf hin ausgerichteten Tarifes ist Gewähr für ruhige Nächte. In Deutschland wächst im Gegensatz zu den Eheschließungen und zur sinkenden Zahl der Bevölkerung mehr und mehr die Zahl der Singlehaushalte. Knapp 15,7 Millionen Menschen leben mittlerweile ohne Partner und Kind, ledig, geschieden oder verwitwet. Als Folge dessen sind neue Denkweisen und Herangehensweisen auch in diesem Punkt zwingend erforderlich.

Punkt 4: Langlebigkeitsrisiko
Wer im Alter den gewohnten Standard halten möchte und auch die Vorteile der Demografie für sich verstanden hat, sollte zeitig anfangen zu sparen. Ob privat, betrieblich oder in Sachgütern. Es gibt im Regelfall keine Alternative. Nicht einmal jeder zweite Kunde, aktuell 44 Prozent, weiß jedoch, wie es um seine finanzielle Situation im Alter aussieht. Die Zahl verdeutlicht, mit welcher Wertigkeit ein monatlich oder jährlich abgebuchter Vorsorgebeitrag in die bisherige persönliche Zukunftsplanung Ihres Gegenübers eingeht.

Punkt 5: Sparen
Das Risiko, nichts zu tun, ist am Ende größer, als am Ende das eingesetzte Geld teilweise zu verlieren. Sparen, so finden wir, sollte einen Menschen von Geburt an begleiten. Der richtige Umgang mit Geld ist erlernbar und schafft finanzielle Freiräume. Richtig ist, viele Menschen werden dazu nie die Möglichkeit haben und das ist die Kehrseite unserer Gesellschaft. Andere Menschen sind durch Werbung und die Abhängigkeit vom vergänglichen Konsum, trotz guten Verdienstes, stets im Dispo. Ein Berater muss das Ergebnis aus möglichem Geldeinsatz, der Zeit und dem Zins spielerisch in jeder beliebigen Reihenfolge beherrschen und veranschaulichen können. Ein einfaches Beispiel verdeutlicht Ihnen die Situation, in welcher Sie sich aktuell befinden.

> **BEISPIEL:**

Ihr Kunde möchte zum 18. Geburtstag seines heute dreijährigen Sohnes über 5.000 € verfügen. Angenommen Ihre Sparanlage bringt effektiv 4 Prozent. Wie hoch ist der monatliche Sparbetrag? Die Inflation soll hierbei vorerst unberücksichtigt bleiben. Sie sollten auf eine monatlich, konstante Sparleistung von 20,44 € kommen.

So rechnen Sie selbst mit Ihrem Finanztaschenrechner BWK Business® (Details unter www.FAF-Verlag.com).

Der Lösungsweg zu dieser Aufgabe ist im anschließenden Abschnitt „Mit einem Taschenrechner beraten?" dargestellt.

An dieser Stelle folgende Frage an Sie: Welcher Einsatz ist für das Lösen der Aufgabe erforderlich gewesen? Ist es immer von Nutzen oder Vorteil, gleich das Notebook zu starten, um dahinter zu verschwinden? Gibt es Alternativen, für einfache und wiederkehrende Fragestellungen Ihres Kunden? Welcher Zeitaufwand ist gerechtfertigt? Wir meinen eine Minute reicht aus!

Mit einem Taschenrechner beraten?

Einfache, verständliche Beratungen haben einen entscheidenden Vorteil, Sie kommunizieren mit ihren Kunden. Er ist auf Augenhöhe und kann Ihnen folgen. Verkaufen heißt Informationen vermitteln. Dazu bedarf es oft nur einfacher Mittel, zum Beispiel auch eines Taschenrechners – des Finanztaschenrechners BWK Business® als Kompetenztool, welches schon mehrere Tausend Berater in Deutschland erfolgreich beherrschen.

Die Idee ist einfach und genial. Umso komplexer eine Materie wird, umso stärker ist die Wirkung der einfachen Mittel. Im Verkauf von unsichtbarer Ware ist es hilfreich, sich der Visualisierung verschiedener Thematiken zu bedienen. Ihr Vorteil: Die häufige Ausbildung des Kunden bei einer Angebotserstellung geht wieder über zum klassischen Dialog und den Wertigkeiten des Kunden. Oft, so scheint es, entscheidet mittlerweile der Computer über den Vorsorgebedarf und Produktnutzen ihres Gegenübers. Daten rein, Ergebnis raus – Unterschrift, das kann nicht sein!

Zugegeben, die Maße an Informationen und Richtlinien in diesem Bereich sind umfassend, der sogenannte „Bauchladen" enorm gefüllt. Einfache Berechnungen können aber auch heute helfen, die ureigenen Schutz- und Kontrollmechanismen nicht völlig auszuschalten und der Technik blind zu vertrauen. Es empfiehlt sich von daher, von Zeit zu Zeit einen Finanztaschenrechner, wie den BWK Business®, zu gebrauchen.

Der BWK Business® ist ein geeignetes Tool. Sie beantworten nahezu alle Fragen zum Thema Geld mühelos, locker und ohne Softwareprobleme. Mittels der einfachen Eingabelogik werden Sie mit Begeisterung rechnen und noch erfolgreicher beraten oder verkaufen. Das werden Sie schon im Band 1 und 2 von „Rechentraining für Finanzdienstleister" kennen gelernt haben.

Sie beantworten leicht und in kürzester Zeit alle Fragen zu:

- Rentenberechnungen (gesetzlich und privat)
- Sparplänen, Zins- und Zinseszinsberechnungen (mit und ohne Dynamik)
- Krediten, Darlehen, Leasing, Investitionen
- Produktvergleichen und -prüfungen

Der BWK Business® verfügt über noch weitere, sehr nützliche Funktionen, so zum Beispiel die YOERS®-Funktion. YOERS® ist die englische Übersetzung und bedeutet: Yes, OK, Exactly, Right, Sure. Dieser Modus hilft Ihnen, dass Sie und der Kunde gemeinsam alle Eingaben nochmals sehen und der Kunde Ihrem finanziellen Konzept zustimmen, folgen kann. Diese Funktion dient aber unter anderem auch dazu, der Dokumentationspflicht nachzukommen. Haben Sie eine Berechnung für den Kunden durchgeführt, so können Sie diese YOERS® speichern. Der FAF Verlag stellt eine Software für die Übermittlung der YOERS®-Daten kostenlos zur Verfügung. Unser Tipp: Nutzen Sie auch diese!

Registrieren Sie sich unter www.FAF-Verlag.com mit Ihrem BWK Business® und laden Sie sich die BWK Business® Desktop-Software herunter. Der Vorteil: Die Software hat eine Kundendatenbank, in der Sie die durchgeführten YOERS®-Berechnungen Ihren jeweiligen Kunden zuordnen können. Die Berechnungen können Sie in die modifizierte Dokumentationstabelle des Arbeitskreises Vermittlerrichtlinie Dokumentation oder eine Excel-Tabelle übertragen und ausdrucken. Damit haben Sie Sicherheit hinsichtlich der Dokumentation Ihrer durchgeführten Berechnungen, die Sie sich auch vom Kunden bestätigen (unterschreiben) lassen können. Wir werden darauf in Teil III noch einmal ausführlich eingehen.

Hinweis: Die in den folgenden Abschnitten dargestellten Themen werden durch praxisbezogene Rechenbeispielen beigeleitet. Das hat zwei Vorteile:

1. Die Materie wird lebendiger.

2. Es wird der Beweis angetreten, die aufgeführten Sachverhalte mit dem Einsatz einfacher Mittel vollständig darzustellen.

Alle aufgezeigten Berechnungen erfolgen dabei in einer Schritt für Schritt, leicht nachvollziehbaren Abhandlung unter dem Einsatz des BWK Business®.

Das Lösungsschema zu vorausgehenden Beispiel

Eingabe	Display-anzeigen	Erklärung
12 P/YR	P/YR 12,00	Es erfolgt eine monatliche Betrachtung, also 12 Zahlungen pro Jahr.
15 xP/YR	N 180,00	Die Laufzeit beträgt 15 Jahre, also 180 Monate.
4 EFF%	I/YR NOM% 3,93	Eingabe des effektiven Zinses von 4 %. Der Rechner ermittelt daraus automatisch den Nominalzins.
0 PV	PV 0,00	Zu Beginn wird nichts einmalig eingezahlt.
5.000 FV	FV 5.000,00	Am Ende soll eine Summe von 5.000 € erreicht werden.
PMT	PMT –20,44	Berechnung des mtl. Sparbetrages von 20,44 €. (–) Vorzeichen, da Geldabgang.

Es erfolgt die Nutzung der TVM-Funktion (Time Value of Money TVM-Funktion). Im Folgenden die Erklärungen der roten TVM-Funktionstasten beim BWK Business®:

P/YR	= Perioden pro Jahr (Häufigkeit der Zahlungen pro Jahr)
N	= Number – Gesamtlaufzeit in Perioden
xP/YR	= Multiplikation mit P/YR – Gesamtlaufzeit in Jahren
I/YR	= Eingabe- und Berechnungstaste für den nominalen Zins
NOM%*	= Eingabetaste für den nominalen Zins und Umrechnung in den effektiven Zins
EFF%	= Eingabe- und Umrechnungstaste für den effektiven Zins
PV	= Present Value – Barwert/Einmalzahlung zu Beginn einer Zahlungsreihe
PMT	= Payment – regelmäßige Zahlung, die pro Periode erfolgt
FV	= Future Value – Endwert/Endzahlung am Ende einer Zahlungsreihe

Das Ergebnis von 20,44 € lässt sich innerhalb kürzester Zeit ermitteln. Weitere Informationen zum Rechner und deren Gebrauch finden Sie unter der Seite des Fachverlages für Angewandte Finanzmathematik: www.FAF-Verlag.com

Vorteil „Wissen"

Beraten will gelernt sein. Als Berater wird man nicht geboren. Ohne Wissen gibt es auch in der Branche der Finanzdienstleister keine Weiterentwicklung – auf Dauer keine sinnvollen Perspektiven. Bleibt das fachliche Know-how inaktiv, also wird es von den Beratern nicht bewusst genutzt, geht die Beratung schnell ins Raten und teils belangloses Unterhalten über. Ahnung und Bauchgefühl ersetzen dann fachliche Kompetenz im Gespräch. Da wird die aufwendige Vorarbeit, von der Terminvereinbarung bis hin zum persönlichen Kontakt, binnen weniger Sekunden nutzlos. Wie heißt es immer? Fachwissen ist durch nichts zu ersetzen außer Wissen. Wissen schafft Freiräume und brauchbare Ansätze für die Beratung. Qualifiziert und gut vorbereitet wird ein strukturiertes Kundengespräch auch mit Nachhaltigkeit erfüllt. Und jeder Kunde hat ein Recht auf ein qualifiziertes und wertvolles Gespräch, Jahr für Jahr – und das nicht nur zum Abschluss. Denn dies führt auf Dauer zum Stillstand in der Kundenbeziehung, in Ihrer geschäftlichen Beziehung. Das Ganze ist vergleichbar mit der Rolle eines Arztes oder Rechtsanwaltes.

Sie erwarten bei einem Arztbesuch, ob Routineuntersuchung oder ernsthafte Erkrankung, eine klare Auskunft, eine Lösung für Ihr Problem. Kennen Sie die Situation, in der der Arzt mit Blick in Richtung Computer gezielte Fragen stellt, um dann per Mausklick über Ihr Empfinden oder Krankheit zu entscheiden? Sie vertrauen auf eine erstklassige Behandlung, auf das „normale" Gespräch in Augenhöhe. Ist diese Situation nicht teilweise vergleichbar mit der Beratung in der Versicherungsbranche? Es handelt sich hier nicht nur um Einzelfälle!

Fazit: Das Kompaktwissen Altersvorsorge – Produkthandbuch zum Rechentraining – setzt genau hier an. Nämlich an der Wurzel, an der Basis für zahlreiche wiederkehrende Fälle in der Praxis – aus der Praxis. Alle folgenden Ausführungen sind so kurz und auf den Punkt dargestellt, um Ihnen wichtige Sachverhalte übersichtlich, nach Themen sortiert, zu vermitteln. Praxistaugliche Ideen werden verständlich dargestellt und abgehandelt. Es ist möglich, dass einzelne Fragen weiterhin offen bleiben. Ist das der Fall, schreiben Sie uns.

Behalten Sie die Freude an dem Beruf des Finanzdienstleisters unabhängig von den Umständen, die diese Zeit auch begleiten. Haben Sie Freude daran, der unsichtbaren Ware „Versicherung", eine neue Qualität und Wertigkeit zu schenken. Leben Sie den Beruf des Finanzdienstleisters mit Leidenschaft.

Bleiben Sie am Ball! Viel Erfolg!

Fachliche, rechnerische und emotionale Kompetenz

Was genau macht dieses Buch so wertvoll? Wie genau setzen Sie dieses Buch ein? Wie genau erarbeiten Sie mit Ihren Interessenten und Kunden entsprechende Zahlen. Hierzu einige wichtige Details aus der Neurobiologie und der Bewusstseinsforschung. Es sind lediglich kleine Details. Und diese kleinen Details können eine große Wirkung haben. Nun: Einige Leser/innen oder einige Menschen, denen Sie von diesem Buch und der unterstützenden Arbeit mit dem BWK Business® erzählen werden, werden Dinge sagen wie „Das macht die Software", „Dafür haben wir Berechnungsmodule", „Da frage ich in der Fachmathematik nach". Und ähnliches. Es stimmt. Und es stimmt nicht ganz. Weil: Veränderungsprozesse gelingen weitaus besser, wenn drei Voraussetzungen in einem Verkaufs- und Beratungsprozess erfüllt sind. Sie werden zweifelsohne zustimmen können, dass ein Verkaufs- und Beratungsgespräch letztlich ein Veränderungsprozess ist. Denn: Würde der Finanzverkäufer, der Vermittler, der Berater nicht von einer möglichen Veränderung seitens des Kunden und Mandanten ausgehen, würde das Gespräch an sich wenig oder keinen Sinn machen. Nun: Der Verkaufs- und Beratungsprozess ist zweifelsohne ein Veränderungsprozess. Was also macht Veränderungsprozesse leichter? Wenn drei alles entscheidende Gesetzmäßigkeiten erfüllt sind:

1. Verstand
2. Wahrnehmung
3. Kontrolle

Was bedeutet das konkret? Beginnen wir mit Gesetzmäßigkeit Nr. 1: Wenn der Verstand eines Kunden, eines Mandanten im Verkaufs- und Beratungsprozess beschäftigt ist, wird damit die gewünschte Veränderung wahrscheinlicher. In den Bernd W. Klöckner® Seminaren und Trainings, speziell in den Trainings zur Klöckner® Methode, heißt es deswegen „Alles, was ein Kunde tun kann, sollte er (oder sie) selber tun!". Es gilt also: Beschäftigen Sie Ihre Kunden. Sorgen Sie dafür, dass Ihre Kunden beschäftigt sind. Dass Ihre Kunden mitdenken. Mitrechnen. Mitarbeiten. Und so weiter. So gut in vielen Fällen Software ist – Sie lernen in diesem Buch auch den EINSeitenplaner® des Dr. Kriebel Beratungsrechners kennen –, beim ausschließlichen Arbeiten mittels Software ist der

Verstand des Kunden und Mandanten in vielen Fällen zu wenig oder nicht beschäftigt. Eine wirklich dumme Sache. Machen Sie es anders. Machen Sie es besser! – Gesetzmäßigkeit Nr.2: Die Wahrnehmung Ihrer Kunden muss beschäftigt sein. Ihr Kunde muss fokussiert sein. Er muss die einzelnen Schritte – nicht immer und nicht alle – nachvollziehen können. Lassen Sie Ihre Kunden selbst wesentliche Zahlen notieren. Erarbeiten Sie die wesentlichen Zahlen Schritt für Schritt. Binden Sie Ihre Kunden und Mandanten mit ein. Das können die ersten 5 Minuten sein, die ersten 10 oder 20 Minuten. Oder es kann während einer Datenerfassung sein. Immer und immer wieder. Wichtig und entscheidend ist: Die Wahrnehmung Ihres Kunden muss beschäftigt sein. – Gesetzmäßigkeit Nr.3: Ihr Kunde muss das grundsätzliche Gefühl haben, die Dinge kontrollieren zu können, die passieren. Die gerechnet werden. Das grundsätzliche Gefühl der Kontrolle ist ein entscheidendes und wichtiges Gefühl und ist eine entscheidende Voraussetzung für den Zustand Veränderung. Das wiederum ist die Stärke und der große Pluspunkt, wenn Sie mittels des Finanztaschenrechner BWK Business® die in diesem Buch beschriebenen Inhalte live bei einem Kunden vorrechnen können. Und wenn es nur der Unterstützung dient, damit Sie im Anschluss die erfassten Daten mittels Software auswerten. Das sind die drei Gesetzmäßigkeiten als entscheidende Voraussetzungen für den Zustand Erfolg in Verkaufs- und Beratungsprozessen: Den Verstand beschäftigen. Die Wahrnehmung beschäftigen. Das Gefühl der Kontrolle geben. Aus Sicht eines Kunden: Der Kunde muss mit seinem Verstand bei der Sache sein und mitmachen, seine Wahrnehmung muss beschäftigt sein und er muss das grundsätzliche Gefühl haben, die wesentlichen Zahlen verstanden zu haben und „kontrollieren" zu können.

Ein letzter Hinweis zur Arbeit mit diesem Buch und speziell mit dem Finanztaschenrechner BWK Business®: Sie sind Verkäufer oder Berater. Nun: Ihr wichtigstes Gut ist die Zeit. Ihre wichtigste Aufgabe lautet: Möglichst wenig Zeit mit Kunden verbringen. Sie werden als Leser/in dieses Buches, wenn Sie die Inhalte immer und immer wieder trainieren, feststellen, dass die trainierten Kenntnisse aus diesem Buch und die Arbeit mit dem Finanztaschenrechner BWK Business® Ihnen eine erhebliche Zeitersparnis bringen werden. Weil Sie weitaus mehr Fragen wie bis vor der Arbeit mit diesem Buch noch am Tisch eines Kunden beantworten können. Sie sparen Zeit und Geld. Und Sie gewinnen an Reputation, wenn Ihre Kunden erleben, wie Sie selbst bei schwierigen Fragen sofort grundsätzlich und mühelos Rede und Antwort stehen. So wird Ihr Verkaufs- und Beratungsprozess noch mehr wie bislang zu einer empfehlenswerten Leistung. Damit haben Sie, wenn Sie die Inhalte dieses Buches trainieren, drei Vorteile auf Ihrer Seite:

1. Sie unterstützen positiv den gewünschten Veränderungsprozess
2. Sie sparen enorm viel Zeit für fachliche Rückfragen und steigern damit Ihre Verkaufs- und Beratungszeit
3. Sie steigern Ihr qualifiziertes Empfehlungsgeschäft, weil Sie mittels der trainierten Inhalte noch mehr wie bislang eine spürbar empfehlenswerte Leistung bieten

Die alles entscheidende Botschaft lautet: Lesen Sie dieses Buch! Rechnen Sie die entsprechenden Rechenbeispiele mit Ihrem Finanztaschenrechner BWK Business® nach. Trainieren Sie immer und immer wieder! Wiederholen Sie bereits trainierte Inhalte. Das zu tun ist Ihre Aufgabe. Dann sorgen Sie dafür, dass möglichst viele Menschen mit bekommen, wie gut Sie sind.

Deutsche Rentenversicherung (DRV)

Reflexion gesetzlicher Vorsorgestaat

Die gesetzliche Rente ist sicher ... nicht allein Garant für eine akzeptable Absicherung des Einzelnen. Von der Öffentlichkeit scheinbar unbemerkt beginnt im Jahr 2009 in aller Stille bereits der Umbau zur Rente mit 67, für viele Bürger bereits bittere Wirklichkeit! Stück für Stück werden die Regelaltersgrenzen angehoben und Frührenten abgeschafft, um das System des Generationenvertrages am Leben zu erhalten. Das Tückische dabei: Ein Jeder muss prüfen und wissen, wann es lohnt und noch möglich ist in Rente zu gehen.

Es ist unumgänglich, vor der Anfertigung ausgereifter Vorsorgekonzepte die Ausgangssituation des Kunden zu kennen. Für 85 Prozent der Bevölkerung in Deutschland bildet die DRV einen festen, nicht abwählbaren Bestandteil in genau diesem Punkt der Vorsorgebetrachtung. Es ist dann nur hilfreich, die Inhalte und Möglichkeiten der staatlich organisierten Sozialversicherung zu kennen und das Wort „Kundenorientierung" in die Wirklichkeit zu überführen. Die Sozialversicherung umfasst im Wesentlichen fünf Zweige.

- Unfallversicherung   (SGB VII)
- Krankenversicherung   (SGB V)
- Pflegeversicherung   (SGB XI)
- Arbeitslosenversicherung   (SGB III)
- Rentenversicherung   (SGB VI)

Eine zukünftige Leistungsinanspruchnahme aus der DRV ist für viele Menschen notwendiger Planungsbestandteil – heute, wie auch im Alter.

Genau hier gilt es anzusetzen. Jung wie Alt, alle blicken in die gleiche Richtung. Einigen ist nur das ausgewiesene Ziel in der Renteninformation nicht ganz klar. Machen Sie sich ein Bild von dem, was gesetzlich noch möglich ist und privat sinnvoll ergänzt werden sollte. Beantworten Sie die Fragen nach dem Status des Kunden und treffen Sie präzise Aussagen zu den Renten wegen Erwerbsminderung, Hinterbliebenenrenten und den unterschiedlichen Rentenarten im Alter. Welcher Beitrag ergibt welche Leistung zu welchem Zeitpunkt? Einen ersten Anhaltspunkt kann die Renteninformation geben. Es gilt: Sich frühzeitig darum kümmern, erspart Enttäuschungen auf Kunden- und Beraterseite.

Formen der Mitgliedschaft in der DRV

Wer per Gesetz versicherungspflichtig oder freiwillig in der Rentenversicherung ist, kann anhand bestimmter Merkmale klar definiert werden. So ist mancher Unternehmer letztlich nur auf dem Papier selbstständig. In der DRV werden drei Varianten der Mitgliedschaft unterschieden.

- Versicherungspflicht kraft Gesetz
- Versicherungspflicht auf Antrag
- freiwillige Mitgliedschaft

Versicherungspflichtiger Personenkreis kraft Gesetz

Diese Gruppe umfasst alle abhängig Beschäftigten (Arbeitnehmer und Angestellte), die gegen ein Entgelt beschäftigt sind oder sich in einer Berufsausbildung befinden.

Außerdem werden folgende Personen zugeordnet:

- Studierende, die während der Dauer des Studiums eine mehr als geringfügige Tätigkeit aufgenommen haben oder eine selbstständige Tätigkeit ausüben
- Bezieher von Kurzarbeiter- und Schlechtwettergeld

- Umschüler, Anlernlinge, Auszubildende etc., auch wenn sie kein Entgelt erhalten
- nicht erwerbsmäßig tätige Pflegepersonen

Bestimmte selbstständig Tätige: unterliegen ausnahmsweise der Versicherungspflicht!

- Hebammen und Entbindungshelfer
- Künstler und Publizisten (Künstlersozialversicherung)
- selbstständig tätige Lehrer und Erzieher sowie Pflegepersonen (Kranken-, Säuglings-, Wochen-, oder Kinderpflege) wenn sie im Zusammenhang mit ihrer selbstständigen Tätigkeit **keinen** versicherungspflichtigen Arbeitnehmer (Arbeiter oder Angestellten) beschäftigen
- Hausgewerbetreibende (klassische Heimarbeit)
- Seelotsen, Küstenschiffer (Ausnahme möglich)
- Personen, die für Dauer einer Bezuschussung nach §421 des Dritten Buches oder eine entsprechende Leistung nach § 16 des Zweiten Buches erhalten (besser bekannt als Ich-AG, allerdings lief die Förderung am 30.06.2009 aus)
- Personen mit im Wesentlichen einem Auftraggeber, wenn sie im Zusammenhang mit ihrer selbstständigen Tätigkeit **keinen** versicherungspflichtigen Arbeitnehmer beschäftigen, dessen Arbeitsentgelt aus diesem Beschäftigungsverhältnis regelmäßig 400 € im Monat übersteigt
- Handwerker (Unterpunkt: Handwerker)
- Bezirksschornsteinfegermeister

Sonstige Versicherte: Personen, deren Versicherungspflicht nicht an eine Beschäftigung oder selbstständige Tätigkeit anknüpft sind versicherungspflichtig während:

- Kindererziehungszeiten
- Wehr- und Zivildienstzeit

- Empfänger von Verletztengeld, Versorgungskrankengeld, Krankengeld, Übergangsgeld, Unterhaltsgeld, Arbeitslosengeld, Arbeitslosenhilfe oder Vorruhestandsgeld, wenn sie im letzten Jahr zuletzt bzw. unmittelbar (Vorruhestandsgeld) vor Beginn der Leistung versicherungspflichtig waren.
- Personen, die nachversichert sind (zum Beispiel Beamte, die ohne Anspruch auf Versorgung ausgeschieden sind) sowie Personen, die aufgrund eines Versorgungsausgleichs oder Rentensplittings (s. Hinterbliebenenabsicherung) Rentenanwartschaften erhalten haben

Existenzgründer

Seit dem 1. August 2006 gibt es anstatt des Existenzgründerzuschusses und des Überbrückungsgeldes nur noch den Gründerzuschuss. Ziel ist es, den Übergang von der Arbeitslosigkeit hin zur Aufnahme einer hauptberuflichen Tätigkeit zu vereinfachen. Bei Erhalt des Zuschusses besteht keine automatische Versicherungspflicht. Es gelten die allgemeinen Merkmale für Selbstständigkeit.

Die Beantragung des Gründerzuschusses erfolgt bei der zuständigen Agentur für Arbeit. Wie bei den beiden bisherigen Leistungen besteht nur für Empfänger von Arbeitslosengeld, die sich selbstständig machen wollen, ein Anspruch auf den Gründerzuschuss.

Der Gründerzuschuss in zwei Phasen

1. Phase: Zeitraum 1.–9. Monat

Gründer erhalten für neun Monate einen monatlichen Zuschuss in Höhe des zuletzt bezogenen Arbeitslosengeldes zur Sicherung des Lebensunterhaltes zuzüglich der monatlichen Pauschale von 300 € zur sozialen Sicherung. Auf diese Förderung besteht ein Rechtsanspruch, sofern die Anspruchsvoraussetzungen erfüllt sind.

☐ **2. Phase: Zeitraum 10.–15. Monat**

Die Pauschale von 300 € kann für weitere sechs Monate geleistet werden, wenn eine intensive Geschäftstätigkeit und hauptberufliche unternehmerische Aktivität dargelegt wird. Die Gewährung der weiteren Förderung über den neunten Monat hinaus liegt im Ermessen des Sachbearbeiters. Diese weitere Förderung soll nur erfolgen, wenn eine "intensive Geschäftstätigkeit und hauptberufliche unternehmerische Aktivität" nachgewiesen werden.

☐ **Merkmale für Selbstständigkeit**

Es ist zwingend notwendig, echte Selbstständigkeit von einem abhängigen Beschäftigungsverhältnis (Scheinselbstständigkeit) unterscheiden zu können. Wer tatsächlich selbstständig tätig ist, trägt in vollem Umfang das unternehmerische Risiko allein. Er kann über Ort und Zeit eigenmächtig bestimmen. Der Erfolg aus persönlichem und finanziellem Einsatz ist oft ungewiss und hängt nicht von einer dritten Seite ab. Wer selbstständig ist, kann daher über seine Versicherungspflicht auch eigenständig entscheiden.

Anhaltspunkte zur Erkennung von Scheinselbstständigkeit:

- Verpflichtung zur Einhaltung von Arbeitszeiten und Erstattung von Berichten
- Vorgabe des örtlichen Einsatzes durch den Auftraggeber
- Einsatz bestimmter Hard- und Software
- uneingeschränkte Verpflichtung, den Weisungen des Auftraggebers Folge zu leisten

Ziel des Auftraggebers:

- bestimmte Kontroll- und Steuerungsmöglichkeiten
- Handlungsmöglichkeiten ähnlich den abhängig Beschäftigten

⇨ Versicherungspflicht!

Prüfung der Versicherungspflicht:

Bei Zweifeln über den aktuellen Status (Beschäftigung oder selbstständige Tätigkeit) empfiehlt sich eine Statusprüfung über die Clearingstelle der DRV. Entsprechende Antragsformulare finden Sie im Internet oder bei den örtlichen Beratungsstellen. Entsprechende Anschriften und weitere Informationsquellen finden Sie im Anhang.

Ergibt die Prüfung ein abhängiges Beschäftigungsverhältnis, so beginnt die Versicherungspflicht in allen Zweigen der Sozialversicherung grundsätzlich mit Beginn des Beschäftigungsverhältnisses.

Mehrfachversicherungspflicht: Werden mehrere Tätigkeiten ausgeübt (Beispiel: der selbstständig tätige Tennislehrer ist zugleich gewerbetreibender Handwerker), entsteht Mehrfachversicherungspflicht. Die Beiträge an die DRV sind dann immer jeweils gesondert zu leisten.

Handwerker

Selbstständig tätige Handwerker gehören zum Kreis der Pflichtversicherten in der gesetzlichen Rentenversicherung, wenn sie:

- in der Handwerksrolle eingetragen sind (als zulassungspflichtiges Handwerk nach der Anlage A der Handwerksordnung) und
- eine selbstständige Tätigkeit tatsächlich ausüben.

Es werden 3 Anlagen zu Handwerksordnung unterschieden (Anlage A, B1, B2).

Anlage A (zulassungspflichtiges Handwerk)

Versicherungspflichtig sind:

- bei Einzelunternehmen alle in der Handwerksrolle eingetragenen Betriebsinhaber (erfüllen in ihrer Person die Eintragungsvoraussetzungen)
- die Gesellschafter einer in der Handwerksrolle eingetragenen Personengesellschaft (zum Beispiel KG, GbR, OHG).

Voraussetzung: Erfüllung der Voraussetzungen der Eintragung in die Handwerksrolle in ihrer Person. Die Qualifikation erfolgt in der Regel über die Meisterprüfung.

Nicht versicherungspflichtig sind:

- bei Kapitalgesellschaften (zum Beispiel GmbH, AG, Kapitalgesellschaft) der Nur-Gesellschafter
- bei Einzelunternehmen, die Inhaber eines Handwerkbetriebes, die in ihrer Person nicht die Voraussetzung für die Eintragung in die Handwerksrolle erfüllen, jedoch einen qualifizierten Betriebsleiter beschäftigen.
- sonstige Personen (zum Beispiel die Inhaber eines handwerklichen Nebenbetriebes, Testamentsvollstrecker, Nachlassverwalter, Nachlasspfleger, Nachlasskonkursverwalter, Witwen und Witwer, die nach dem Tode des Handwerkers den Betrieb fortführen)

Weiterführende Informationen finden Sie im Anhang (Anlage)

Anlage B1 (zulassungsfreies Handwerk)

Für Inhaber von Handwerksbetrieben, die seit dem 01.01.2004 in die Anlage B1 der HwO eingetragen wurden bzw. werden, besteht keine Handwerkpflichtversicherung.

Ausnahme

Wer bereits vor dem 31.12.2003 der Versicherungspflicht im Rahmen der Handwerksrolle unterlag und durch die Novellierung der HwO per 01.01.2004 in die Anlage B1 überführt worden ist, unterliegt weiterhin der Pflichtversicherung in der HwO.

Anlage B2 (handwerkähnliches Gewerbe)

Es besteht keine Handwerkpflichtversicherung!

Abbildung 2: RV-Pflicht Handwerker entsprechend der Anlage A, B1, B2

Anlage A: zulassungspflichtige Handwerke	
Einzelbetrieb	**RV-Pflicht** des eingetragenen „Gewerbetreibenden"
Personengesellschaft	**RV-Pflicht** für alle Gesellschafter, die die Eintragungsvoraussetzungen in ihrer Person erfüllen, **keine RV-Pflicht** für sonstige Gesellschafter
Kapitalgesellschaft	**keine RV-Pflicht** der Gesellschafter unabhängig von ihrer handwerklichen Qualifikation
Anlage B1: zulassungsfreie Handwerke	
Einzelbetrieb/Personengesellschaft	**keine RV-Pflicht**; Ausnahme: Wer bereits im Rahmen der Anlage A zum 31.12.2003 der Versicherungspflicht unterlag und durch die Novellierung der Handwerksordnung in die Anlage B 1 überführt worden ist, unterliegt weiterhin der Handwerkspflichtversicherung.
Kapitalgesellschaft	**keine RV-Pflicht**
Anlage B 2: handwerkähnliches Gewerbe	
	keine RV-Pflicht

Versicherungspflicht auf Antrag

Wer nicht kraft Gesetz versicherungspflichtig ist, kann innerhalb von fünf Jahren nach Aufnahme einer selbstständigen Tätigkeit oder nach Beendigung einer versicherungspflichtigen Beschäftigung einen Antrag auf Versicherungspflicht stellen. Die Versicherungspflicht beginnt einen Tag, nachdem der Antrag bei der Rentenversicherung eingegangen ist, frühestens jedoch, wenn die Voraussetzungen (zum Beispiel für die konkrete Aufnahme einer selbstständigen Tätigkeit) erfüllt sind.

Das betrifft:

- Deutsche, die für einen bestimmten Zeitraum im Ausland leben
- Entwicklungshelfer im Sinne des Entwicklungshelfer-Gesetzes

Bitte beachten Sie: Ein Austreten aus der Antragspflichtversicherung ist nicht ohne Weiteres möglich. Diese bleibt solange bestehen, wie die Selbstständigkeit existiert!

Freiwillige Versicherung

Auch eine freiwillige Versicherung kann für bestimmte Personengruppen empfehlenswert sein. Dazu berechtigt sind alle nicht versicherungspflichtigen Personen nach Vollendung des 16. Lebensjahres.

Versicherungsfreie bzw. von der Versicherungspflicht befreite Personen können sich nur dann freiwillig versichern, wenn sie die allgemeine Wartezeit (fünf Jahre Beitrags- und Ersatzzeiten) erfüllt haben.

Die Beiträge sind zwischen dem Mindestbeitrag von 79,60 € und dem Höchstbeitrag von 1.074,60 € (2009) frei wählbar. Mit ihnen kann eine (noch nicht vorhandene) Wartezeit für Alters- oder Hinterbliebenenrenten erfüllt und unter bestimmten Voraussetzungen sogar der Anspruch auf eine Erwerbsminderungsrente aufrechterhalten werden. Hierzu aber später mehr, unter dem Punkt Erwerbsminderungsrente.

Natürlich erhöhen sich die entsprechenden Rentenzahlungen auch – abhängig von der Höhe des selbstgewählten Beitrags.

Beitragsaufwand DRV-Rente im Jahr 2009:
Für 1 € monatliche Altersrente sind rund 231,36 € notwendig!

Versicherungsfreiheit

Die nachfolgend aufgeführten Personengruppen sind kraft Gesetzes versicherungsfrei.

- Berufssoldaten und Soldaten auf Zeit
- Beamte, Richter auf Lebenszeit, auf Zeit, auf Widerruf oder auf Probe
- satzungsmäßige Mitglieder geistlicher Genossenschaften
- sonstige Beschäftigte von Anstalten, Körperschaften und Stiftungen des öffentlichen Rechts, wenn ihnen Anwartschaften bei verminder-

ter Erwerbsfähigkeit, auf Hinterbliebenen- und Altersversorgung gewährleistet werden
- Mitglieder berufsständischer Versorgungswerke
- vorausgehende Regelung gilt auch bei Diakonissen und Angehörige ähnlicher Gemeinschaften
- Personen, die eine Vollrente wegen Alters beziehen oder bis zum Erreichen der Regelaltersgrenze nicht in der DRV versichert waren
- Personen, die eine geringfügige Beschäftigung oder geringfügig selbstständige Tätigkeit ausüben

Geringfügig Versicherte

Mehr als 6 Millionen Menschen in Deutschland arbeiten in Minijobs, Tendenz steigend. Seit dem 01.04.2003 werden drei Arten der Beschäftigung (bis 400 €) unterschieden.

1. geringfügig entlohnte Dauerbeschäftigung ausschließlich im Privathaushalt
2. geringfügig entlohnte Dauerbeschäftigung nicht im Privathaushalt
3. kurzfristige Beschäftigung

Die Dauerbeschäftigung ist dann geringfügig, wenn der monatliche Bruttoverdienst 400 € nicht überschreitet. Dies gilt sowohl in den neuen wie alten Bundesländern. Einmalige Zuwendungen (zum Beispiel Urlaubs- und Weihnachtsgeld) sind hierbei entsprechend zu berücksichtigen. Wird der monatliche Arbeitsverdienst von 400 € regelmäßig überschritten, tritt ab diesem Zeitpunkt Sozialversicherungspflicht ein. Maßgebend hierfür ist ein Zeitraum von mehr als zwei Monaten im Kalenderjahr. Bei der Zusammenrechnung mehrerer geringfügiger Beschäftigungen bleiben diese solange versicherungsfrei, wie die Summe der Arbeitsentgelte von 400 € nicht überschritten wird. Die erste geringfügige Beschäftigung neben einer versicherungspflichtigen Hauptbeschäftigung bleibt ebenfalls versicherungsfrei. Jede weitere Beschäftigung wird in der Zusammenrechnung mit der versicherungspflichtigen Hauptbeschäftigung **versicherungspflichtig**.

Für die geringfügig entlohnte Dauerbeschäftigung gilt die Zahlung von unterschiedlich hohen Arbeitgeberpauschalbeiträgen.

400 € -Jobs im Privathaushalt
Arbeitnehmer-Anteil (AN): keine SV-Beiträge, keine Steuern
Arbeitgeber-Anteil (AG): i. H. v. 12 Prozent
bestehend aus: 5 Prozent Rentenversicherung
5 Prozent Krankenversicherung (GKV)
2 Prozent Pauschalsteuer

400 € -Jobs nicht im Privathaushalt (Regelung seit dem 01.07.2006)
AN-Anteil: keine SV-Beiträge, keine Steuern
AG-Anteil: i. H. v. 30 Prozent
bestehend aus: 15 Prozent Rentenversicherung
13 Prozent Krankenversicherung (GKV)
2 Prozent Pauschalsteuer

Der Pauschbeitrag zur DRV ist auch dann zu zahlen, wenn:

- Rentenversicherungsfreiheit besteht, zum Beispiel für Rentner, Beamte, Mitglieder einer berufsständischen Versorgungseinrichtung.
- Personen, die von der Rentenversicherungspflicht befreit wurden (zum Beispiel Handwerksmeister nach 216 Pflichtbeiträgen).

Voraussetzung für die Zahlung des Pauschalbeitrags zur gesetzlichen Krankenversicherung ist die Mitgliedschaft des geringfügig Versicherten in der GKV (ob freiwillig, pflicht- oder familienversichert). Endet diese, entfällt die Zahlung des AG zur GKV (gilt zum Beispiel für privat-Krankenversicherte).

Achtung: Bei der Zahlung der Pauschbeiträge zur DRV (5 Prozent Privathaushalt, 15 Prozent Nicht-Privathaushalt) handelt es sich **nicht** um Pflichtbeiträge! Für den Versicherten hat das zur Folge, dass er weder eine Anwartschaft auf eine Erwerbsminderungsrente (EMR) im Rahmen der Grundregel noch die Voraussetzung für Rehabilitationsmaßnahmen erreichen kann.

Nur durch eine schriftliche Erklärung gegenüber dem AG und einer ergänzenden Beitragszahlung kann der geringfügig Beschäftigte zukünftig auf das nachfolgende Leistungsspektrum der DRV zugreifen:

- *Anwartschaft auf EMR*
- *Rehabilitationsmaßnahmen*
- *Rente nach Mindesteinkommen*
- *vorgezogene Altersrenten*
- *höhere Rentenanwartschaften*

Für Jobs unter dem Verdienst von monatlich 155 € ergibt sich im Jahr 2009 (Beitragssatz 19,9 Prozent von 155 €) ein Mindestbeitrag von 30,85 €. Trotz einer Aufstockung und den damit verbundenen rentenrechtlichen Regelungen erwirbt der geringfügig Versicherte nicht den Status eines sozialversicherungspflichtigen AN. Das bedeutet, dass zum Beispiel ein Selbstständiger mit einem Auftraggeber und einem solchen Beschäftigten sich dennoch nicht von der Versicherungspflicht in der DRV befreien lassen kann.

Für denjenigen, der einen Minijob ausübt, heißt es also selbst aufzustocken! Bezogen auf die Grenze von 400 € und einem aktuellen Beitragssatz von 19,9 Prozent bedeutet das, die Differenz von 19,60 € im Monat entsprechend aus Eigenmitteln aufzubringen. Ausgenommen von dieser Regelung sind Personen, die sich in der Berufsausbildung befinden.

Der Arbeitgeber ist bei der Einstellung verpflichtet, den Minijobber über die Möglichkeiten zur Aufstockung der Rentenversicherungsbeiträge zu informieren. In der Praxis ist das eher die Ausnahme.

Haben Sie gegenüber einem Arbeitgeber erklärt, dass Sie auf die Versicherungsfreiheit verzichten möchten, so müssen Sie dies auch gegenüber allen weiteren Arbeitgebern ihrer gleichzeitigen Minijobs tun. Verzichten Sie auf die Versicherungsfreiheit, müssen Sie also selbst einen (Teil)-Beitrag zahlen. Dieses „Aufstocken" ist mit relativ niedrigen eigenen Beiträgen möglich. Man erwirbt neben den obigen Leistungen auch vollwertige Pflichtbeitragszeiten in der Rentenversicherung. Fangen Sie an zu rechnen!

Aufstockungsbeträge zur DRV am **Beispiel eines 400 €-Jobs**

	Privathaushalt	Nicht-Privathaushalt
AG Beitrag DRV [%]	5,0	15,0
Alg. Beitragssatz DRV 2009 [%]	19,9 im Jahr 2009 (gilt sowohl in NBL/ABL)	
AN Beitrag DRV [%]	14,9	4,9

daraus folgt:

	Privathaushalt	Nicht-Privathaushalt
AG Beitrag DRV [€]	20	60
Mindestbeitrag f. frei. Vers.[€]	79,60 im Jahr 2009 (gilt in NB und ABL)	
AN Beitrag DRV [€]	59,60	19,60

Aufstockungsbeträge am Beispiel eines Verdienstes < **Grenze = 155 €**

Arbeitsentgelt (nicht im Privathaushalt)   140 €
Mindestbemessungsgrundlage   155 €
AG-Beitrag nicht im Privathaushalt: 15 Prozent

So rechnen Sie selbst mit Ihrem Finanztaschenrechner BWK Business®
(Details unter www.FAF-Verlag.com)

Eingabe	Display-anzeigen	Erklärung
155 x 19,9 % =	= 30,85	Ermittlung des Gesamtbeitrages aus AG- und AN-Anteil
140 x 15,0 % =	= 21,00	Ermittlung des AG-Anteils = 21 € je Monat
30,85 − 21,00 =	= 9,85	Ermittlung des AN-Anteils, von 9,85 € im Monat

Deutsche Rentenversicherung

Ergebnis Der Arbeitnehmer würde bei einem Verdienst von 140 € im Monat eine monatliche Belastung von 9,85 € tragen.

3. kurzfristige Beschäftigung

Liegt eine kurzfristige Beschäftigung vor, sind keinerlei Sozialversicherungsbeiträge, auch keine Pauschalbeiträge vom Arbeitgeber, zu leisten. Infolge entstehen auch keine Leistungsansprüche an die Sozialversicherung.

Merkmale für eine kurzfristige Beschäftigung:

- Die zeitliche Begrenzung der Beschäftigung ist klar definiert (Arbeitsvertrag).
- Es darf keine berufsmäßige Ausübung der Tätigkeit erfolgen (dann SV-Pflicht).
- Der Zeitraum ist auf zwei Monate oder 50 Arbeitstage pro Kalenderjahr begrenzt.

Beispiele: Tätigkeit auf dem Weihnachtsmarkt, im Freibad oder bei der Weinernte

Steuern

Einkünfte aus 400 €-Jobs sind immer steuerpflichtig. Die Lohnsteuer kann auf Vorlage der Lohnsteuerkarte oder pauschal erhoben werden. Bei Verzicht des AG auf Vorlage der Lohnsteuerkarte gilt folgende Regelung. Die Lohnsteuer einschließlich des Solidaritätszuschlages und ggf. Kirchensteuer wird für den 400 €-Job, pauschal mit 2 Prozent (also maximal 8 €) beglichen. Die Regelung gilt sowohl im Privat- als auch Nicht-Privathaushalt.

Die Pauschalsteuer wird zusammen mit den übrigen Abgaben an die Minijobzentrale gezahlt.

Freiberufler

Selbstständige Freiberufler sind grundsätzlich, wie alle anderen selbstständig Tätigen, nicht sozialversicherungspflichtig, d. h. es besteht keine Pflichtversicherung in der DRV, Kranken- und Pflege-, Unfall-, sowie Arbeitslosenversicherung. Es gibt jedoch auch hier ein paar Ausnahmen.

Ausnahme

Bei Ärzten, Zahnärzten, Tierärzten, Rechtsanwälten, Patenanwälte, Notaren, Steuerberatern, Wirtschaftsprüfern, Apothekern sowie unter Umständen Architekten und Ingenieuren usw., wenn es sich um verkammerte Berufe handelt, ist die obligatorische Pflichtmitgliedschaft in den jeweiligen berufsständischen Versorgungswerken als Ersatz für die Gesetzliche Rentenversicherung anzusehen und Voraussetzung für die Berufsausübung. Unabhängig davon, ob eine Versicherungspflicht in der Gesetzlichen Rentenversicherung besteht (Lehrer, Erzieher, bestimmte Selbstständige usw.), sollten insbesondere Freiberufler, die keinen Zugang zu berufsständischen Versorgungswerken haben, zusätzlich eine private Altersvorsorge betreiben.

Beitragszahlung und Befreiung von der Versicherungspflicht

Die gesetzliche Rentenversicherung baut auf das Umlageverfahren. Infolge von demografischen, wirtschaftlichen und der daraus abgeleiteten gesetzlichen Änderungen entsteht eine jährliche Neuausrichtung der nachfolgend aufgeführten Werte.

DRV-Werte für das Jahr 2009

Beitragssatz DRV 2009 .... 19,9 Prozent
Dynamisierungsfaktor.. 1,0310

Mtl. Beitragsbemessungsgrenze DRV
Neue Bundesländer .... 4.550,00 €
Alte Bundesländer .... 5.400,00 €

Mtl. Beitragsbemessungsgrenze knappschaftliche Rentenversicherung
Neue Bundesländer .... 5.600,00 €
Alte Bundesländer .... 6.650,00 €

Mtl. Mindestbemessungsgrundlage für freiwillig Versicherte
Neue/Alte Bundesländer .... 400,00 €

Mtl. Mindestbeitrag für freiwillig Versicherte
Neue/Alte Bundesländer .... 79,60 €

Mtl. Höchstbeitrag für freiwillig Versicherte
Neue/Alte Bundesländer .... 1.074,60 €

Mtl. Bezugsgröße
Neue Bundesländer .... 2.135,00 €
Alte Bundesländer .... 2.520,00 €

Durch die Bezugsgröße entsteht für selbstständig Tätige, die der Versicherungspflicht auf Antrag unterliegen, der folgende Regelbeitrag.

Mtl. Regelbeitrag (19,9 Prozent * entsprechende Bezugsgröße)
Neue Bundesländer .... 424,87 €
Alte Bundesländer .... 501,48 €

Beitragszahlung DRV

▪ Alle versicherungspflichtigen Arbeitnehmer zahlen jeweils hälftig mit dem AG die Beiträge zur DRV. Alle freiwillig Versicherten und Selbstständigen zahlen ihre Beiträge grundsätzlich selbst.

▪ Alle versicherungspflichtigen Selbstständigen haben das Recht auf entsprechende Regelbeitragszahlung. Bei Nachweis über ein abweichendes Arbeitseinkommen kann auf Wunsch auch ein einkommensbezogener Beitrag gezahlt werden.

Eine individuelle Prüfung sollte immer erfolgen!

Ausnahme

Bei Künstlern, Publizisten, Seelotsen, Küstenschiffern und Hausgewerbetreibenden sind nur einkommensgerechte Beiträge möglich!

Grundlage für die Beitragsberechnung ist das Arbeitseinkommen. Bei einer selbstständigen Tätigkeit ist das der Gewinn laut Einkommensteuerrecht.

Es gibt zwei Möglichkeiten der Ermittlung:

1. Unterschiedsbetrag zwischen Betriebsvermögen am Schluss des abgelaufenen Jahres und des vorangegangenen Jahres.
2. Überschuss aus der Differenz von Betriebseinnahmen und -ausgaben.

Ausschlaggebend ist der letzte Einkommensteuerbescheid. Bei Nichtvorlage sind auch Schätzungen möglich (betrifft zum Beispiel Neueinsteiger).

Der monatliche Beitrag ergibt sich nach folgender Formel:

Jährliches Arbeitseinkommen * Dynamisierungsfaktor * Beitragssatz/12

 BEISPIEL

Herr Schneider, versicherungspflichtiger Handwerksmeister, erzielte im Jahr 2007 ein Arbeitseinkommen laut Einkommensteuerbescheid von 25.000 €.

Daraus ergibt sich:

25.000 * 1,0310 * 19,9% / 12 = 427,44 €

Der Wunsch zur Zahlung einkommensbezogener Beiträge ist der DRV mitzuteilen. Die Übersendung der Einkommensteuerbescheide muss innerhalb von zwei Monaten nach Zustellung bei der DRV erfolgen. Änderungen werden dann zum Ersten des Folgemonats berücksichtigt.

Befreiung von der Versicherungspflicht

- Als selbstständiger Handwerker besteht die Möglichkeit, sich auf Antrag von der Versicherungspflicht zu befreien. Voraussetzung ist die Zahlung von Pflichtbeiträgen für 216 Monate (also 18 Jahre) in die Deutsche Rentenversicherung. Anrechnung auf diese Mindestpflichtbeitragszeit finden alle Zeiten der Beschäftigung, der Kindererziehung, der Pflegetätigkeit und der Wehrdienstleistung. Erfolgt die Antragstellung innerhalb eines Dreimonatszeitraumes nach Erreichen der 18 Jahre, beginnt die Befreiung zeitgleich. Bei einer späteren Antragsstellung beginnt die Befreiung erst ab Antragseingang bei der DRV.

- Selbstständige mit einem Auftraggeber können sich für maximal 3 Jahre nach erstmaliger Aufnahme der selbstständigen Tätigkeit für eine Befreiung von der Versicherungspflicht entscheiden. Die Befreiung gilt ab Geschäftsaufnahme, wenn der Antrag innerhalb von drei Monaten gestellt wird. Andernfalls beginnt die Befreiung erst mit Antragseingang. Für die „versäumten" Monate müssen dann die entsprechenden Beiträge nachgezahlt werden. Diese befristete Befreiung ist auch bei einer zweiten Existenzgründung (bei geändertem Geschäftszweck) möglich.

Entsprechende Formulare zur Feststellung der Versicherungspflicht/des Status, der Beitragszahlung und Befreiung von der Versicherungspflicht erhalten Sie unter: www.deutsche-rentenversicherung.de

Eine Übersicht wesentlicher Formulare befindet sich ebenfalls im Anhang.

EXKURS: RENTENFORMEL UND DYNAMISIERUNG VON RENTEN

Eine Rente zu berechnen ist ein komplizierter Vorgang – schließlich muss der persönliche Lebenslauf jedes Einzelnen im Sinne der Rentenberechnung aufbereitet werden. Die Höhe der Rente wird mit der seit 1992 gültigen Rentenformel berechnet:

> Monatsrente = Entgeltpunkte x Zugangsfaktor x Rentenartfaktor x Aktueller Rentenwert

Entgeltpunkte: Dem Rentenkonto wird ein Entgeltpunkt gutgeschrieben, wenn der Kunde ein Jahr lang genau den Durchschnittsverdienst aller Versicherten (2009: 30.879 €) erzielt hat. Daneben können Entgeltpunkte aber auch für bestimmte Zeiten gutgeschrieben werden, in denen keine Beiträge geflossen sind, zum Beispiel Krankheit, Arbeitslosigkeit, Kindererziehung usw. Somit sind diese entscheidend für die individuelle Rentenhöhe. Um die Höhe der aktuellen Rente zu ermitteln, werden die jährlichen Entgeltpunkte addiert und fließen als Summe in die Rentenformel ein.

Für Versicherte und Rentner in den neuen Bundesländern gibt es hier eine Besonderheit: Das auch heute noch niedrigere Lohnniveau soll sich nicht negativ auf eine spätere Rentenzahlung auswirken und wird deshalb mit einem Umrechnungsfaktor (vorläufiger Wert 2009: 1,1868) auf „Westniveau" angehoben. Begrenzt werden alle Entgeltpunkte der Höhe nach durch die jeweilige Beitragsbemessungsgrenze.

Zugangsfaktor: Über den Zugangsfaktor werden bei der Rentenberechnung Abschläge im Fall der vorzeitigen Inanspruchnahme vor der Altersgrenze 65 bzw. 67 (Zugangsfaktor = 1) bei den Altersrenten (Ausnahme Altersrente für schwerbehinderte Menschen) und bei den Erwerbsminderungs-, Erziehungs- und Hinterbliebenenrenten vor der Altersgrenze 63 bzw. 65 sowie Zuschläge bei einer späteren Inanspruchnahme einer Altersrente wirksam. Je Monat vorzeitiger Inanspruchnahme einer Rente wird diese durch den um 0,003 verminderten Zugangsfaktor um 0,3 Prozent gekürzt, für jeden Monat der späteren Rentenzahlung (nach Altersgrenze 65 bzw. 67 Jahre) gibt es einen Zuschlag von 0,005, also eine Rentenerhöhung um 0,5 Prozent.

Rentenartfaktor: Dieser richtet sich – wie der Name schon vermuten lässt – nach der Rentenart in Abhängigkeit vom Sicherungsziel der jeweiligen Rente. Renten, die eine volle Lohnersatzfunktion haben (oder haben sollten) werden mit dem Rentenartfaktor 1 bewertet (zum Beispiel Altersrenten, volle EMR). Bei einer Unterhaltsfunktion der Rente (zum Beispiel Rente wegen teilweiser EMR) wird eine mögliche Erwerbstätigkeit (nebenbei) unterstellt und der Rentenartfaktor fällt entsprechend niedriger aus (bei eben genannter Rente 0,5).

Aktueller Rentenwert: Hat ein Versicherter ein Jahr lang das Durchschnittseinkommen (2009: 30.789 €) erzielt und dementsprechend Beiträge in die Deutsche Rentenversicherung eingezahlt, hat er sich einen monatlichen Rentenanspruch in Höhe des aktuellen Rentenwerts erworben. Dieser Wert ist einheitlich für alle Rentenarten und wird jeweils zum 1. Juli des Jahres aktualisiert (oder „eingefroren", wie in den Jahren von 2004 bis 2006). Seit dem 1.Juli 2009 beträgt der aktuelle Rentenwert

- ABL: 27,20 €
- NBL: 24,13 €

Auch hier wird also den unterschiedlichen Lohn- und Einkommensverhältnissen in Ost und West Rechnung getragen.

Nachdem nun alle Faktoren unserer Rentenformel bekannt sind, können wir die Rente eines sogenannten Standardeckrentners leicht berechnen. Wir gehen dabei davon aus, dass dieser 47 Jahre lang stets das Durchschnittseinkommen erzielt hat und mit 67 Jahren in die wohlverdiente Altersrente geht.

Entgeltpunkte 47 x Zugangsfaktor 1 x Rentenartfaktor 1 x aktueller Rentenwert

= Monatsrente (ABL) 1.278,40 € bzw. Monatsrente (NBL) 1.134,11 €.

(Hierbei sind Steuern sowie Kranken- und Pflegeversicherung noch nicht berücksichtigt.) Für den Durchschnittsverdiener also kein Problem, mal eben schnell seine Rente zu berechnen – alle anderen erhalten Auskunft bei den Auskunfts- und Beratungsstellen der Deutschen Rentenversicherung bzw. eine Planungsgrundlage durch die Renteninformation.

> **Rentenanpassung:** Bis 1992 folgten die Renten der Bruttolohnentwicklung, getreu dem Motto: Rente ist Lohn auf Lebenszeit, eine der Prämissen des Umlageverfahrens. Da dies auf Dauer nicht haltbar war, wurde 1992 mit Einführung der Rentenformel auch die Rentenanpassungsformel geändert – um der wirtschaftlichen und demografischen Entwicklung in Deutschland Rechnung zu tragen.

Generationengerechtigkeit ist hier das Stichwort, denn um die Rente auf einigermaßen stabile Grundpfeiler zu stellen, sollte eine Ausgewogenheit zwischen Beitragszahlungen der Erwerbstätigen und Rentensteigerungen erreicht werden. Seither ist die Rentenanpassungsformel mehrfach geändert worden, immer mit dem Ziel, auch künftigen Generationen eine Leistung zusichern zu können. Die Rente ist sicher – fragt sich nur in welcher Höhe...Seit 2005 berücksichtigen Rentenanpassungen neben der durchschnittlichen Bruttolohnsteigerung die Veränderungen des Beitragssatzes zur DRV, die Veränderung eines fiktiven Vorsorgebeitrags im Rahmen des AvmG, besser bekannt als „Riester-Faktor" sowie Veränderungen des Verhältnisses von Rentnern und Beitragszahlern durch den Nachhaltigkeitsfaktor. Beide Faktoren sollten eine Dämpfung des Rentenanstiegs bewirken. Allerdings hat man sich ein „Hintertürchen" offen gelassen und gleichzeitig eine Schutzklausel eingefügt, welche die Wirkung von Nachhaltigkeitsfaktor und Riester-Faktor wieder begrenzt, so dass die Dämpfungswirkung beider Faktoren nie zu einer Minusanpassung der Renten führen kann (2005 und 2006 gab es daher aufgrund der Wirkung des Nachhaltigkeitsfaktors eine Nullrunde für die Rentner). Die Wirkung des Riester-Faktors hat man ebenfalls ausgesetzt – bis zum Jahr 2013 darf dessen Veränderung ebenfalls nicht zu einer Minderung des aktuellen Rentenwerts führen. Und – ganz aktuell und wie so oft vor den Wahlen – gibt es ein weiteres Zugeständnis in Sachen Rentenanpassung: Auch für den Fall einer negativen, anpassungsrelevanten Lohnentwicklung wird es keine Rentenkürzungen geben. Allerdings dürfen ab dem Jahr 2011 unterlassene Rentenminderungen gemäß der Schutzklausel nachgeholt werden (Riester-Faktor ab 2013), so dass die Rentenanpassung künftig noch geringer ausfallen soll. Die gesetzliche Rente nachhaltig finanzierbar und sicher zu machen, scheint eine Lebensaufgabe für Politiker und Experten, für die trotz gestiegener Lebenserwartung keiner eine Lösung findet (oder finden will). Für die Rentner von morgen heißt es also, privat vorzusorgen – in welcher Form auch immer und ein eigenes, tragfähiges Konzept für die Absicherung der Wechselfälle des Lebens auf die Beine zu stellen.

Gesetzliche Renteninformation

Viele Beratungsgespräche scheitern, weil der Kunde mit der Produktpalette des jeweiligen Versicherungsunternehmens konfrontiert wird, ohne dass klar ist, worin sein individuelles Problem eigentlich besteht. Nur eine Beratung auf Basis einer umfassenden Ist-Analyse der individuellen Kundensituation kann den Bedarf des Kunden zutage bringen.

Die Leistungen der Deutschen Rentenversicherung, wie sollte es anders sein, bieten eine ideale Grundvoraussetzung. Ein Ansatz für die private wie betriebliche Ergänzung sollte auf Grundlage der häufig vorliegenden Renteninformationen erfolgen. **Die Rentenversicherungsträger sind seit dem Jahr 2004 verpflichtet, allen gesetzlich Versicherten, die das 27. Lebensjahr erreicht haben und/oder mindestens 5 Jahre Beiträge entrichtet haben, jährlich eine Renteninformation zuzusenden.** Bei der Ausweisung der zukünftigen Renten wird der Durchschnitt der letzten 5 Jahre zugrunde gelegt und hochgerechnet. Dabei wurde in der Vergangenheit oft zu optimistisch gerechnet. Bis zum Jahr 2006 wurden mit Rentensteigerungen von 1,5 Prozent und 3,5 Prozent gerechnet. Ab dem Jahr 2006 waren es noch Annahmen von 1,5 Prozent und 2,5 Prozent. Bei den aktuell ausgewiesenen Rentensteigerungen von 1 Prozent und 2 Prozent sind heutige Bescheide deutlich realistischer und näher an einer Zukunftsplanung angelehnt.

In den heutigen Bescheiden wird auch die vom Gesetzgeber beschlossene Anhebung der Altersgrenzen ab dem Jahr 2012 („Rente mit 67") berücksichtigt. Ein automatischer Versand der Bescheide kann unabhängig von der Zustellung beschleunigt werden. Das betrifft vor allem Personen, die unter 27 sind, jedoch bereits mehr als 5 Jahre Beiträge an die DRV entrichtet haben. Zur Beantragung benötigt man lediglich die 12-stellige Sozialversicherungsnummer, den dazugehörigen Namen und den nachfolgenden Internetlink.

http://www.deutsche-rentenversicherung.de

1. Hier unter dem Punkt Beratung (linkes Fenster)

2. Versicherungsunterlagen anfordern

3. Bestellformular zur verschlüsselten Übermittlung

Nach dem Versenden der Daten wird dem Kunden innerhalb kürzester Zeit der aktuelle Stand des Rentenkontos per Post übermittelt. Wer darüber hinaus umfassendere Informationen benötigt, sollte eine Rentenauskunft anfordern.

Achtung: Aktualität der Renteninformation. Trotz Versand der Daten im Jahr 2009/2010 usw. ist der Stand der Daten häufig nicht zeitaktuell. So enthält eine Renteninfo 2009 unter Umständen Werte bis einschließlich 31.12.2007.

Die SV Nummer besagt immer folgendes:

65 240377 **M** 519

65	240377	M	519
Bereichsnummer	Geburtsdatum des Versicherten	Anfangsbuchstabe des Geburtsnamens	Seriennummer und Prüfzahl

Die ersten zwei Ziffern geben Auskunft über die Anstalt, den Bereich, welche die Nummer vergeben hat. Die folgenden sechs Ziffern: Geburtsdatum (Tag/Monat/Jahr) der versicherten Person. Buchstabe: Anfangsbuchstabe des Geburtsnamens (M für Müller). Die letzten drei Ziffern bezeichnen das Geschlecht und beinhalten eine sogenannte Prüfziffer.

Die Renteninformation vermittelt einen ersten Überblick über die bisher erworbenen Rentenansprüche. Sie sollte als Planungshilfe in der Beratung schon in jungen Jahren zum Einsatz kommen. Die A4-Blätter bieten eine direkte, argumentative Querverbindung zur privaten Vorsorge. Jedes Jahr erhalten rund 42 Millionen Bürger ihre persönliche Renteninformation. Bei den Vorteilen eines solchen Dokumentes gilt es jedoch einmal mehr, die ausgewiesenen Werte zu beleuchten.

Ein Blatt voller Informationen. Sie und ihr Kunde erhalten Informationen über:

1. den Zeitpunkt des Renteneintritts
2. aktuell erworbenen Rentenanspruch bei Eintritt der vollen Erwerbsminderung
3. derzeitige Ansprüche auf Altersrente – ohne weitere Zahlungen
4. den hochgerechneten Anspruch bei Annahme des bisherigen Verdienstes
5. die mögliche Rente bei prozentualer Steigerung um 1 Prozent und 2 Prozent
6. textliche Angaben zum Punkt Inflation und Kaufkraftverlust
7. Hinweise zur Problematik „Versorgungslücke"

In Schrift und Form entsteht eine A4-Seite in einheitlicher Form. Diese soll als Arbeitsgrundlage für nachfolgende Berechnungen und Überlegungen dienen. Schauen wir also beispielhaft nachfolgende Renteninfo einmal genauer an und prüfen diese in den aufgeführten Punkten.

Zum Praxisfall:

Der nachfolgende Kunde ist Single, männlich und 32 Jahre. Er arbeitet im Angestelltenarbeitsverhältnis und hat ein monatliches Einkommen von 2.500 €.

- **Punkt 1.** Der gesetzliche Regelaltersrenteneintritt ist der 01.04.2044, das heißt, der Kunde mit Geburtsjahr 1977 ist von der Anhebung der Altersgrenze auf 67 Jahre voll betroffen. Weitere Informationen erhalten Sie unter dem Punkt: *Wer geht wann in Rente*.

- **Punkt 2.** *Rente wegen voller Erwerbsminderung*
Die ausgewiesene Rente beträgt 778,06 €, ein Wert, der bei voller Erwerbsminderung zum Tragen kommen soll? Ein Erhalt dieser Rente ist fraglich. Die Zahlung der Rente ist an bestimmte Kriterien gebunden, die gerade für Personen, welche nach dem 01.01.1961 geboren sind, nur in Einzelfällen möglich werden. Ausbildung und Status des Anspruchstellers spielen bei der Prüfung der Anspruchsvorausset-

zungen für diese Personengruppe keine Rolle mehr. Das Thema ist so umfassend, dass auch hier eine separate Abhandlung (siehe *Gesetzlich erwerbsunfähig* Seite 65 ff.) sinnvoll erscheint.

Abbildung 3: Beispielhafte Renteninformation (Jahr 2009)

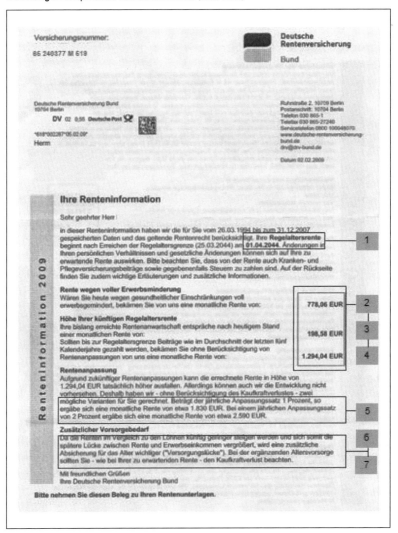

▪ **Punkt 3.** Die Renteninformation zeigt Ihnen zunächst die aktuelle Höhe Ihrer Altersrente zu dem Zeitpunkt, an dem Sie die Altersgrenze erreichen. Die Höhe der Altersrente ist ausgewiesen für den Fall, dass Sie **keine** weiteren rentenrechtlichen Zeiten sammeln. Liegt Ihre Regelaltersgrenze noch in der Ferne, wird diese Angabe niedrig ausfallen. In dem aktuellen Fall beträgt der Zeitraum noch 35 Jahre. Der Wert ist mit 198,58 € sehr gering. Diese Summe ergibt sich aus der Multiplikation der bisher erworbenen Entgeltpunkte (8,4187) mit dem aktuellen Rentenwert Ost (23,34 €).

Aktueller Rentenwert 2009	
Aktueller Rentenwert Ost	23,34 € /24,13 € ab 1.7.2009
Aktueller Rentenwert West	26,56 € /27,20 € ab 1.7.2009

Berechnung: 8,4187 * 23,34 = 196,49 €
Ausgewiesen im Rentenbescheid: = 198,58 €

▪ **Punkt 4.** Der Ausweis der zukünftigen Rente ohne Rentenanpassungen. In diesem Beispiel beträgt die ausgewiesene Rente 1.294,04 €. Die Rentenversicherung geht bei der Ermittlung dieses Wertes davon aus, dass der Kunde in den Jahren bis zu seiner Regelaltersgrenze, im Verhältnis zum Durchschnittsentgelt aller Versicherten, so verdient, wie im Durchschnitt der letzten fünf Jahre.

Der zukünftige Wert von 1.294,04 € könnte den Kunden positiv stimmen. Mit einem aktuellen Einkommen von 2.500 € erhält der ledige Kunde aktuell ein Nettoeinkommen von etwa 1.500 € im Monat (Steuerklasse 1). Die Differenz von rund 200 € könnte er leicht verkraften, wenn die ausgewiesene Zahl einem Nettowert nach heutiger Kaufkraft auch noch in 35 Jahren entsprechen würde und wenn es sich bei allen ausgewiesenen Renten um Netto-Renten handeln würde. Auf die Problematik der eventuellen Versteuerung sowie der Beitragspflicht aller Renten in der Kranken- und Pflegeversicherung der Rentner (siehe Punkt Krankenversicherung der Rentner) wird lediglich kurz hingewiesen.

Da auch der Kunde nicht garantieren kann, dass Krankheit und Arbeitslosigkeit sein Erwerbsleben verändern, bekommt also diese bislang erreichte Rentenanwartschaft eine neue Wertigkeit. Neben dem Ausweis einer 1 Prozent und 2 Prozentigen Rentenerhöhung (Punkt 6) sollte dem Kunden auch eine Rentenkürzung von 1 Prozent und 2 Prozent aufgezeigt werden. Inflation wird unter Punkt 5 erwähnt, aber auch dieser Sachverhalt nicht konkret in Zahlen aufgezeigt. Zeichnen Sie dem Kunden eine Tabelle und rechnen Sie mit ihm gemeinsam! Sie erhalten einen schnellen Überblick über die Punkte 5, 6 und 7.

Der BWK Business® kommt somit zum Einsatz.

Ausgangswert für die Tabelle sind die aufgeführten Werte und eine aktuelle Laufzeit von 35 Jahren bis zum Renteneintritt. Berechnet man die folgenden annehmbaren Situationen, ergeben sich nachfolgende Renten.

Beispielhafte Berechnung über BWK Business®

Rentenent-wicklung [%]	−2,00	−1,00	0,00	1,00	2,00
Inflation	Angaben in €				
0,00%	638	910	1.294*	1.830*	2.590*
2,00 %	319	455	647	915	1.295

© Bernd W. Klöckner, Steffen Horn, Werner Dütting; Kopien, Vervielfältigungen und Weitergabe nur mit schriftlicher Genehmigung der Autoren; www.berndwkloeckner.com, www.duetting.com
* Die drei weißen Felder sind durch die Renteninformation bereits vorgegeben. Bei der Ermittlung der Werte kommt es zu minimalen Abweichungen im 3 €-Bereich – vernachlässigbar.

Ergebnis: Dort, wo eine Rentensteigerung angenommen wird, sollte auch eine Inflation berücksichtigt werden. Das bedeutet, im Idealfall ändert sich die ausgewiesene Rente nicht (Spalte 4). Im Ernstfall aber kann bei einer angenommen Inflation von 2 Prozent und einer gleichhohen Rentenkürzung die Rente von 1.294 € auf 319 € sinken. Alle Werte sollten mit dem Kunden gemeinsam ermittelt werden.

So rechnen Sie selbst mit Ihrem Finanztaschenrechner BWK Business®
(Details unter www.FAF-Verlag.com).

Eingabe	Display-anzeigen	Erklärung
Berechnung 1 – Rentenkürzung von 2 Prozent		
↓ C	CLEARED 0,00	Löschen etwaiger Speicherinhalte.
1 P/YR	P/YR 1,00	Es erfolgt eine jährliche Betrachtung.
35 xP/YR	N 35,00	Bis zum Renteneintritt sind es noch 35 Jahre.
2 +/– EFF%	I/YR NOM% –2,00	Die Rentenkürzung erfolgt mit 2 Prozent jährlich.
1.294 +/– PV	PV –1.294,00	Eingabe des Ausgangswertes für die Betrachtung der Rentenkürzung (1.294 €).
0 PMT	PMT 0,00	Keine regelmäßigen Ein-/Auszahlungen sind zu berücksichtigen.
FV	FV 638,04	Ermittlung des Endwertes von 638,04 €. Übertragung des Wertes in Spalte I. Annahme 0 Prozent Inflation.
Berechnung 2 – Berechnung der heutigen Kraufkraft der Rente nach Rentenkürzungen		
638,04 +/– FV	FV –638,04	Die zukünftige Rente bei Rentenkürzungen von 2 Prozent soll 638,04 € betragen.
2 EFF%	I/YR NOM% 2,00	Es wird eine Inflation von 2 Prozent unterstellt.
PV	PV 319,04	Berechnung der heutigen Kaufkraft der Rente nach Rentenkürzungen.

Ergebnis: Im angenommen schlechtesten Fall werden aus 1.294 € im Monat 319 €.

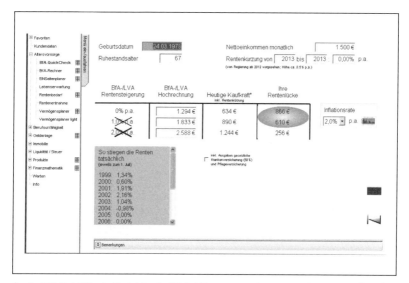

Quelle: BfA-QuickCheck, Modul des Dr. Kriebel-Beratungsrechners, www.beratungsrechner.de

Exkurs Inflation

Inflation, auch Kaufkraftverlust genannt, lässt die Versorgungslücke im Alter wachsen. Ausgewiesene Werte bestehender Maßnahmen (zum Beispiel Kapitalversicherungen, Rentenwerte, Risikoabsicherungen) werden mit der entsprechend langen Laufzeit kleiner und Beratungen zum Thema „Geld" meist transparenter. Eine ordentliche Beratung berücksichtigt diesen Aspekt immer! Wie hoch der Ansatz der Inflation (1 Prozent, 2 Prozent, 3 Prozent usw.) auch gewählt wird, einzig und allein zählt der Einbezug dieser Rechengröße und diese ist größer Null! Sie sollten sich mit Ihrem Kunden darüber verständigen und gemeinsam Annahmen treffen.

Einen ersten Anhaltspunkt könnte die folgende Tabelle vermitteln.

Tabelle 1: Preisindex für die Lebenserhaltung aller privaten Haushalte; Zeitraum 1971–2008

Jahr	Veränderung Preisindex	Jahr	Veränderung Preisindex
1971	5,2	1990	2,6
1972	5,4	1991	3,7
1973	7,1	1992	3,9
1974	6,7	1993	3,6
1975	6,0	1994	2,7
1976	4,2	1995	1,6
1977	3,7	1996	1,3
1978	2,7	1997	1,9
1979	4,1	1998	0,9
1980	5,4	1999	1,1
1981	6,3	2000	2,1
1982	5,2	2001	2,3
1983	3,2	2002	2,2
1984	2,5	2003	2,1
1985	2,0	2004	2,1
1986	–0,1	2005	2,2
1987	0,2	2006	2,2
1988	1,2	2007	2,1
1989	2,8	2008	1,4
Durchschnitt Jahr 1970–2008 = 3,0 Prozent p.a.			

© Bernd W. Klöckner, Steffen Horn, Werner Dütting; Kopien, Vervielfältigungen und Weitergabe nur mit schriftlicher Genehmigung der Autoren; www.berndwkloeckner.com, www.duetting.com

Der durchschnittliche Verbraucherpreisindex im aufgeführten Zeitraum beträgt 3,0 Prozent p. a. Inflation ist somit der Begriff für fortschreitende

Geldentwertung. Die Folge sind steigende Preise für Konsum- und Investitionsgüter. Eine Inflation entsteht dann, wenn die Geldmenge gegenüber dem realen Angebot an Handelswaren überproportional wächst. Einfach gesagt: Ein durchschnittlicher Mittelklassewagen kostete vor nicht all zu langer Zeit 20.000 DM. Heute entsprechen 20.000 DM bei einer Umrechnung mit dem Faktor 1,95583 (DM in €) ca. 10.200 €. Können Sie sich vorstellen, dafür heute einen Mittelklassewagen zu bekommen? Das Ergebnis betrifft nicht nur die Autobranche, sondern alle Dinge des täglichen Lebens. Inflation ist damit allgegenwärtig und kann nicht vernachlässigt werden.

Exkurs

Besonders spannend wird es, wenn Sie mit Ihren Kunden über die sogenannte tatsächliche Inflation sprechen. In den Bernd W. Klöckner® Seminaren und Trainings, speziell in den Trainingstagen zur Klöckner® Methode, erfahren Sie dazu wertvolle Details. Soviel an dieser Stelle: Sie kennen das, wenn Kunden Dinge denken oder sagen wie „Oh, ich spüre doch, das alles viel teurer geworden ist". Nun: Genau das ist die sogenannte gefühlte Inflation. Wissenschaftler untersuchten, wie sich ein Warenkorb in der Vergangenheit entwickelt hatte, wenn darin Güter, die im Monat häufiger gekauft werden, auch stärker gewichtet werden. Ein Beispiel: Eine Person wird nicht jeden Monat einen Computer kaufen. Dafür jedoch jeden Monat die Lebensmittel oder die Gegenstände des Alltages A, B und C. Und so weiter. Wird dann A sehr häufig gekauft und steigt A im Preis, wirkt sich das auf die gefühlte, auf die tatsächliche Inflation aus. Die gefühlte Inflation wird dann höher sein wie die amtlich gemeldete Inflation, in der A nur einmal gewichtet wird. Eine Zahl dazu: Diese tatsächliche Inflation wird in der Literatur mit rund vier Prozent angegeben.

Bei einer unterstellten Inflation von 3 Prozent p. a. ergeben sich folgende Abhängigkeiten aus Zeit und Geld.

Tabelle 2: Ermittlung Kaufkraftverlust, Inflation 3 Prozent, Zeitraum 5–45 Jahre

akt. Betrag [€]	Wert in X Jahren bei einer Inflation von 3%							
	5	10	15	20	25	30	35	40	45
100	86,26	74,41	64,19	55,37	47,76	41,20	35,54	30,66	26,44
200	172,52	148,82	128,37	110,74	95,52	82,40	71,08	61,31	52,89
300	258,78	223,23	192,56	166,10	143,28	123,60	106,62	91,97	79,33
400	345,04	297,64	256,74	221,47	191,04	164,79	142,15	122,62	105,78
500	431,30	372,05	320,93	276,84	238,80	205,99	177,69	153,28	132,22
600	517,57	446,46	385,12	332,21	286,56	247,19	213,23	183,93	158,66
700	603,83	520,87	449,30	387,57	334,32	288,39	248,77	214,59	185,11
800	690,09	595,28	513,49	442,94	382,08	329,59	284,31	245,25	211,55
900	776,35	669,68	577,68	498,31	429,85	370,79	319,85	275,90	237,99
1.000	862,61	744,09	641,86	553,68	477,61	411,99	355,38	306,56	264,44

© Bernd W. Klöckner, Steffen Horn, Werner Dütting; Kopien, Vervielfältigungen und Weitergabe nur mit schriftlicher Genehmigung der Autoren; www.berndwkloeckner.com, www.duetting.com

BEISPIEL ZUM ERMITTLUNGSSCHEMA LAUT TABELLE

Ihr Kunde zeigt Ihnen eine Versicherungspolice, welche in 40 Jahren fällig wird und eine monatliche Rente von 1.700 € ausweist. Er fragt Sie nach dem tatsächlichen Wert des Geldes in 40 Jahren bei einer unterstellten Inflation von 3 Prozent.

1. Schritt: Entnahme des Wertes für 100 €/40 Jahre
   Zeile 100 €/Spalte 40 Jahre = 30,66 €
2. Schritt: Sie vervielfachen den Wert den Wert von 30,66 €
   mit 17 (1.700 €)
   Betrag 30,66 x Faktor 17 = 521,22 €

Die ursprünglich ausgewiesene Rente von monatlich 1.700 € verringert sich bei einer angenommenen Inflation von 3 Prozent auf 521,22 €. Sie können für die Ermittlung auch den BWK Business® nutzen. Nein, Sie sollten hierfür den BWK Business® nutzen. Denn für den Kunden sieht ein Berater mit Finanztaschenrechner kompetenter aus als jemand mit einer Tabelle.

So rechnen Sie selbst mit Ihrem Finanztaschenrechner BWK Business®
(Details unter www.FAF-Verlag.com).

Eingabe	Display-anzeigen	Erklärung
↓ C	CLEARED 0,00	Löschen etwaiger Speicherinhalte.
1 P/YR	P/YR 1,00	Es erfolgt eine jährliche Betrachtung.
40 xP/YR	N 40,00	Bis zur Auszahlung der Rentenversicherung vergehen 40 Jahre.
3 EFF%	I/YR NOM% 3,00	Die voraussichtliche Inflation entspricht 3 Prozent jährlich.
0 PMT	PMT 0,00	Keine Betrachtung von regelmäßigen Ein-/Auszahlungen bei Inflationsberechnungen.
1.700 FV	FV 1.700,00	In 40 Jahren erhält der Kunde eine Rente von 1.700 € aus der Rentenversicherung.
PV	PV –521,15	Ermittlung des Barwertes – der heutigen Kaufkraft der Rente.

Zurück zum Thema – Renteninformation

Es ist durchaus möglich, dass Ihr Kunde die Renteninformation zum Beratungstermin nicht vorliegen hat. Er hat sie vergessen. Einen Wert daraus hat er sich aber mit Sicherheit gemerkt. Anhand dieses Wertes können Sie jetzt auch ohne Vorliegen des Schreibens jeden anderen Rentenwert ermitteln.

BEISPIEL

Der 32-jährige Kunde von vorhin erinnert sich lediglich an den im Text aufgeführten Rentenwert mit 2 Prozent Steigerung. Sie möchten nun wissen, wie hoch die Rente mit 67 Jahren ohne Rentensteigerung ausfallen wird.

Berechnung Rente ohne Steigerung
Ausgangswert ist der vom Kunden benannte Betrag von 2.590 €.
So rechnen Sie selbst mit Ihrem Finanztaschenrechner BWK Business®
(Details unter www.FAF-Verlag.com).

Eingabe	Display-anzeigen	Erklärung
↓ C	CLEARED 0,00	Löschen etwaiger Speicherinhalte.
1 P/YR	P/YR 1,00	Es erfolgt eine jährliche Betrachtung.
35 xP/YR	N 35,00	Bis zur Auszahlung der Rentenversicherung vergehen 35 Jahre.
2 EFF%	I/YR NOM% 2,00	Die Rentensteigerungsrate beträgt 2 Prozent jährlich.
0 PMT	PMT 0,00	Keine regelmäßigen Ein-/Auszahlungen werden berücksichtigt.
2.590 +/− FV	FV −2.590,00	Eingabe des Ausgangswertes für die Betrachtung der Rentenkürzung.
PV	PV 1.295,07	Ermittlung der Rente ohne Steigerung von 1.295,07 €. Sie finden diesen Wert in der obigen Renteninfo.

Fazit: Dort, wo eine Renteninformation vorliegt oder auch beantragt werden kann, sollte diese auch entsprechend genutzt werden. Das Gleiche gilt auch für Bescheide von Kammern und Versorgungswerken. Ob Erwerbsminderung, Hinterbliebenenschutz, Rente im Alter, all diese Bereiche lassen sich anhand der vorliegenden Werte fachlich und argumentativ ohne Verkaufstricks gut aufbereiten. Die Realität ist für den Kunden oft hart. Häufig verbleibt aber noch Zeit, um die Weichen für eine vernünftige Absicherung zu stellen, nur sollten Sie Ihren Kunden auch rechtzeitig darüber informieren.

Gesetzlich erwerbsunfähig

Jährlich stellen rund 400.000 Personen in Deutschland einen Antrag auf Erwerbsminderungsrente. Viele Kunden sind in Bezug auf die finanzielle Absicherung bei Erwerbsunfähigkeit nur unzureichend informiert. Welche Eingangsvoraussetzungen und Fristen für das Erbringen der einzelnen Leistungsarten tatsächlich notwendig sind, sollte als Handwerkszeug in Ihrer täglichen Arbeit angesehen und verstanden werden. Die nachfolgende Tabelle gibt Ihnen einen ersten Überblick über die gesetzliche Ausgangssituation im Jahr 2009.

Tabelle 3: Renten wegen verminderter Erwerbsfähigkeit alle Altersklassen; Zugänge 2005, 2006, 2007 NBL/ABL; Quelle: Statistik der Deutschen Rentenversicherung

Jahr	Zugänge		
	NBL	ABL	Gesamt
2005	34.255	129.539	163.794
2006	32.528	125.737	158.265
2007	34.055	125.917	159.972

Die Tabelle drückt sehr deutlich das Verhältnis der Zugänge entsprechend der Region (NBL/ABL) und des Jahres aus. Im Jahr 2007 gingen insgesamt rund 160.000 Personen wegen verminderter Erwerbsfähigkeit vorzeitig in Rente. Ausgehend von den rund 400.000 Antragstellern bleiben 60 Prozent ohne Leistung. Der Großteil der Rentenzugänge wird mit circa 32 Prozent durch psychische Krankheiten bestimmt. Tendenz steigend! Mit 18 Prozent sind Einschränkungen des Bewegungsapparates der zweithäufigste Grund. Warum das so ist und welchen Einfluss die Reform zur Erwerbsminderungsrente hat, soll nachfolgend beantwortet werden.

Reform der Erwerbsminderungsrenten

Zum 01.01.2001 kam es durch die Erwerbsminderungsrentenreform zur Ablösung der bisherigen Berufs- und Erwerbsminderungsrenten. Die Ablösung erfolgte durch die Renten wegen Erwerbsminderung, die mit drastischen Einschnitten für den Betroffenen verbunden sind. Um den Übergang harmonisch zu gestalten, gilt für alle Renten, auf die vor dem 01.01.2001 ein Anspruch bestand, weiterhin das alte Recht. Für alle Neurenten gilt ab diesem Zeitpunkt eine einheitlich abgestufte Rente wegen Erwerbsminderung. Die sich hieraus ergebende zweistufige Unterteilung, erfolgt in Abhängigkeit der ärztlich festgestellten täglichen Resterwerbsfähigkeit. Wir unterscheiden die:

> **Teilweise Erwerbsminderungsrente:**
> tägliche Arbeitsfähigkeit   zwischen 3 bis unter 6 Stunden
> ▽
>
> **Ausnahme:**
> volle Erwerbsminderungsrente bei Verschlossenheit des Arbeitsmarktes
>
> **Volle Erwerbsminderungsrente:**
> täglich Arbeitsfähigkeit   unter 3 Stunden

Beträgt die tägliche Arbeitsfähigkeit mehr als 6 Stunden, besteht kein Anspruch auf Erwerbsminderungsrente! Vertrauensschutz genießen Personen, welche vor dem 02.01.1961 geboren sind. Dieser Personenkreis hat Anspruch auf die teilweise Erwerbsminderungsrente, wenn sie in ihrem erlernten oder einem gleichwertigen Beruf nur noch weniger als 6 Stunden täglich arbeiten können. Es gilt der Grundsatz „Berufsschutz". Daraus ergeben sich folgende Definitionen für den Begriff „erwerbsgemindert".

Voll erwerbsgemindert sind Versicherte, die wegen Krankheit oder Behinderung auf nicht absehbare Zeit außerstande sind, unter den üblichen Bedingungen des allgemeinen Arbeitsmarktes mindestens 3 Stunden täglich erwerbstätig zu sein.

Teilweise erwerbsgemindert liegt für

... nach dem 01.01.1961 geborene Versicherte dann vor, *wenn ihre Arbeitsfähigkeit wegen Krankheit oder Behinderung auf nicht absehbare Zeit auf 3 bis maximal 6 Stunden täglich beschränkt ist. Für die zukünftige Leistungsbeurteilung soll lediglich die Frage entscheidend sein, ob* der Versicherte unter den üblichen Bedingungen auf dem allgemeinen Arbeitsmarkt im Rahmen einer 5 Tage-Woche eine wie auch immer geartete Tätigkeit finden kann.

... vor dem 02.01.1961 geborene Versicherte dann vor, *wenn deren Erwerbsfähigkeit wegen Krankheit oder Behinderung im Vergleich zur Erwerbsfähigkeit von körperlich, geistig und seelisch gesunden Versicherten mit ähnlicher Ausbildung und gleichwertigen Kenntnissen und Fähigkeiten auf weniger als 6 Stunden täglich gesunken ist (§ 240 SGB VI). Der Kreis der Tätigkeiten, nach denen die Erwerbsfähigkeit von Versicherten zu beurteilen ist, umfasst alle Tätigkeiten, die ihren Kräften und Fähigkeiten entsprechen und ihnen unter Berücksichtigung der Dauer und des Umfangs ihrer Ausbildung sowie ihres bisherigen Berufs und der besonderen Anforderungen ihrer bisherigen Berufstätigkeit zugemutet werden können.*

Ausnahme

Bei Verschlossenheit des Arbeitsmarktes wird die volle so genannte arbeitsmarktbedingte Erwerbsminderungsrente gewährleistet. Das jeweilige Geburtsjahr bleibt hierbei unberücksichtigt.

Es gilt der prinzipielle Grundsatz Reha vor Rente. Zumutbar ist stets eine Tätigkeit, für die die Versicherten durch Leistungen zur beruflichen Rehabilitation mit Erfolg ausgebildet oder umgeschult worden sind. Berufsunfähig ist demnach nicht, wer eine zumutbare Tätigkeit mindestens 6 Stunden täglich ausüben kann. Dabei ist die jeweilige Arbeitsmarktlage nicht zu berücksichtigen.

▪ Anspruchsvoraussetzungen

Ein Erhalt der Rente wegen verminderter Erwerbsfähigkeit ist maximal bis zum Erreichen der Regelaltersgrenze möglich. Zudem müssen bestimmte versicherungsrechtliche und medizinische Voraussetzungen erfüllt werden. Ein Anspruch auf Rente wegen teilweiser Erwerbsminderung/teilweiser Erwerbsminderung bei Berufsunfähigkeit oder Rente wegen voller Erwerbsminderung besteht, wenn:

Versicherungsrechtliche Voraussetzungen:

- die allgemeine Wartezeit von 5 Jahren erfüllt sind

und

- in den letzten 5 Jahren vor Eintritt der Erwerbsminderung, 3 Jahre Pflichtbeiträge entrichtet wurden (Grundregel) oder
- die vorzeitige Wartezeit erfüllt ist (Wartezeitfiktion)

Medizinische Voraussetzungen:

- wenn wegen Krankheit oder Behinderung nicht mehr 6 Stunden täglich gearbeitet werden kann
- teilweise bzw. volle Erwerbsminderung vorliegt

Bei der Erfüllung der allgemeinen Wartezeit von 5 Jahren zählen mit:

- Beitragszeiten (freiwillige und Pflichtbeiträge)
- Zeiten aus dem Versorgungsausgleich nach Scheidung und Rentensplitting
- Ersatzzeiten
- Kindererziehungszeiten
- Zeiten aus Zuschlägen für eine geringfügige versicherungsfreie Beschäftigung (bis zu 400 €); siehe auch unter Punkt: Geringfügig Versicherte

> *Die **Grundregel** gilt als erfüllt, wenn der Versicherte in den letzten 5 Jahren vor Eintritt der teilweisen Erwerbsminderung/teilweisen Erwerbsminderung bei Berufsunfähigkeit oder vollen Erwerbsminderung 3 Jahre Pflichtbeitragszeiten nachweisen kann.*
>
> *Einen Anspruch auf Rente wegen Erwerbsminderung haben nach der Grundregel demnach nur Versicherungspflichtige. Nach Ausscheiden aus der Versicherungspflicht besteht der Schutz maximal für 2 weitere Jahre, sofern keine Sachverhalte vorliegen, die diesen Zeitraum verlängern (für Hausfrauen sind hier insbesondere Berücksichtigungszeiten wegen Kindererziehung von Bedeutung) und soweit nicht die Übergangsregelung in Anspruch genommen werden kann.*

*Die **Übergangsregelung** gilt für alle Versicherten, die bereits vor dem 01.01.1984 die allgemeine Wartezeit von 5 Jahren erfüllt haben. Diesem Personenkreis wird die Möglichkeit eingeräumt, die Anwartschaft auch weiterhin zu erhalten. Auch ohne 3 Jahre Pflichtbeiträge in den letzten 5 Jahren vor Eintritt der teilweisen Erwerbsminderung/teilweisen Erwerbsminderung bei Berufsunfähigkeit oder vollen Erwerbsminderung besteht ein Anspruch auf eine Rente wegen verminderter Erwerbsfähigkeit, wenn vom 01.01.1984 bis zum Kalendermonat vor Eintritt der verminderten Erwerbsfähigkeit lückenlos jeder Kalendermonat mit folgenden Zeiten belegt ist:*

- *Beitragszeiten (Pflichtbeiträgen und freiwilligen Beiträgen, Mindestbeiträge ausreichend)*

Bei freiwilligen Beiträgen kommt es grundsätzlich nicht auf deren Höhe an. Freiwillige Mindestbeiträge sind ausreichend. Seit dem 01.04.1999 gibt es nur noch einheitlich den Mindestbeitrag West. Im Jahr 2009 sind das im Monat 79,60 €. Die freiwilligen Beiträge müssen entweder während des laufenden Jahres oder bis spätestens Ende März des Folgejahres für das Vorjahr an den zuständigen Rentenversicherungsträger überwiesen worden sein.

Für die Erfüllung der Übergangsregelung gelten auch die folgenden Zeiten:

- beitragsfreie Zeiten (Anrechnungszeiten, Zurechnungszeit und Ersatzzeiten)
- Berücksichtigungszeiten (wegen Kindererziehung ab der Geburt des ersten Kindes bis zum vollendeten 10. Lebensjahr des jüngsten Kindes oder wegen unbezahlter Pflegetätigkeit, frühestens jedoch seit dem 01.01.1992 bis 31.03.1995), sofern keine (über der Geringfügigkeitsgrenze liegende) selbstständige Tätigkeit ausgeübt wurde
- Zeiten des Bezugs einer Rente wegen verminderter Erwerbsfähigkeit oder
- Zeiten des gewöhnlichen Aufenthaltes in den neuen Bundesländern vor dem 01.01.1992.

Vorzeitige Wartezeiterfüllung:
Für bestimmte Versicherte ist auch eine vorzeitige Wartezeiterfüllung möglich!
Die Wartezeit gilt dann als vorzeitig erfüllt, wenn der Versicherte:

- vor Ablauf von 6 Jahren nach Beendigung einer Ausbildung voll erwerbsgemindert wurde und in den letzten 2 Jahren zuvor mindestens 1 Jahr Pflichtbeiträge gezahlt hat. Der Zeitraum von 2 Jahren vor Eintritt in die Erwerbsminderung verlängert sich um Zeiten einer schulischen Ausbildung nach dem 17. Lebensjahr, längstens jedoch um 7 Jahre.

- durch einen Arbeitsunfall oder eine Berufskrankheit erwerbsunfähig geworden ist. Auch hier genügt ein einziger Beitrag zur Deutschen Rentenversicherung, wenn der Versicherte zum Zeitpunkt des Unfalls bzw. zum Eintritt der Berufskrankheit versicherungspflichtig ist. Ist er das nicht, müssen mindestens 1 Jahr Pflichtbeiträge für eine versicherungspflichtige Tätigkeit in den letzten 2 Jahren zuvor gezahlt worden sein.

- wegen einer Wehrdienst- bzw. Zivildienstbeschäftigung oder wegen politischen Gewahrsams vermindert erwerbsfähig geworden ist. Hierbei genügt schon ein einziger Beitrag zur Deutschen Rentenversicherung.

Sind die versicherungsrechtlichen und medizinischen Voraussetzungen erfüllt, stellt sich die Frage nach der Leistung. Eine erste Übersicht vermittelt die Renteninformation. Aber wie verhält es sich bei Personen, die bereits in Ausbildungszeiten einen Antrag stellen?

Abbildung 4: EMR-Rente

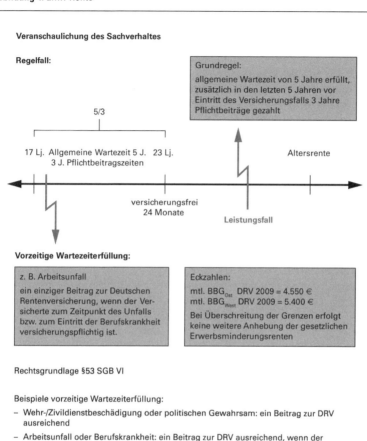

© Bernd W. Klöckner, Steffen Horn, Werner Dütting; Kopien, Vervielfältigungen und Weitergabe nur mit schriftlicher Genehmigung der Autoren; www.berndwkloeckner.com, www.duetting.com

Leistungen im Detail

Berufsstarter: In den ersten 3 Jahren der Berufsausbildung entstehen Ansprüche an die DRV nur bei Vorliegen von vollständiger Erwerbsminderung, das heißt, die Arbeitsfähigkeit liegt unter 3 Stunden täglich. Ist jedoch ein Berufs-/Wegeunfall der Grund, reicht auch die teilweise Erwerbsminderung. Die Arbeitsfähigkeit liegt hier zwischen 3 bis unter 6 Stunden. Bei vollständiger Erwerbsminderung beträgt die Rentenhöhe circa 900 € monatlich in den ABL und ca. 800 € in den NBL ! nach Abzug der Beiträge zur Kranken- und Pflegeversicherung. Dabei berücksichtigt werden sollte, folgende Statistik.

Bis einschließlich des 20. Lebensjahrs erhielten im Jahr 2007 – 182 Personen eine Rente wegen verminderter Erwerbsfähigkeit (Regelungen nach SGB VI). Aufgeschlüsselt nach Geschlecht und Rentenart ergibt sich folgende Übersicht:

Tabelle 4: EMR-Rentenzugänge Jahr 2007 nach SGB VI bis einschließlich des 20.Lebensjahrs. Quelle: Statistik der Deutschen Rentenversicherung

Gruppe Bis 20 Lj.	Teilweise Erwerbsminderung	Volle Erwerbsminderung	Gesamt
Mann	2	117	119
Frau	1	62	63
Gesamt	3	179	182

Teilweise Erwerbsminderung:

Wer noch eingeschränkt arbeiten kann, für den kommt die Rente wegen teilweiser Erwerbsminderung in Betracht. Sie beträgt genau die Hälfte (Faktor 0,5) der im Rentenbescheid ausgewiesenen Rente wegen voller Erwerbsminderung. In Verbindung mit einer weiteren (Teilzeit) Tätigkeit soll so der Lebensstandard auch zukünftig gesichert werden. Besonderen Schutz aufgrund von Qualifikation und dem bisherigen Beruf genießen nur noch Personen, die vor dem 02.01.1961 geboren wurden.

Volle Erwerbsminderung:

Bei vollständiger Beeinträchtigung der Arbeitskraft haben Arbeitnehmer wie Selbstständige, welche die gleichen Voraussetzungen erfüllen müssen, Anspruch auf Rente wegen voller Erwerbsminderung.

Die Rentenhöhe in Zahlen:

Oft stellt sich die Frage nach der Ermittlung der tatsächlichen Höhe der Rente wegen halber oder voller Erwerbsminderung. Eine ordnungsgemäße Rentenhöhe sollte immer von der zuständigen Rentenstelle bestimmt werden. Überschlägige Berechnungen anhand des aktuellen Bruttoverdienstes verschaffen einen ersten Eindruck, können aber in Einzelfällen zu erheblichen Abweichungen führen. Sollte dennoch eine überschlägige Betrachtung notwendig werden, können Sie folgende Übersicht nutzen.

Tabelle 5: Beispielhafte EMR- Renten anhand des Bruttoverdienstes

Bruttoeinkommen Monatlich [€]	Volle EMR ABL [€]	Volle EMR NBL [€]	Halbe EMR ABL [€]	Halbe EMR NBL [€]
1.500	502	436	251	518
2.000	670	583	335	335
2.500	837	728	419	419
3.000	1.055	917	502	527
3.500	1.124	980	562	490
4.000	1.192	1037	596	518

© Bernd W. Klöckner, Steffen Horn, Werner Dütting; Kopien, Vervielfältigungen und Weitergabe nur mit schriftlicher Genehmigung der Autoren; www.berndwkloeckner.com, www.duetting.com

Tabelle 6: Überschlägige Ermittlung der halben EMR-Rente anhand des aktuellen monatlichen Bruttoverdienstes ABL/NBL

x Faktor ABL NBL	Einkommensklassen in [€]		Beispiel ABL 4.200 € Brutto
	ABL	NBL	
0,17 0,15	< 3.250	< 2.750	0,14 * 4.200 €
0,16 0,14	3251–3700	2751–3001	= 588 €
0,15 0,13	3701–4150	3102–3500	Halbe Erwerbs-minderungsrente
0,14 0,12	4151–4600	3501–3900	
0,13 0,11	4601–5200	3901–4400	

© Bernd W. Klöckner, Steffen Horn, Werner Dütting; Kopien, Vervielfältigungen und Weitergabe nur mit schriftlicher Genehmigung der Autoren; www.berndwkloeckner.com, www.duetting.com

Die Überschlagsrechnungen beruhen auf den Vorgaben des Bundesministeriums der Finanzen. Die Prozentsätze sind auf volle Prozente auf- bzw. abgerundet. Darum kommt es zu Abweichungen zur vorausgehenden Tabelle. Die Renten vermindern sich noch um den Kranken-/Pflegeversicherungsbeitrag für Rentner. Erwerbsminderungsrenten werden nur noch als Zeitrenten, Befristung 3 Jahre, gewährt. Sie können wiederholt werden. Leistungen werden ab dem siebten Monat der Erwerbsminderung gezahlt.

 STARK VEREINFACHTES BEISPIEL ZUR RENTENINFO

Verbindung zum Beispiel auf Seite 54.

Der nachfolgende Kunde ist Single, männlich und 32 Jahre. Er arbeitet im Angestelltenarbeitsverhältnis und hat ein monatliches Bruttoeinkommen von 2.500 €. Er bekommt 12 Monatsgehälter pro Jahr. Die Betrachtung soll für die neuen Bundesländer erfolgen (NBL).

Anhand der vorausgehenden Tabelle (Überschlägige Ermittlung der halben EMR-Rente anhand des aktuellen monatlichen Bruttoverdienstes ABL/NBL) ergibt sich folgende vereinfachte Berechnung.

Berechnung mit dem BWK Business®

Eingabe	Display-anzeigen	Erklärung
2.500 x 0,15 =	= 375,00	Ermittlung der halben Erwerbsminderungsrente = 375 € je Monat
x 2,00 =	= 750,00	Ermittlung der vollen Erwerbsminderungsrente = 750 € je Monat

> **Achtung:** Die Berechnung ist stark vereinfacht und berücksichtigt weder Steuer- noch Krankenversicherungsbeiträge für Rentner. Bei unterschiedlichen Erwerbsbiografien (zum Beispiel Ausbildung, Studium, Arbeitslosigkeit) verliert die ermittelte Zahl schnell an Realität und oft auch Bezug zum ausgewiesenen Betrag in der Renteninformation.

Die ermittelte Zahl kann nur einen Anhaltspunkt geben und zeigen, dass eine enorme Versorgungslücke zwischen Nettoeinkommen und gesetzlicher EMR-Rente klafft, eine Versorgungslücke, die bei Überschreiten der jeweiligen Beitragsbemessungsgrenze DRV (BBG $_{Ost/West}$) unbegrenzt wächst. Nur durch eine private oder betriebliche Absicherung ist diese überhaupt zu schließen! Verständnis des Kunden vorausgesetzt!

Fordern Sie einfach bei dem Rententräger eine „Rentenauskunft wegen Erwerbsminderung" mit allen Anlagen an.

Hinzuverdienst EMR-Rente

Damit Erwerbsminderungsrentner, die neben ihrer Rente weitere Einkünfte erzielen, mit ihrem Gesamteinkommen nicht besser gestellt sind als vor dem Rentenbezug, werden andere Sozialleistungen oder Erwerbseinkommen auf die Rente angerechnet. Seit dem 01.01.2008 erfolgt die Berechnung auf Basis der Bezugsgröße DRV. Bei Überschreiten der individuellen Hinzuverdienstgrenzen wird die Rente gekürzt. Eine Rente wegen teilweiser Erwerbsminderung/teilweiser Erwerbsminderung bei Berufsunfähigkeit oder voller Erwerbsminderung wird abhängig vom erzielten Hinzuverdienst geleistet. Neben einer Regelaltersrente ab vollendetem 65. Lebensjahr kann unbegrenzt hinzuverdient werden. Dies gilt nur bei Rentenleistungen vor Vollendung der Regelaltersrente.

Die monatliche Hinzuverdienstgrenze im Jahr 2009 beträgt bei:

Tabelle 7: Hinzuverdienstgrenzen nach Rentenart Jahr 2009

Voller Erwerbsminderung	ABL	NBL
	[€]	[€]
¾ Teilrente	642,60	569,69
½ Teilrente	869,40	764,00
¼ Teilrente	1.058,40	930,08
Teilweise Erwerbsminderung	**ABL**	**NBL**
	[€]	[€]
Vollrente	869,40	764,00
½ Teilrente	1.058,40	930,08

© Bernd W. Klöckner, Steffen Horn, Werner Dütting; Kopien, Vervielfältigungen und Weitergabe nur mit schriftlicher Genehmigung der Autoren; www.berndwkloeckner.com, www.duetting.com

In Deutschland ist für die Einkommensanrechnung ein recht kompliziertes System aus Teilrenten und erlaubtem Nebenverdienst über einem Freibetrag geschaffen worden, die sich sowohl an der entsprechenden Teilrentenstufe als auch am letzten Einkommen (vor dem Leistungsfall) orientieren. Die Hinzuverdienstgrenze ist umso niedriger, je größer der in Anspruch genommene Rententeil ist.

Nicht berücksichtigt werden:

- der Verdienst, den Sie als Pflegeperson von einem Pflegebedürftigen erhalten, wenn dieser Verdienst das übliche Pflegegeld nicht übersteigt,
- der Verdienst, den Behinderte in anerkannten Werkstätten für behinderte Menschen oder in anderen beschützenden Einrichtungen erzielen.

Rente auf Antrag:

Eine Erwerbsminderungsrente wird nur gewährt, wenn vorher auch ein Antrag gestellt wurde. Bei Vorlage der ärztlichen Unterlagen ist es sinnvoll, diese ebenfalls dem Rentenversicherungsträger vorzulegen. Am besten ist es, wenn der Antragsteller eine Auskunfts- und Beratungsstelle aufsucht und alle Unterlagen zur Antragstellung mitbringt. Zudem besteht die Möglichkeit, eine Person des Vertrauens mit der Rentenantragstellung zu beauftragen, falls das eigene Erscheinen nicht möglich ist. In diesem Fall muss eine entsprechende schriftliche Vollmacht erteilt werden. Die Beantragung der Rente muss schriftlich erfolgen. Zudem werden die Renten wegen Erwerbsminderung grundsätzlich zeitlich befristet, das heißt längstens für 3 Jahre gewährt. Nur wenn ohne jeden Zweifel feststeht, dass die Leistungsminderung in Zukunft nicht mehr behoben werden kann, ist die Bewilligung einer unbefristeten Rente möglich. Bei befristeten Renten beginnt diese Zahlung der Rente immer erst Anfang des 7. Monats nach Eintritt der Leistungsminderung.

Fortführende Formulare zur Beantragung und dazugehörigen Erklärungen erhalten Sie unter: www.deutsche-rentenversicheurng.de

Eine Übersicht wesentlicher Formulare befindet sich im Anhang.

Renten wegen Todes

Passiert das Unvorstellbare, der plötzliche Tod des Partners, werden aus einem gemeinsamen Zukunftsaufbau schnell unüberschaubare Verpflichtungen. Dann sollte eine ausreichende Absicherung, gesetzlich wie privat oder betrieblich, vorhanden sein, um finanziell wiederkehrende Positionen bedienen zu können. Die Frage ist hier nicht, in wie weit qualitativ Einschränkungen erfolgen können, als vielmehr die Sicherstellung des (wirtschaftlichen) Alltags der kommenden Jahre. Gerade bei Besserverdienern werden die gesetzlich gewährleisteten Hinterbliebenenrenten im Leistungsfall enorm klein ausfallen. Bedenken Sie: Der Lebensstandard folgt dem Einkommen, Einschnitte tun immer weh! Ausgangslage für die Betrachtung, soll die Reform „der gesetzlichen Hinterbliebenenrenten" sein.

Denn eines sollte nicht vernachlässigt werden: Eine Eheschließung in Deutschland erfolgt durchschnittlich im Alter von 31 Jahren. Viele Paare ziehen jedoch auch über diesen Zeitpunkt hinaus das Zusammenleben ohne Trauschein aus persönlichen und wirtschaftlichen Interessen vor. Wie es um den gesetzlichen Schutz dieser Personen steht, soll ausführlich beantwortet werden. Die Renteninformation bietet auch hier einen ersten Anhaltspunkt, wenn auch nur ein indirektes Herleiten der Rentenhöhe aus den aufgeführten Werten des A4-Blattes möglich ist. Gehen wir nachfolgend ins Detail, um alle Fragen rund um das Thema gesetzliche Hinterbliebenenrente beantworten zu können. Im Teil III werden für diese und andere Praxisfälle private Ergänzungskonzepte vorstellen.

Rechtsgrundlage für die nachfolgen Ausführungen ist das SGB VI.

Im Wesentlichen unterscheidet man 2 Hauptformen von Hinterbliebenenrenten in der DRV. Aus der Versicherung des Verstorbenen abgeleitet werden,

- Witwen- und Witwerrente (kleine und große)
- Waisenrente (Halbwaisenrente, Vollwaisenrente)

Die Rente, welche aus der eigenen Versicherung geleistet wird, ist die

- Erziehungsrente

Anspruchsvoraussetzungen Hinterbliebenenrenten

Ein Anspruch auf die jeweilige Rente besteht nur, wenn die einzelnen Kriterien erfüllt werden. Wird die Kette an Kriterien unterbrochen, zum Beispiel Wiederheirat nach Tod des vorletzten Ehegatten, kommt es zur Einstellung der Zahlung.

Anspruch auf die **Kleine Witwen-/Witwerrente** besteht, wenn:

- der verstorbene Ehegatte, die allgemeine Wartezeit von 5 Jahren erfüllt hat
- zum Zeitpunkt des Todes ein Eheverhältnis bestand
- der Hinterbliebene nicht wieder geheiratet hat

Abbildung 5: Renten wegen Todes in der DRV

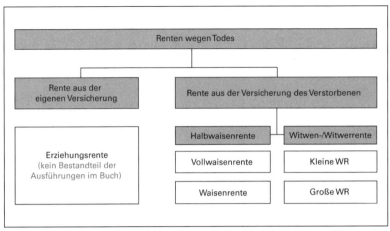

© Bernd W. Klöckner, Steffen Horn, Werner Dütting; Kopien, Vervielfältigungen und Weitergabe nur mit schriftlicher Genehmigung der Autoren; www.berndwkloeckner.com, www.duetting.com

Die allgemeine Wartezeit wird durch Beitragszeiten und Ersatzzeiten sowie Zeiten, die bei einer Scheidung im Rahmen des Versorgungsausgleichs übertragen oder begründet worden sind, ausgefüllt. Eingetragene Lebenspartnerschaften sind seit Anfang 2005 Eheleuten gleichgestellt. Eine eheähnliche Lebensgemeinschaft reicht allerdings nicht aus!

Anspruch auf die **Große Witwen-/Witwerrente** besteht, wenn:

- die Bedingungen für die Kleine Witwen-/Witwerrente erfüllt sind und eine der folgenden Bedingung zutrifft:

+

- der Hinterbliebene das 45. Lebensjahr* vollendet hat, oder
- erwerbsgemindert ist, oder
- ein Kind (eigenes oder Kind des Verstorbenen), das das 18. Lebensjahr noch nicht vollendet hat, erzieht oder
- für ein in häuslicher Gemeinschaft behindertes Kind sorgt

Kinder im Sinne der Vorschrift sind: *Stief- und Pflegekinder, die in den Haushalt aufgenommen wurden, sowie Enkel und Geschwister, die in den Haushalt aufgenommen wurden oder für die der hinterbliebene Ehegatte den überwiegenden Unterhalt trägt.*

Deutsche Rentenversicherung

* Mit der schrittweisen Anhebung des Einstiegs in die Altersrente ab dem Jahr 2012 kommt es auch zu Verschiebungen bei der großen Witwenrente. Die Anhebung beginnt nach dem 31.12.2011. Ab diesem Zeitpunkt gilt: Wer seinen Partner verliert, kann die große Witwenrente nicht mehr ab 45 Jahren erhalten. Hier gelten die identischen Regelungen zur Anhebung der gesetzlichen Altersrente. Ab 2029 gilt dann die Altersgrenze von 47 Jahren für die große Witwenrente.

Tabelle 8: Anhebung Altersgrenze große Witwen-/Witwerrente

Todesjahr	Anhebung um Monate	auf Jahr	Auf Monat
2012	1	45	1
2013	2	45	2
2014	3	45	3
2015	4	45	4
2016	5	45	5
2017	6	45	6
2018	7	45	7
2019	8	45	8
2020	9	45	9
2021	10	45	10
2022	11	45	11
2023	12	46	0
2024	14	46	2
2025	16	46	4
2026	18	46	6
2027	20	46	8
2028	22	46	10
Ab 2029	24	47	0

Auch hier gilt: die Leistung wird erbracht, wenn die Anspruchsvoraussetzungen für die jeweilige Rente erfüllt sind oder mit dem Todestag, wenn an den Versicherten im Sterbemonat keine Rente zu leisten ist.

Reform der Hinterbliebenenrenten

Für Ehepaare, die nach dem 31.12.2001 heiraten oder bei denen beide Partner am 01.01.2002 noch unter 40 Jahre (geboren nach dem 01.01.1962) alt waren (so genannte „Neu-Ehen"), ergeben sich folgende Änderungen:

Veränderungen **Große Witwen-/Witwerrente:**

- Witwen oder Witwer erhalten zukünftig nicht mehr 60 Prozent, sondern nur noch 55 Prozent der Rente wegen voller Erwerbsminderung des Verstorbenen bzw. der Altersrente des Versicherten. Dafür erhält der Hinterbliebene für die Erziehung des Kindes/der Kinder, einen dynamischen Zuschlag an persönlichen Entgeltpunkten.

Ermittlung Entgeltpunkte (dynamischer Zuschlag)

1.Kind	2.Kind
36 Monate * 0,1010EP/Monat	36 Monate * 0,0505 EP/Monat
= 3,6360 EP * 55%	= 1,8180 * 55%
= 1,9998 EP	**= 0,9999 EP**

Für das Jahr 2009 bedeutet für das 1.Kind in Zahlen:
ABL: aktueller Rentenwert 09 (26,56) * 1,9998 EP = 53,11 €
NBL: aktueller Rentenwert 09 (23,34) * 1,9998 EP = 46,68 €

Veränderungen **kleine Witwen-/Witwerrente:**

- zeitliche Begrenzung der Leistung auf 24 Monate

dann:

Prüfung der Anspruchsvoraussetzungen für Große Witwen-/Witwerrente
⇨ Ggf. Antragstellung auf Große Witwen-/Witwerrente

Es besteht kein Anspruch auf Witwen- und Witwerrente bei „Versorgungsehen". Als Versorgungsehen werden Ehen bezeichnet, die noch kurz vor dem Tod eines schwer Erkrankten geschlossen werden. Der überlebende Ehegatte wäre nach dem Tode des Versicherten durch eine Hinterbliebenenrente versorgt. Ein Rentenanspruch ist ausgeschlossen, wenn die Ehe nicht mindestens **ein Jahr** angedauert hat, es sei denn, der alleinige oder überwiegende Zweck der Heirat war es nicht, eine Hinterbliebenenrente zu erhalten.

▢ Leistungen unter Einkommensanrechnung

Die Höhe der jeweiligen Witwen-/Witwerrente leitet sich immer aus der Höhe der Rentenansprüche des Verstorbenen ab. Die Rente ergibt sich aus der betreffenden Rentenart und dem Rentenartfaktor. Durch eine Anrechnung des eigenen Einkommens kann es zu einer erheblichen Minderung der Hinterbliebenenrente kommen. Im Sterbevierteljahr (dreimonatiger Zeitraum nach dem Tod) wird die kleine und große Witwen-/Witwerrente in Höhe von 100 Prozent der Altersrente bzw. einer Rente wegen voller Erwerbsminderung des Versicherten gezahlt. In diesem dreimonatigen Zeitraum erfolgt keine Anrechnung des eigenen Einkommens des hinterbliebenen Ehegatten. Erst nach Ablauf des 3. Kalendermonats nach Ablauf des Monats, in dem der Ehegatte verstorben ist, beträgt die kleine Witwen-/Witwerrente 25 Prozent und die große Witwen-/Witwerrente 60 Prozent (bei „Alt-Ehen) bzw. 55 Prozent (bei „Neu-Ehen") einer Altersrente bzw. einer Rente wegen voller Erwerbsminderung des Versicherten einschließlich der Zurechnungszeit. Es erfolgt eine Unterscheidung zwischen Erwerbstätigen und Rentnern. Bei Erwerbstätigen verlängert sich das Sterbevierteljahr unter Umständen, durch den sofortigen Beginn, zum Zeitpunkt des Todes. Bei Rentnern beginnt das Sterbevierteljahr immer mit dem darauffolgenden Ersten eines Monats.

Nachfolgendes Schema verdeutlicht diesen Sachverhalt.

Beispiel Erwerbstätiger

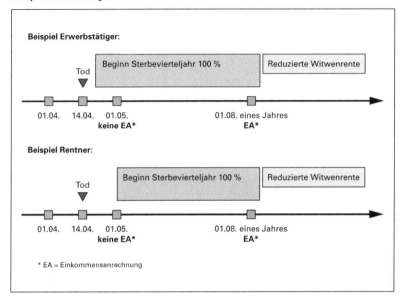

Die Einkommensanrechnung gilt seit dem 01.01.1992 im Rahmen des neuen Rentenrechtes in Gesamtdeutschland. Keine Einkommensanrechnung erfolgt, wenn der Versicherte vor dem 01.01.1986 gestorben ist oder bis zum 31.12.1988 eine Erklärung für die weitere Anwendung des am 31.12.1985 geltenden alten Rechtes abgegeben wurde.

Bei „Neu-Ehen" kann die Einkommensanrechnung dazu führen, dass die kleine oder große Witwen-/Witwerrente gekürzt und in einigen Fällen bei höherem Einkommen ruht, also gar nicht mehr gezahlt wird. Eine Einkommensanrechnung führt nicht zur Kürzung der eigenen Altersrente oder Rente wegen verminderter Erwerbsfähigkeit der Witwe/des Witwers.

So viel wird bei „Alt-Ehen" angerechnet:

Die wichtigsten anrechenbaren Erwerbs- bzw. Erwerbsersatzeinkommen (gilt seit dem 01.07.2002)

Erwerbseinkommen:

- Lohn/Gehalt (ohne offen ausgewiesene Ehe- und/oder Kinderzuschläge) — 40,0 Prozent
- Einkünfte aus selbstständiger Tätigkeit — 39,8 Prozent
- Bezüge von Beamten, Soldaten, Richtern — 27,5 Prozent
- Versicherungsfrei geringfügig Versicherte — 20,0 Prozent

Kurzfristiges Erwerbseinkommen:

- Krankengeld, Verletztengeld — *

Dauerhaftes Erwerbseinkommen:

- Eigene Renten aus der alg. DRV — *1
- Eigene Rente – knappschaftlichen DRV — *
- Altersgelder der landwirtschaftliche. Alterskasse — *1
- Pensionen aus der Beamtenversorgung und vergleichbare Bezüge — 23,7 Prozent

Nicht angerechnet werden bei „Alt-Ehen":

- Private Lebens-, Unfall- oder Rentenversicherungen
- Leistungen aus der betrieblichen Altersversorgung (bAV)
- Zusatzversorgung öffentlicher Dienst
- Einkünfte aus Kapitalvermögen sowie Vermietung und Verpachtung
- Sozialhilfe, Wohngeld, Kindergeld, Versorgungskrankengeld, Mutterschaftsgeld, Übergangsgeld, Unterhaltsgeld, Arbeitslosengeld I, Insolvenzgeld
- Arbeitsentgelt, das eine Pflegeperson von einem Pflegebedürftigen erhält, wenn das Entgelt, das dem Umfang der Pflegetätigkeit entsprechende Pflegegeld in Höhe von 205 €, 410 € oder 655 € monatlich nicht übersteigt sowie weitere Einkünfte, die keine Lohnersatzfunktion haben.

So viel wird bei „Neu-Ehen" angerechnet:

Über die bisherige Anrechnung von Erwerbs- und Erwerbsersatzeinkommen hinaus werden vom 01.01.2002 an auf Hinterbliebenenrenten grundsätzlich alle Einkommensarten mit Ausnahme der meisten steuerfreien Einnahmen und der Einnahmen aus Altersvorsorgeverträgen angerechnet, soweit sie steuerlich gefördert sind (sogenannte Riester-Verträge).

Neu anzurechnendes Erwerbseinkommen:

- Renten wegen Alters oder verminderter Erwerbsfähigkeit aus privaten Lebens- und Rentenversicherungen, allgemeinen Unfallversicherungen sowie sonstigen privaten Versorgungsrenten (einschließlich private Basisrente**) 12,7 Prozent
- Renten wegen Alters oder verminderter Erwerbsfähigkeit, die aus Anlass eines Arbeitsverhältnisses zugesagt worden sind (= Betriebsrenten und betriebliche Riester- bzw. Basisrenten sowie VBL); Leistungen aus:
  - nachgelagert besteuerten FID (ab 2005), PK, PF, PZ und UK 21,2 Prozent[2]
  - FID (§40b EStG) und PK (vor 2005) hinsichtlich des über § 3 Nr. 63 EStG) hinausgehenden Teils nach § 40 b EStG 17,5 Prozent[2]

Kurzfristiges Erwerbseinkommen aufgrund:

- privater Vorsorge, wie zum Beispiel Krankengeld eines privaten Krankenversicherungsunternehmens oder Zahlungen aufgrund des Versicherten Arbeitslosen-Risikos *

Vermögenseinkommen:

- Sämtliche Einkünfte aus Kapitalvermögen im steuerrechtlichen Sinne nach Abzug der Steuerfreibeträge (Werbungskosten, Sparerfreibetrag) 25,0 Prozent
- zuzüglich der nicht der Besteuerung unterliegenden Einnahmen aus einer Lebensversicherung (außerrechnungsmäßige u. rechnungsmäßige Zinsen) 0,00

- Einnahmen aus Vermietung und Verpachtung soweit
  diese der Besteuerung unterliegen   25,0 Prozent
- Gewinne aus „privaten Veräußerungsgeschäften"
  Spekulationsgewinn soweit dieser Gewinn
  im Kalenderjahr 512 € beträgt   25,0 Prozent

Nicht angerechnet werden Leistungen wegen Todes und Leistungen aus privaten Altersvorsorgeverträgen, die nach § 10a oder Abschnitt XI EStG gefördert wurden (sogenannte private Riester-Verträge).

*   Beitragsanteil des/der Rentenberechtigten zur Sozialversicherung. Entsprechendes gilt für freiwillig oder privat Krankenversicherte

**   „Rürup-Rente" nach § 10 Abs. 1 S. 1 Nr.2b EStG n.F.

[1] Die verbleibenden Leistungen sind wegen der Steuerbelastung bei Rentenbeginn vor dem Jahre 2011 um 3 Prozent zu kürzen.

[2] Prozentsatz gilt bei Rentenbeginn vor dem Jahre 2011

Alle Werte wurden der Deutschen Rentenversicherung entnommen! Ändert sich die Höhe Ihres Einkommens, wird es grundsätzlich erst vom 1. Juli eines Jahres an berücksichtigt. Ist aber Ihr laufendes Einkommen im Durchschnitt mindestens zehn Prozent geringer als das zuletzt berücksichtigte Einkommen, wirkt sich die Änderung schon früher aus.

Vergleicht man die Positionen des anrechenbaren Einkommens bei „Alt-Ehen" und „Neu-Ehen" wird eines klar, bei höheren Einkommen und zusätzlichem privaten Vermögen ruht die Rente bei „Neu-Ehen", also wird oft gar nicht mehr bezahlt.

Tabelle 9: Vergleich „Alt-Ehe" und „Neu-Ehe"

Einkommen/Einnahmen	„Alt-Ehe"	„Neu-Ehe"
Erwerbseinkommen	Ja	Ja
Erwerbseinkommen § 18a Abs. 3 SBG IV	Ja (Nr.1–8)	Ja (Nr. 1–10)
Öffentl.- rechtl. Zusatzversorgungen	Nein	Ja
Einnahmen aus Kapitalvermögen (§ 20 EStG)	Nein	Ja
Einnahmen aus Versicherungen auf Erlebens- Oder Todesfall Vertragsbeginn vor 2005[3]	Nein	Ja
Vertragsbeginn nach 2004[4]	Nein	Ja
Ausnahme: Zahlung der Leistung wegen Todes	Nein	Nein
Einnahmen aus Vermietung und Verpachtung (§ 21 EStG)	Nein	Ja
Gewinne aus priv. Veräußerungsgeschäften (§ 23 EStG) > 512 € im Kalenderjahr	Nein	Ja
Arbeitsentgelt aus einer geringfügigen Beschäftigung im Sinne des § 8 Abs. 1 Nr. 1 SGB IV	Ja	Ja
Einnahmen aus Altersvorsorgeverträgen, die nach § 10a oder Abschnitt XI EStG gefördert wurden	Entfällt	Nein
Steuerfreie Einnahmen nach § 3 EStG Ausnahmen:	Nein	Nein
a) Erwerbseinkommen nach § 18a Abs. 3 S. 1 Nr. 1+8 SGB IV	Ja	Ja
b) Aufstockungsbeträge nach dem Altersteilzeitgesetz	Ja	Ja
c) Zuschläge zur Altersteilzeit für Beamte nach § 6 Abs. 2 BBesG	Ja	Ja
d) Einnahmen nach § 3 Nr. 40 EStG	Entfällt	Ja

Liegt ein anrechenbares Einkommen vor, erfolgt die Einkommensanrechnung in 3 Schritten. Die Ermittlung ist einfach und kann wie so oft mit dem Taschenrechner erfolgen.

Drei-Schrittmethode

1. Schritt: Bruttoeinkommen ./. Pauschalwert = Nettoeinkommen

Die Bruttobeträge des Einkommens werden in Nettobeträge umgerechnet. Dabei werden vom Bruttoeinkommen bestimmte Pauschalwerte abgezogen, die je nach Art des anzurechnenden Einkommens unterschiedlich hoch sind (zwischen 5 Prozent und 40 Prozent). Einige Einkommen werden nicht pauschal gekürzt; es wird der Beitragsanteil des/der Rentenberechtigten zur Sozialversicherung abgezogen.

2. Schritt: Nettoeinkommen ./. Freibetrag = Anrechenbares Einkommen

Es wird festgestellt, um welchen Betrag das Nettoeinkommen einen bestimmten Freibetrag übersteigt. Liegt das eigene Einkommen unter diesem Freibetrag, erfolgt keine Einkommensanrechnung. Der Freibetrag beträgt das 26,4-Fache des aktuellen Rentenwertes Ost in den NBL bzw. des aktuellen Rentenwertes West in den ABL zzgl. des 5,6-Fachen des aktuellen Rentenwertes Ost oder West für jedes waisenrentenberechtigte Kind. Da die Freibeträge an den aktuellen Rentenwert Ost bzw. West gekoppelt sind, sind sie dynamisch ausgestaltet, das heißt, die Freibeträge erhöhen sich entsprechend der jährlichen Rentenanpassungen.

3.Schritt: Anrechenbares Einkommen, davon 40 Prozent = Anrechnungsbetrag

Der konkrete Anrechnungsbetrag wird nach dem im 2. Schritt ermittelten anrechenbaren Einkommen berechnet. Er beträgt 40 Prozent des Betrags, um den das anrechenbare Einkommen die Freibeträge übersteigt. Von der kleinen oder großen Witwen-/Witwerrente wird dann dieser Betrag abgezogen.

Mit dem BWK Business® soll ein vereinfachtes Beispiel, den Bezug zu Praxis herstellen. So rechnen Sie selbst mit Ihrem Finanztaschenrechner BWK Business® (Details unter www.FAF-Verlag.com).

❓ BEISPIEL ZUR EINKOMMENSANRECHNUNG

Betrachtung 2009:

Alte Bundesländer (ABL) „Neu-Ehe"
Einkommen des Hinterbliebenen: 2.200 €
Witwen-/Witwerrente
(ohne Einkommensanrechnung) 500 €
keine waisenrentenberechtigte Kinder

In 3 Schritten zum Ergebnis/Rechenschrittdarstellung

1. Schritt
Bruttoeinkommen ./. Pauschalwert = Nettoeinkommen

2.200 € ./. 40 % = 1.320 €

2. Schritt
Nettoeinkommen ./. Freibetrag = Anrechenbares Einkommen

2.1 Ermittlung Freibetrag ABL
26,4 * 26,56 € (akt. Rentenwert 2009) = 701,18 €

2.2 Nettoeinkommen ./. Freibetrag
1.320 ./. 701,18 = 618,82 €

3. Schritt
Anrechenbares Einkommen, davon 40 Prozent = Anrechnungsbetrag

3.1 Anrechnungsbetrag ermitteln
618,82 * 40 % = 247,53 €

3.2 Ermittlung der reduzierte Rente
500,00 – 247,53 = 252,47 €

Durch die Einkommensanrechnung reduziert sich die Rente von aktuell 500 € auf 252,47 €. Steigt das Einkommen weiter oder kommen weitere Positionen zur Anrechnung, greift die gesetzliche Absicherung, in Form der Witwenrente, nach dem Sterbevierteljahr nicht mehr.

Zum Nachvollziehen der einzelnen Schritte sollten Sie selbst rechnen. Bei gleicher Konstellation, jedoch in den neuen Bundesländern (NBL), gilt der aktuelle Rentenwert 2009 – Ost 23,34 €.

Ergebnis: Sie sollten auf eine reduzierte Rente von 218,47 € kommen.

Rentenabfindung und Splitting

Wer sich erneut bindet, dann heiratet oder eine eingetragene Lebenspartnerschaft eingeht, verliert den Anspruch auf die bisherige Witwen-/Witwerrente. Als Starthilfe gewährt die DRV einen einmaligen Abfindungsbetrag. Dies gilt jedoch nicht für Witwen- und Witwerrenten nach dem vorletzten Ehegatten. Wird die zweite Ehe aufgelöst oder für nichtig erklärt und erhält der Hinterbliebene dann wieder die kleine oder große Witwen-/Witwerrente als Rente nach dem vorletzten Ehegatten, wird die Abfindung mit dieser Rente verrechnet. Die Rentenabfindung beträgt das 24-Fache des vor der Abfindung gezahlten monatlichen Rentenbetrags. Dabei wird nach neuem Rentenrecht unterstellt, dass der Witwen-/Witwerrentenanspruch weitere 24 Kalendermonate nach dem Monat der Wiederheirat besteht. Der vor der Abfindung gezahlte monatliche Rentenbetrag ist dabei der Durchschnittsbetrag der für die letzten 12 Monate gezahlten Witwen- oder Witwerrente. Bei einer Wiederheirat vor Ablauf von 15 Monaten nach dem Tod ergibt sich der Durchschnittsbetrag aus der nach dem Sterbevierteljahr gezahlten Rente. Bei Wiederheirat während des Sterbevierteljahres ist der der Rentenabfindung zugrunde zu legende Rentenbetrag derjenige, der im ersten Monat nach dem Sterbevierteljahr zu zahlen gewesen wäre.

Bei Ehepaaren, die nach dem 31.12.2001 heiraten bzw. geheiratet haben oder bei denen beide Partner am 01.01.2002 noch unter 40 Jahre alt (geboren nach dem 01.01.1962) waren, verringert sich die Abfindung der kleinen Witwen-/Witwerrente um den Zeitraum des bereits erfolgten Rentenbezugs. Für die Rentenabfindung reicht ein formloser Antrag aus.

Rentensplittung:

Ehepaare, die nach dem 31.12.2001 heiraten bzw. geheiratet haben oder bei denen beide Partner am 01.01.2002 noch unter 40 Jahre alt waren, also nach dem 01.01.1962 geboren sind, können anstelle der Hinterbliebenenrente das neu eingeführte Rentensplitting unter Ehegatten wählen. **Ausnahme:** War zu Lebzeiten beider Ehepartner noch kein Rentensplitting zulässig (bei Eheschließungen vor dem 02.01.2002 und Geburt eines oder beider Ehepartner vor dem 02.01.1962) und verstarb ein Ehepartner nach dem 31.12.2001, dann kann der überlebende Ehepartner ausnahmsweise das Rentensplitting auch alleine herbeiführen.

Nach Durchführung des Rentensplittings ist dieser Schritt verbindlich. Unter bestimmten Voraussetzungen kann ein bereits durchgeführtes Rentensplitting nach § 120 b SGB VI bzw. nach § 120 c SGB VI ausnahmsweise rückgängig gemacht werden.

Vorteile: Gegenüber einer späteren Witwen- oder Witwerrente können sich durch das Rentensplitting für den begünstigten Ehepartner dadurch ergeben, dass die im Wege des Rentensplittings unter Ehegatten erworbenen eigenständigen Rentenansprüche im Gegensatz zu den abgeleiteten Hinterbliebenenrenten nicht der Einkommensanrechnung unterliegen und bei einer eventuellen Auflösung der Ehe und späteren Wiederheirat mit einem anderen Ehepartner nicht wegfallen.

Mit der verbindlichen Wahl des Rentensplittings unter Ehegatten schließen die Ehepartner jedoch die spätere Zahlung einer Witwen- oder Witwerrente aus.

Voraussetzung für das Rentensplitting ist:

- Beide Ehepartner müssen 25 Jahre an rentenrechtlichen Zeiten nachweisen können. Wird das Rentensplitting erklärt, nachdem ein Ehegatte gestorben ist, braucht nur der überlebende die 25 Jahre nachzuweisen. Hier zählen zusätzliche Monate für die 25 Jahre mit, die sich aus dem Verhältnis der bis zum Tode des anderen Ehepartners zurückgelegten Zeiten zu den bis zum 65. Lebensjahr möglichen rentenrechtlichen Zeiten errechnen.

Die Aufteilung der Rentenansprüche erfolgt beim Rentensplitting unter Ehegatten im Gegensatz zum Versorgungsausgleich nicht als Übertragung eines Betrags monatlicher Rentenanwartschaften, sondern auf der Basis von Entgeltpunkten. Diese Entgeltpunkte werden bei den Ehegatten entweder als Zuschlag oder aber als Abschlag im jeweilgen Versicherungskonto gespeichert. Zu übertragen ist die Hälfte der Differenz zwischen den von beiden Ehegatten in der Splittingzeit erworbenen Entgeltpunkten.

Splitting-Verfahren:

Die Berechnung erfasst den Unterschiedsbetrag an Entgeltpunkten (EP) beiden Partner in der Ehezeit und gewährt die daraus resultierende Hälfte an EP, als Zuschlag oder Abschlag. Es ist zu bedenken, dass sich durch das Rentensplitting die Rente des Ehegatten mindert, der die höheren Rentenanwartschaften während der Ehezeit erworben hat.

Tabelle 10: Rentensplitting

	Frau	Gesamt	Mann
Erworbene EP Im Ehezeitraum:	15	50	35
Splitting	+ 10	(35 – 15) / 2	– 10
Nach dem Splitting	25		25

Waisenrenten

Ein Anspruch auf Halb- bzw. Vollwaisenrente besteht nach dem Tod eines Elternteils, wenn:

- der Verstorbene die allgemeine Wartezeit von 5 Jahren erfüllt hat beziehungsweise sie vorzeitig erfüllt ist oder er bis zum Tod eine Rente bezog und

- Kinder, die nur noch einen Elternteil haben (Halbwaisenrente) bzw. keinen Elternteil mehr haben (Vollwaisenrente), der dem Grunde nach unterhaltspflichtig ist (Halbwaisenrente) bzw. unterhaltspflichtig war (Vollwaisenrente), auch wenn tatsächlich wegen der wirtschaftlichen Verhältnisse keine Unterhaltspflicht vorliegt bzw. vorlag.

Kinder sind: neben den leiblichen Kindern auch Stief- und Pflegekinder, die in den Haushalt der Verstorbenen aufgenommen waren und Enkel und Geschwister des/der Verstorbenen, die in seinen/ihren Haushalt aufgenommen waren oder von ihm/ihr überwiegend unterhalten wurden.

Anspruch auf Waisenrente besteht: längstens bis zur Vollendung des 18. Lebensjahres der Waise bzw. bis zur Vollendung des 27. Lebensjahres wenn die Waise:

- wegen einer Behinderung außerstande ist, sich selbst zu unterhalten oder
- sich in Schul- oder Berufsausbildung befindet oder ein freiwilliges soziales Jahr leistet.

Über das vollendete 27. Lebensjahr hinaus verlängert sich der Zeitraum:

- in Fällen der Unterbrechung oder Verzögerung der Schul- bzw. Berufsausbildung oder des freiwilligen sozialen Jahres, durch Wehrdienst, Zivildienst oder einen gleichgestellten Dienst.

Die Höhe der Halbwaisenrente wird bestimmt von der Höhe der Rentenanwartschaften des/der Verstorbenen aus dessen/deren Versicherung sich die Rente ableitet, bei einer Vollwaisenrente von der Anwartschaft der zwei verstorbenen Versicherten mit den höchsten Rentenanwartschaften und vom Rentenartfaktor der betreffenden Rentenart.

Die Halbwaisenrente beträgt danach 10 Prozent (Rentenartfaktor 0,1) der Rente wegen Alters oder wegen voller Erwerbsminderung des/der Verstorbenen, die Vollwaisenrente beträgt 20 Prozent (Rentenartfaktor 0,2) dieser Rente. Hinzu kommt bei der Halb-/Vollwaisenrente ein Zuschlag an persönlichen Entgeltpunkten.

Einkommensanrechnung:

Eine Anrechnung von Einkommen, erfolgt prinzipiell erst nach dem vollendeten 18. Lebensjahr. Dies gilt für Halb- bzw. Vollwaisenrenten. Die Einkommensanrechnung erfolgt identisch dem Anrechnungsmodell der Witwen-/Witwerrenten. Die Einkommensanrechnung betrifft somit lediglich alle Halb-/Vollwaisen, die nach dem 31.12.1991 das 18. Lebensjahr vollenden und Anspruch auf Waisenrente haben. Dabei ist unerheblich, ob der Todesfall, welcher der Halb-/Vollwaisenrente zu Grunde liegt, vor oder nach dem 01.01.1992 eingetreten ist.

Für alle Waisen, die nach dem 31.12.2001 geboren wurden:

- beträgt der eigene Freibetrag nicht das 26,4fache, sondern nur das 17,6fache des aktuellen Rentenwerts Ost bzw. West
- Ab 01.01.2002 gilt für alle Waisen, die nach dem 31.12.2001 geboren wurden, die erweiterte Einkommensanrechnung (Anrechnungsmodell wie bei den Witwen-/Witwerrenten).

Abbildung 6: Halb- bzw. Vollwaisenrenten

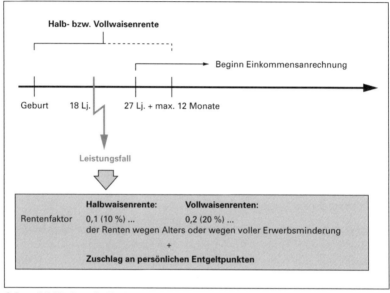

© Bernd W. Klöckner, Steffen Horn, Werner Dütting; Kopien, Vervielfältigungen und Weitergabe nur mit schriftlicher Genehmigung der Autoren; www.berndwkloeckner.com, www.duetting.com

Fortführende Formulare zur Beantragung und dazugehörigen Erklärungen erhalten Sie unter: www.deutsche-rentenversicherung.de

Eine Übersicht wesentlicher Formulare befindet sich im Anhang.

Wer geht wann in Rente?

Die Frage „Wer geht wann in Rente?" dürften sich in Zukunft sehr viele Menschen im Angesicht der zahlreichen Gesetzesänderungen stellen. Hat Ihr Kunde auch vor, früher in Ruhestand zu gehen? Die Gespräche zu diesem Punkt gehen oft weit auseinander. Es gibt jedoch eindeutige Anspruchsvoraussetzungen, die immer erfüllt werden müssen und dem Ganzen einen Rahmen geben.

Anspruchsvoraussetzungen:

- Wartezeiterfüllung
- persönliche Voraussetzungen
- versicherungsrechtliche Voraussetzungen

Erst nach Prüfung dieser 3 Punkte ist auch eine klare Aussage zum gesetzlichen Renteneintritt möglich! Bei der Betrachtung soll es hauptsächlich um die Regelungen ab 2012 gehen. Zu diesem Zeitpunkt entfallen verschiedene Rentenarten, wie zum Beispiel Altersrente für Frauen und Altersrente wegen Arbeitslosigkeit oder nach Altersteilzeit. Bei näherer Betrachtung des Renteneintritts wird klar, dass ein zukünftiger Renteneintritt mit 67 eine Rentenkürzung als das Ergebnis einer sich stark verändernden Altersstruktur in der Gesellschaft darstellt. Das durchschnittliche Zugangsalter ist bei den Altersrenten in den letzten Jahren kontinuierlich angestiegen.

Die Anhebung und Flexibilisierung der Altersgrenzen seit 1997 sorgen dafür, dass viele Versicherte ihre erste Altersrente später beziehen. Im Jahr 2006 gingen Frauen im Durchschnitt mit 63,2 und Männer mit 63,3 Jahren in Altersrente. Damit nahmen Männer ihre Altersrente rund 1,2 Jahre und Frauen rund 0,8 Jahre später in Anspruch als vor dem Inkrafttreten der Reform im Jahr 1997. Dieser Anstieg ist zum Teil demografisch bedingt, spiegelt aber auch die Reaktion der Versicherten wider, die sich für einen späteren Renteneintritt entscheiden, um dauerhafte Abschläge zu vermeiden oder deren Höhe zu verringern. Die nächsten Jahre werden weitere Verwerfungen in der Rentenpolitik erforderlich machen, sollte der Generationsvertrag auch zukünftig erfüllt werden. Um die Ernsthaftigkeit der Gesetzesänderungen zu verstehen, ist ein kurzer Exkurs in Richtung „Demografie" unumgänglich.

Gesellschaft im Umbruch

Die demografischen Auswirkungen sind bereits heute allgegenwärtig. Sie werden unsere Gesellschaft und die kleinste Zelle darin, die Familie, zukünftig auf eine harte Bewährungsprobe in sehr vielen Bereichen des Lebens stellen. Die nachfolgend aufgeführten Zahlen sollten zum Nachdenken anregen aber auch Impulse für zukünftige Entscheidungen geben.

Im Jahr 2050 wird es doppelt so viele ältere wie junge Menschen geben. Die „Alterspyramide" steht bereits heute Kopf. Im Jahr 2005 waren 20 Prozent der Bevölkerung jünger als 20 Jahre, auf die über 65-jährigen entfielen 19 Prozent. Die übrigen 61 Prozent befanden sich im sogenannten Erwerbsalter (20 bis 65 Jahre). Im Jahr 2050 wird sich etwa die Hälfte der Bevölkerung im Erwerbsalter befinden. Allein 30 Prozent werden dann 65 Jahre und älter sein, circa 15 Prozent sind unter 20 Jahre alt.

Abbildung 7: Veränderung der Bevölkerungsstruktur

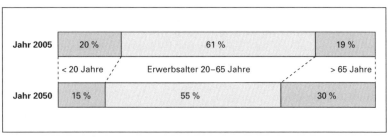

© Bernd W. Klöckner, Steffen Horn, Werner Dütting; Kopien, Vervielfältigungen und Weitergabe nur mit schriftlicher Genehmigung der Autoren; www.berndwkloeckner.com, www.duetting.com

Es wird ersichtlich, dass die Bevölkerung im Erwerbsalter drastisch abnimmt. Kurz gesagt, die Bevölkerung im Erwerbsalter altert und schrumpft. Bis zum Jahr 2015 wird die Zahl der 20- bis unter 65- Jährigen mit rund 50 Millionen Personen stabil bleiben. Die Gruppe der 50- bis unter 65-Jährigen wir dabei stark zunehmen, gleicht aber die Gruppe mit geringerem Erwerbsalter vorerst aus. Später nimmt dann auch die Zahl dieser Älteren ab. Unter den Jüngeren vermindert sich die Altersgruppe der 30- bis unter 50-Jährigen rasant, während die Gruppe der

20- bis unter 30-Jährigen zunächst stabil bleibt und erst nach 2015 schrumpft. Die Bevölkerung im Erwerbsalter beträgt bereits 2030 nur noch 42 bis 44 Millionen und 2050 zwischen 35 und 39 Millionen. Bis zum Jahr 2030 steigt die Zahl der über 65-Jährigen von aktuell 16 Millionen auf circa 24 Millionen. Die Bevölkerungsgruppe der Menschen, die über 80 Jahre alt sind, nimmt permanent zu: von knapp 4 Millionen im Jahr 2005 auf 10 Millionen im Jahr 2050. Das Thema Pflege nimmt nie da gewesene Dimensionen an.

Rente im Alter

Im Jahr 2009 besteht ein Anspruch auf Regelaltersrente mit Erreichen des 65. Lebensjahres und Erfüllung der allgemeinen Wartezeit von 5 Jahren. Mit einer Erfüllung der Wartezeit von 35 Jahren ist ein Rentenbezug frühestens mit 63 Jahren und einem entsprechenden Abschlag für die längere Rentenlaufzeit möglich. Für Personen, welche im Bergbau tätig waren, oder Personen welche schwerbehindert sind, erreichen mit Erfüllung einer Wartezeit von 35 Jahren den frühestmöglichen Rentenzugang mit 60 Jahren. Ab dem Jahr 2012 kommt es hier zu deutlichen Anhebungen. Die Regelaltersgrenze wird zukünftig erst mit Vollendung des 67. Lebensjahres erreicht. Nur wer 45 Pflichtbeitragsjahre hat, darf weiterhin mit 65 Jahren abschlagsfrei in Rente gehen. Wer eine Wartezeit von 35 Jahren erfüllt, kann unverändert frühestens mit Vollendung des 63. Lebensjahres in die Altersrente übergehen, allerdings mit einem deutlich höheren Abschlag.

Tabelle 11: Rentenarten – Altersrente

Rentenart	„bisherige Recht" 2012	„Neues Recht"
1. Regelaltersrente	65 J. +2 J. schrittweise Anhebung	67 J.
2. Altersrente für besonders langjährig Versicherte (45 Pflichtbeitragsjahre)	abschlagsfrei	mit 65 J.
3. Altersrente für langjährig Versicherte (35 Versicherungsjahre)	63 J. mit Abschlag Abschlagshöhe 3,6% pro Jahr = 14,4% (bezogen auf Renteneintritt mit 67 J.) Abschlag = 14,4%	63 J. (unverändert)
4. Altersrente für schwerbehinderte Menschen (35 Versicherungsjahre)	mit Abschlag 60 J.+ 2 J. = 62 J. abschlagsfrei 63 J.+ 2 J. = 65 J.	
5. Altersrente für Bergleute (unter Tage Beschäftigte)	60 J. +2 J.	= 62 J.
6. Altersrente für Frauen (bis Jahrgang 1951)	mit Abschlag 60 J. abschlagsfrei 65 J.	60 J. (unverändert) 65 J. (unverändert)
7. Altersrente wegen Arbeitslosigkeit oder nach Alterzteilzeit (bis Jahrgang 1951)	mit Abschlag 63 J. abschlagsfrei 65 J.	63 J. (unverändert) 65 J. (unverändert)
J – Abkürzung Jahr/e bzw. Jahren		

© Bernd W. Klöckner, Steffen Horn, Werner Dütting; Kopien, Vervielfältigungen und Weitergabe nur mit schriftlicher Genehmigung der Autoren; www.berndwkloeckner.com, www.duetting.com

In den nachfolgenden 7 Punkten wird auf die besonderen Regelungen der einzelnen Rentenarten ausführlich eingegangen.

1. Regelaltersrente

Der Begriff Regelaltersrente verdeutlicht, dass es sich bei dieser Rentenart um die reguläre und übliche Altersrente in der Gesellschaft handelt. Sie wird immer unter den einfachsten Voraussetzungen gezahlt. Erforderlich ist neben dem entsprechenden Renteneintrittsalter, abhängig vom jeweiligen Geburtsjahr, die Erfüllung der Mindestversicherungszeit.

Bei der Erfüllung der „allgemeinen Wartezeit" von 5 Jahren zählen folgende Zeiten:

- Beitragszeiten: Pflichtbeitragszeiten einschließlich Kindererziehungszeiten, freiwillige Beiträge
- Ersatzzeiten
- Zeiten aus den im Versorgungsausgleich gutgeschriebenen Entgeltpunkten

Weitergehende versicherungsrechtliche oder persönliche Voraussetzungen werden nicht verlangt. Bei einem Rentenbeginn ab dem 01.01.2012 gibt es keine einheitliche Regelaltersrente mehr.

Die Geburtsjahrgänge 1947 bis 1963 werden noch die Regelaltersrente zu der für sie geltenden individuellen Regelaltersgrenze zwischen dem vollendeten 65. Lebensjahr und einem Monat und dem vollendeten 65. Lebensjahr und 22 Monaten, also noch vor dem vollendeten 67. Lebensjahr in Anspruch nehmen können. Der jeweilige, an dem Geburtsjahr ausgerichtete Abschlag beträgt zwischen 0,3 Prozent bis 7,2 Prozent bei einer weiteren Inanspruchnahme der Renten mit 65 Jahren.

Für Geburtsjahrgänge ab 1964 kann die Regelaltersrente frühestens mir dem 67. Lebensjahr ohne Abschlag in Anspruch genommen werden. Eine frühere Inanspruchnahme der Regelaltersrente vor dem vollendeten 67. Lebensjahr wird für die seit 1964 geborenen Versicherten finanziell häufig nicht möglich sein. Die Anhebung der Regelaltersgrenze von 65 auf 67 Jahre ab dem Jahr 2012 setzt eine nachhaltige Verbesserung der Beschäftigungssituation älterer Arbeitnehmer/-innen voraus.

Die Bestandsprüfungsklausel verpflichtet die Bundesregierung von 2010 an, alle vier Jahre über die Entwicklung der Beschäftigung älterer Arbeitnehmer den gesetzgebenden Körperschaften zu berichten und einzuschätzen, ob die Anhebung der Regelaltersgrenze vor dem Hintergrund der Arbeitsmarktentwicklung und der sozioökonomischen Situation der älteren Arbeitnehmer weiterhin vertretbar ist.

Tabelle 12: Änderungen durch das RV-Altersgrenzenanpassungsgesetz

Anhebung der Regelaltersrente ab Jahrgang	Rente ohne Abschlag im Jahr	Alter bei Rentenbeginn	Abschlag bei Inanspruchnahme mit 65 Jahren [%]
1946	2011	65	0,00
1947	2012–2013	65 + 1 Monat	0,00
1948	2013–2014	65 + 2 Monate	0,00
1949	2014–2015	65 + 3 Monate	bis zu 0,90
1950	2015–2016	65 + 4 Monate	1,20
1951	2016–2017	65 + 5 Monate	1,50
1952	2017–2018	65 + 6 Monate	1,80
1953	2018–2019	65 + 7 Monate	2,10
1954	2019–2020	65 + 8 Monate	2,40
1955	2020–2021	65 + 9 Monate	2,70
1956	2021–2022	65 +10 Monate	3,00
1957	2022–2023	65 + 11 Monate	3,30
1958	2024	66	3,60
1959	2025–2026	66 + 2 Monate	3,60
1960	2026–2027	66 + 4 Monate	4,20
1961	2027–2028	66 + 6 Monate	4,80
1962	2028–2029	66 + 8 Monate	5,40
1963	2029–2030	66 + 10 Monate	6,00
ab 1964	2031	67	7,20

Eine vorzeitige Inanspruchnahme mit 63 Jahren ist rechtlich möglich, aber gerade für jüngere Geburtsjahrgänge mit hohen Abschlägen verbunden. Beispiel: Geburtsjahrgang ab 1964 Abschlag bei Inanspruchnahme mit 63 Jahren = 14,4 Prozent

© Bernd W. Klöckner, Steffen Horn, Werner Dütting; Kopien, Vervielfältigungen und Weitergabe nur mit schriftlicher Genehmigung der Autoren; www.berndwkloeckner.com, www.duetting.com

Nachfolgend ein Beispiel zur vorzeitigen Renteninanspruchnahme

BEISPIEL REGELALTERSRENTE

Gehen wir davon aus, dass ihr Kunde 32 Jahre alt ist. Er arbeitet im Angestelltenarbeitsverhältnis und hat ein monatliches Einkommen von 2.500 €. Der Renteneintritt erfolgt mit 67 Jahren. Die ausgewiesene Regelaltersrente zum 01.04.2044 beträgt ohne Berücksichtigung einer Rentenanpassung 1.294 €. Die Inflationsberücksichtigung erfolgt mit einem Zins von 1,5 Prozent, in Abstimmung mit dem Kunden. Welche Rente erzielt der Kunde bei Renteneintritt mit 63 Jahren unter heutiger Kaufkraft?

So rechnen Sie selbst mit Ihrem Finanztaschenrechner BWK Business®
(Details unter www.FAF-Verlag.com).

Berechnung Rentenkürzung von 14,4% = (67J.–63J. = 4 Jahre x 3,6 %)

Eingabe	Display-anzeigen	Erklärung
↓ C	CLEARED 0,00	Löschen etwaiger Speicherinhalte.
1.294 – 14,4 % =	= 1.107,66	Ermittlung der Rentenkürzung um 14,4 Prozent (4 Jahre x 3,6 Prozent p.a.) = 1.107,66 €.
+/– FV	FV –1.107,66	Nur die Vorzeichentaste und dann FV drücken. Der Wert wird dann automatisch in die TVM Funktion übernommen.
1 P/YR	P/YR 1,00	Es erfolgt eine jährliche Betrachtung.
31 xP/YR	N 31,00	Bis zum Renteneintritt sind es noch 31 Jahre.
1,5 EFF%	I/YR NOM% 1,50	Es wird eine Inflation von 1,5 Prozent unterstellt.
0 PMT	PMT 0,00	Keine Berücksichtigung von regelmäßigen Ein-/Auszahlungen in dieser Berechnung.
PV	PV 698,17	Ermittlung des heutigen Barwertes der Rente.

Ergebnis: Anstatt einer Rente von monatlich 1.294 € kann der 63-Jährige nur noch über 1.108 € monatlich verfügen. Kommt die Inflationsbetrachtung hinzu bleibe gerade mal 700 € übrig. Unter dem Aspekt einer 1,5-prozentigen Inflation wird schnell klar, dass ein vorzeitiger Renteneintritt zusätzliche private und/oder betriebliche Sparrücklagen erfordert.

Wichtiger Hinweis: Die Rente wird zudem noch geringer ausfallen. Durch den vorgezogenen Rentenbeginn bekommt er wahrscheinlich nicht einmal die Rente von 1.294 €. Die Berechnung der DRV geht davon aus, dass er auch vom 63.bis zum 67. Lebensjahr Beiträge zahlt, um die Rente von 1.294 € zu bekommen. Es fehlen ihm neben dem Abzug der DRV für frühzeitigen Renteneintritt zudem die Entgeltpunkte der vier Beitragsjahre. Als Lösung müssen Sie wissen, wie viel Entgeltpunkte der Versicherte in den letzten 5 Jahren erzielt hat. Ein Anruf bei der DRV ist notwendig.

 HIERZU EIN BEISPIEL

Der Versicherte erzielte in den vergangenen 5 Jahren 3,75 Entgeltpunkte – das entspricht 0,75 Entgeltpunkten pro Jahr. Geht er nun 4 Jahre früher in Rente, werden ihm – grob überschlagen – rund 3 Entgeltpunkte fehlen. Beim aktuellen Rentenwert OST von 23,34 € entspricht das einem Rentenabschlag von zusätzlich 93,36 €. Anstatt also 1.294 € wird er mit dem 63. Lebensjahr erst einen Rentenwert von insgesamt rund 1.200 € erzielt haben. Nun erfolgt auf diesen Wert wiederum der Abschlag von 14,4 Prozent und die Inflationsberechnung (siehe vorige Seiten). Führen Sie vorige Berechnung durch, so werden Sie auf eine Frührente nach heutiger Kaufkraft von 647,45 € kommen.

2. Altersrente für besonders langjährig Versicherte

Diese Form der Rente ist für Versicherte mit einer außerordentlich belastenden Berufstätigkeit angedacht. Ab dem 01.01.2012 greift diese Altersrente bei Personen, welche mindestens 45 Jahre Pflichtbeiträge nachweisen können. Es zählen Zeiten der Beschäftigung, selbstständiger Tätigkeit, Pflege sowie Zeiten der Kindererziehung bis zum 10. Lebensjahr.

Ist der langjährig Versicherte 65 Jahre jung, so kann er die Rente ohne Abschläge beziehen (Regelung ab dem 01.01.2012). Allerdings kann diese Form der Altersrente ohne Abschlag **nicht** vorzeitig in Anspruch genommen werden. Jedoch bleiben bei der Erfüllung der 45 Pflichtbeiträge folgende Zeiten berücksichtigt bzw. unberücksichtigt.

Angerechnet werden Pflichtbeiträge aus:

- Beschäftigung, Erwerbstätigkeit, Wehr- und Zivildienst
- nicht erwerbsmäßiger Pflege ab 01.04.1995
- Krankheitszeiten mit Leistungsbezug (01.10.1974-31.12.1983 und ab 01.01.1998)
- Kindererziehung (bei Geburten ab 1992 Pflichtbeiträge 3 Jahre je Kind)

Berücksichtigungszeiten:

- Zeiten der Pflege (01.01.1992-31.03.1995)
- Zeiten der Kindererziehung (von Geburt des 1.Kind bis zur Vollendung des 10. Lebensjahres des jüngsten Kindes)
- sowie Ersatzzeiten

Nicht angerechnet werden:

- Pflichtbeiträge aus Zeiten, in denen Versicherte versicherungspflichtig in der DRV waren wegen Bezugs von:
  - Arbeitslosengeld I
  - Arbeitslosengeld II (ab 01.01.2005)
  - Arbeitslosenhilfe (bis 31.12.2004)
  - freiwillige Beiträge
- Kalendermonate aus Wartezeiterfüllung durch Versorgungsausgleich oder Rentensplitting

3. Altersrente für langjährig Versicherte

Angelehnt an die stufenweise Anpassung der Altersgrenzen von 65 auf 67 wird ab dem Jahr 2029 ein abschlagsfreier Renteneintritt erst mit 67 Jahren möglich sein. Eine vorzeitige Inspruchnahme ist weiterhin mit 63 Jahren möglich. Der Rentenabschlag würde bezogen auf das 67. Lebensjahr, dann 14,4 Prozent betragen. Nach geltendem Recht kann die Altersrente für langjährig Versicherte bis zum 31.12.2011 frühestens ab vollendetem 63. Lebensjahr mit 7,2 Prozent Abschlag (bezogen auf die Regelaltersgrenze 65) in Anspruch genommen werden. Anspruch auf die Rente hat somit der Versicherte, der das 63. Lebensjahr und eine Wartezeit von 35 Jahren erfüllt hat.

Angerechnet werden:

- Beitragszeiten (Pflichtbeitragszeiten und freiwillige Beiträge)
- beitragsfreie Zeiten (Anrechnungszeiten, Zurechnungszeiten, Ersatzzeiten)
- Berücksichtigungszeiten (von Geburt des 1.Kind bis zur Vollendung des 10. Lebensjahres des jüngsten Kindes und Zeiten der Pflege eines Pflegebedürftigen vom 01.01.1992–31.03.1995)

4. Altersrente für schwerbehinderte Menschen

Im Zuge der Anpassung von Altersgrenzen für vorzeitige Altersrenten an die Regelaltersrente 67 wird die Altersgrenze 63 für eine abschlagsfreie Altersrente für schwerbehinderte Menschen stufenweise im Rahmen der Übergangsregelung für nach dem 31.12.1951 bis 01.01.1964 Geborene auf das 65. Lebensjahr angehoben. Anspruch auch eine solche Rente haben Versicherte, die bis 2012 das 60. Lebensjahr vollendet haben (10,8 Prozent Kürzung bezogen auf das 63. Lebensjahr) und ebenfalls eine Wartezeit von 35 Jahren (alle rentenrechtlichen Zeiten) erfüllt haben.

Zudem muss der Versicherte zum Zeitpunkt der Altersrentenbeantragung 50 Prozent Grad der Behinderung aufweisen (§1 Schwerbehindertengesetz) bzw. berufs- oder erwerbsunfähig sein. Nach Beendigung der Übergangsregel (01.01.2029) ist ein vorzeitiger Renteneintritt frühestens mit 62 Jahren, jedoch mit einem Abschlag von 10,8 Prozent bezogen auf das Alter von 65 Jahren möglich.

Abschlag mit 60: *Abschlag mit 62:*
10,8% (bis 31.12.2011) – *10,8% (ab 01.01.2029) –*
regulär 63 *regulär 65*

– Wartezeit: 35 Jahre, alle rentenrechtlichen Zeiten
– Grad der Behinderung wenigstens 50 Prozent (§1 Schwerbehindertengesetz) bzw. erwerbs-, berufsunfähig

Eine zusammenfassende Übersicht der drei wesentlichen Rentenarten, soll den Punkt „Wer geht wann in Rente?" abrunden.

Fortführende Formulare zur Beantragung der Rente und dazugehörigen Erklärungen erhalten Sie unter: www.deutsche-rentenverischerung.de

Eine Übersicht wichtiger Formulare befindet sich im Anhang zu Teil 1.

Abbildung 8: Altersrentenänderungen Jahr 2011/2029

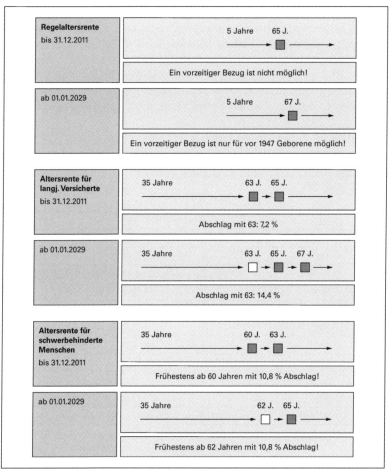

© Bernd W. Klöckner, Steffen Horn, Werner Dütting; Kopien, Vervielfältigungen und Weitergabe nur mit schriftlicher Genehmigung der Autoren; www.berndwkloeckner.com, www.duetting.com

Krankenversicherung der Rentner (KVdR)

Rentenleistungen, ob gesetzlich, privat oder betrieblich, gehen mit dem Thema Krankenversicherung ständig einher. Das Thema ist komplex und wird aufgrund dessen häufig in der klassischen Beratung ganz vernachlässigt. Welche Einkunftsart einen Beitrag zur KVdR abverlangt, soll anhand einfacher Beispiele aufgezeigt werden. Die Qualität der Beratung bekommt dadurch eine neue Richtung. Der demografische Wandel in der Gesellschaft wird auch diesen Bereich sehr schnell, in seiner aktuellen Beitrags- und Leistungsstruktur, verändern. Das Gefüge aus Beitragsaufwand und angedachter Leistung wird mehr und mehr in Richtung Eigenverantwortung verschoben. Waren Rentner bis zum 30.06.1983 in den gesetzlichen Krankenkassen beitragsfrei mitversichert, stieg aufgrund der Kostenexplosion im Gesundheitswesen und der ungünstigen demografischen Entwicklung der Eigenanteil zusehends.

Tabelle 13: Änderung Beitragsanteil Rentner in der KVdR

Jahr	Beitragsanteil Rentner [%] an Krankenversicherung
01.07.1983	1,00
1984	3,00
1985	4,50
1986	5,20
1987	5,90
01.07.1987	50% der Krankenversicherungsbeiträge zu GKV
1989	6,45
1990	6,40
1991	6,10
1992	6,25
1993	6,70
1995	7,10
1996	7,60
01.07.1997	50% der Krankenversicherungsbeiträge zu GKV
01.07.2005	50% der Krankenversicherungsbeiträge zu GKV +0,9% Beitragssatz vom Rentner alleine zu tragen.

© Bernd W. Klöckner, Steffen Horn, Werner Dütting; Kopien, Vervielfältigungen und Weitergabe nur mit schriftlicher Genehmigung der Autoren; www.berndwkloeckner.com, www.duetting.com

Nach den Vorschriften der gesetzlichen Pflegeversicherung sind zusätzlich Beiträge an die Pflegeversicherung in Höhe von 1,95 Prozent (Stand 1. Juli 2008) des Rentenzahlbetrags zu entrichten. Kinderlose Rentner, die nach dem 31. Dezember 1939 geboren sind und das 23. Lebensjahr vollendet haben, müssen ab dem 1. Januar 2005 einen um 0,25 Prozent erhöhten Beitrag zur Pflegeversicherung zahlen. Der volle Pflegeversicherungsbeitrag beträgt dann 2,20 Prozent des Rentenzahlbetrags.

▪ Mitgliedschaftsformen Krankenversicherung für Rentenbezieher

Grundsätzlich gibt es für den Rentenbezieher der DRV drei Formen der Mitgliedschaft.

1. pflichtversichert in der Krankenversicherung der Rentner (KVdR)
2. freiwillig versichert in der gesetzlichen Krankenversicherung (GKV)
3. privat versichert bei einem privaten Unternehmen (PKV)

1. Pflichtversicherung in der KVdR:

Immer dann, wenn ein Rentner eine bestimmte Vorversicherungszeit in der gesetzlichen Krankenversicherung zurückgelegt hat, ist er auch in der KVdR versicherungspflichtig.

Es gilt: *Der Versicherte – bei Renten wegen Todes der Hinterbliebene oder der verstorbene Versicherte – muss grundsätzlich seit der erstmaligen Aufnahme einer Erwerbstätigkeit bis zur Rentenantragstellung mindestens neun Zehntel der zweiten Hälfte des Zeitraums Mitglied (Pflicht- oder freiwilliges Mitglied) in der gesetzlichen Krankenversicherung oder familienversichert gewesen sein (Vorversicherungszeit).* Die Entscheidung über die Mitgliedschaft in der KVdR wird von der zuständigen Krankenkasse getroffen.

Abbildung 9: Ermittlung 9/10 Belegung

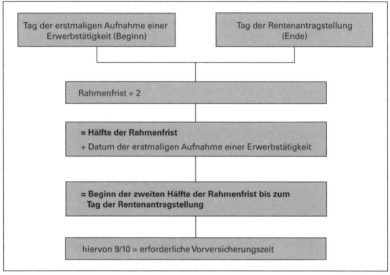

© Bernd W. Klöckner, Steffen Horn, Werner Dütting; Kopien, Vervielfältigungen und Weitergabe nur mit schriftlicher Genehmigung der Autoren; www.berndwkloeckner.com, www.duetting.com

Befreiung von der Versicherungspflicht: Wer die Voraussetzungen für eine Pflichtversicherung in der gesetzlichen Krankenversicherung der Rentner erfüllt, aber diese Mitgliedschaft nicht wünscht, kann sich befreien lassen. Die Befreiung muss bei der Krankenkasse beantragt werden, die bei Versicherungspflicht zuständig wäre. Der Befreiungsantrag muss innerhalb von drei Monaten nach dem Tag der Rentenantragstellung oder nach dem Beginn der Versicherungspflicht bei der Krankenkasse eingereicht werden. Die Befreiung erfolgt für die Dauer des gesamten Rentenbezuges und kann nicht widerrufen werden. Eine Rückkehr in die gesetzliche Krankenversicherung, zum Beispiel wenn der Rentner noch einmal eine Beschäftigung aufnimmt, ist dann nicht mehr möglich. Er kann sich auch nicht freiwillig bei einer gesetzlichen Krankenkasse versichern. Auch eine beitragsfreie Familienversicherung ist dann nicht mehr möglich.

BEISPIEL: „9/10-BELEGUNG" BERECHNUNGSTABELLE IM ANHANG

Erstmalige Aufnahme der Erwerbstätigkeit: 01.03.1960
Rentenantrag gestellt: 24.05.2002
30 Tage sind ein Monat, 365 Tage ein Jahr § 191 BGB

1. Ermittlung Rahmenfrist: 01.03.1960–24.05.2002

2. Ermittlung des Beginns der zweiten Hälfte der Rahmenfrist:

	Tage	Monate	Jahre		
	24	05	2002		
–	01	03	1960		
=	24 (23+1)	2	42	:	2
=	12	1	21		
+	01	3	1960	(erstmalige Aufnahme Tätigkeit)	
=	13	4	1981	(Beginn 2.te Hälfte Rahmenfrist)	

3. Ermittlung der erforderlichen Vorversicherungszeit:

	Tage	Monate	Jahre
	24	05	2002
–	13	04	1981
=	12 (11+1)	01	21

4. Ermittlung „9/10-Belegung" – laut Tabelle im Anhang:

entspricht laut Tabelle

21 Jahre	18 Jahre	10 Monate	29 Tage
1 Monat	– Jahre	– Monate	27 Tage
12 Tage	– Jahre	– Monate	11 Tage
	18 Jahre	10 Monate	67 Tage (Umwandlung)
	19 Jahre	– Monate	7 Tage (60 Tage = 2 Monate)

Der Antragsteller muss in der Zeit vom 14.04.1981 bis 24.05.2002 mindestens 19 Jahre und 7 Tage anrechenbare Versicherungszeiten nachweisen.

2. Freiwillig versichert in der GKV:

Ein gesetzlich Krankenversicherter, der die 9/10-Grenze (Vorversicherungszeit) nicht durch Pflicht- oder freiwillige Versicherungszeiten erfüllt hat, kann sich als Rentner nur freiwillig in der GKV versichern. Solch ein Rentner wird jedoch in der Praxis kaum anzutreffen sein.

Familienversicherung (gilt auch bei KVdR-Mitgliedern):

Wie bei Mitgliedern der KVdR sind auch bei einem freiwilligen Mitglied der GKV der Ehegatte, der Lebenspartner nach dem Lebenspartnerschaftsgesetz und die Kinder von Mitgliedern in der Krankenversicherung beitragsfrei mitversichert, sofern sie

- nicht selbst versicherungspflichtig sind,
- ihren Wohnsitz oder gewöhnlichen Aufenthalt im Inland haben,
- nicht von der Versicherungspflicht befreit oder in der privaten Pflegeversicherung sind,
- nicht hauptberuflich selbstständig sind und
- kein Gesamteinkommen haben, das regelmäßig im Monat ein Siebtel der monatlichen Bezugsgröße überschreitet (= 355 €); bei Renten wird der Zahlbetrag ohne den auf Entgeltpunkte für Kindererziehungszeiten entfallenden Teil berücksichtigt; für geringfügig Beschäftigte beträgt das zulässige Gesamteinkommen 400 €.

Befreiung: Grundsätzlich haben freiwillig Versicherte die Möglichkeit zu wählen, ob sie weiterhin in der GKV bleiben wollen, in eine private Krankenversicherung (PKV) wechseln oder auf einen Krankenversicherungsschutz verzichten. Freiwillige GKV-Mitglieder können ihre Mitgliedschaft jederzeit kündigen. Die Versicherung bei der GKV endet dann zum Ablauf des übernächsten Monats nach Eingang der Kündigung bei der GKV.

3. Private Krankenversicherung:

Personen, die zum Zeitpunkt der Rentenantragstellung Mitglied einer privaten Krankenversicherung sind, bleiben in der Regel auch als Rentner privat krankenversichert.

Das gilt auch für privat krankenversicherte Ehegatten.

Gründe dafür können sein:

- fehlende Versicherungsberechtigung zur GKV
- der Wunsch, weiterhin Privatpatient zu bleiben
- fehlende Voraussetzung für die Pflichtmitgliedschaft in der KVdR

Beitragshöhe

Entsprechend der jeweiligen Mitgliedschaftsform und Renteneinkunftsart werden auch unterschiedliche Beitragssätze erhoben, Zuschüsse gewährt.

1. **Pflichtversicherung in der KVdR:**

Bezieht ein Berechtigter eine oder mehrere Renten aus der Deutschen Rentenversicherung (zum Beispiel Versicherten- und Witwen-/Witwerrente), sind alle Renten beitragspflichtig. Auch wenn der in der KVdR versicherte Rentner neben der Rente aus der DRV einen Verdienst aus Arbeitseinkommen (zum Beispiel Gewerbebetrieb, selbstständiger oder freiberuflicher Tätigkeit) erzielt und deshalb bereits Beiträge an die GKV entrichtet, sind trotzdem Beiträge aus der gesetzlichen Rente zu zahlen.

Kein Zuschuss wird gewährt für:

- Betriebsrenten aus der betrieblichen Altersversorgung
- Beamtenpensionen und gleichartige Bezüge
- Witwengeld, Waisengeld an Hinterbliebene eines Beamten
- Renten aus der Zusatzversorgung für Arbeiter und Angestellte des Öffentlichen Dienstes und der Land- und Forstwirtschaft
- Renten- oder andere Versorgungsbezüge aus Versicherungs- und Versorgungseinrichtungen bestimmter Berufsgruppen (zum Beispiel Ärzte, Zahnärzte, Architekten, Rechtsanwälte, Notare)

Ausnahme

Renten aus der Alterssicherung der Landwirte (halber Kassenbeitrag). Das heißt, für diese Einnahmen ist der volle Kassenbeitrag zu leisten.

Nicht beitragspflichtig in der KVdR sind:

- Einnahmen aus Haus- und Grundbesitz
- Zinsen aus Geldanlagen
- Renten der gesetzlichen Unfallversicherung
- Renten nach dem Bundesversorgungsgesetz
- andere Sozialleistungen, wie zum Beispiel das Pflegegeld
- Erträge aus privater Eigenvorsorge (Lebensversicherung, Riester- und Basis-Renten oder ererbtes Vermögen)

Als Beitragssatz für die Beiträge aus der gesetzlichen Rente ist der allgemeine Beitragssatz der Krankenkasse zu Grunde zu legen, bei der der Rentner krankenversichert ist. Ändert die Krankenversicherung ihren Beitragssatz, wird diese Änderung mit einer Verzögerung von drei Kalendermonaten an den Rentner weitergegeben. Für Rentner wurde zum 01.07.2005, wie für andere versicherte Personen in den gesetzlichen Krankenkassen, der zusätzliche Beitragssatz von aktuell, 0,9 Prozent eingeführt. Ab dem 01.07.2009 gilt ein einheitlicher Beitragssatz von 14,9 Prozent (Einführung Gesundheitsfonds). Hiervon zahlt die Deutsche Rentenversicherung 7,0 Prozent und der Rentner insgesamt 7,9 Prozent.

Zu beachten ist in allen Fällen die Beitragsbemessungsgrenze in der gesetzlichen Krankenversicherung.

> Jahr 2008 in den ABL und NBL 3.600 € mtl. bzw. 43.200 €/Jahr
> Jahr 2009 in den ABL und NBL 3.675 € mtl. bzw. 44.100 €/Jahr

Fallen verschiedene beitragspflichtige Einkünfte zusammen, so werden maximal bis zur BBG Beiträge einbehalten.

2. Freiwillig versichert in der GKV:

Der freiwillig Versicherte zahlt grundsätzlich den seit 01.01.2009 festgelegten einheitlichen Beitragssatz in Höhe von 15,5 Prozent (14,9 Prozent seit dem 01.07.2009). Der für die Versicherten maßgebliche Beitragssatz richtet sich nach der Art der beitragspflichtigen Einnahmen. Für die Rente aus der DRV gilt der allgemeine Beitragssatz der Krankenkassen.

Beitragspflichtig sind:

- Renten, Versorgungsbezüge, Arbeitseinkommen
- sonstige Einkünfte wie zum Beispiel:
Mieten, Pacht
  - Verletztenrente aus Unfallversicherung
  - Lebens- und Rentenversicherungen, Kapitalerträge

Versicherte zahlen höchstens Beiträge bis zur Beitragsbemessungsgrenze. Bei geringen Einkünften müssen freiwillig Versicherte in der Regel (wenigstens) einen Mindestbeitrag zahlen.

Bei der geltenden Beitragsbemessungsgrenze 2009 der Krankenversicherung von 3 675 € monatlich und einem Beitragssatz der Krankenkassen von 15,5/14,9 Prozent ergeben sich folgende Beitragsgrenzen:

Höchstbetrag Jahr 2009: monatlich 569,62 €/547,58 € ab 1.7.09
Mindestbeitrag Jahr 2009: monatlich 130,20 €/125,16 € ab 1.7.09

Freiwillig in der GKV versicherte Rentner müssen den Krankenversicherungsbeitrag in voller Höhe selbst tragen. Der freiwillig versicherte Rentner kann vom Rentenversicherungsträger zu seinen Aufwendungen für die Krankenversicherung auf Antrag einen Zuschuss erhalten, der zusammen mit der Rente aus der DRV an ihn überwiesen wird. Die Höhe des Beitragszuschusses ist gesetzlich festgelegt. Der Beitragszuschuss für die freiwillige Krankenversicherung wird nach dem allgemeinen Beitragssatz der Krankenkassen berechnet. Er wird in Höhe des halben Betrages gezahlt, der sich aus der Anwendung des um 0,9 Beitragssatzpunkte geminderten allgemeinen Beitragssatzes auf den Zahlbetrag der Rente ergibt. Die Höhe der tatsächlichen Beitragsaufwendungen für die freiwillige Krankenversicherung hat keine Auswirkung auf die Höhe des Zuschusses.

Kein Zuschuss für Pflegeversicherungsbeiträge! Als freiwillig krankenversicherter Rentner besteht Versicherungspflicht in der sozialen Pflegeversicherung. Die Beiträge zur Pflegeversicherung trägt der Versicherte zu 100 Prozent allein. Der Beitragssatz beträgt seit dem 01.07.2008 einheitlich 1,95 Prozent bei allen Kassen und 0,975 Prozent für beihilfeberechtigte Personen wie zum Beispiel für Beamte. Kinderlose Rentner, die nach dem 31.12.1939 geboren sind und das 23. Lebensjahr bereits vollendet haben, zahlen außerdem einen Beitragszuschlag von 0,25 Prozent.

3. privat krankenversichert:

Bei der privaten Krankenversicherung sind die Beiträge zur Krankenversicherung nicht einkommens-, sondern risikoabhängig, entsprechend dem individuellen Tarif der jeweiligen Krankenversicherung. Auch bei privat Krankenversicherten besteht die Möglichkeit zu der DRV-Rente, auf Antrag einen Zuschuss zur Krankenversicherung zu erhalten.

Zuschuss für alle Renten aus der DRV:

- DRV-Rente x ½ allgemeiner Beitragssatz
- maximal 50 Prozent der tatsächlichen Aufwendungen

In der Gegenüberstellung der 3 Mitgliedsformen, ergibt sich folgende Beitragsbelastung des Rentners, entsprechend der Einkunftsart.

Tabelle 14: Beitragsbelastung der Rentner durch Kranken- und Pflegeversicherungsbeiträge

Kranken	KVdR	GKV (freiwillig)	PKV
DRV	halber allgemeiner Beitragssatz der zuständigen KK+ zusätzlicher Beitragssatz	voller allgemeiner Beitragssatz der zuständigen KK abzgl. Zuschuss[1] + zusätzlicher Beitragssatz	Beitrag zur PKV abzgl. Zuschuss[2]
BAV	voller allgemeiner Beitragssatz der zuständigen KK + zusätzlicher Beitragssatz	voller allgemeiner Beitragssatz der zuständigen KK + zusätzlicher Beitragssatz	–
Sonstige Einkünfte (zum Beispiel Mieten, Zinsen)	–	voller (ermäßigter) Beitragssatz der zuständigen KK+ Zusätzlicher Beitragssatz	–

Pflege	KVdR	GKV (freiwillig)	PKV
DRV	1,95%[3]	1,95%[3]	Beitrag der PKV
BAV	1,95%[3]	1,95%[3]	–
Sonstige Einkünfte (z. B. Mieten, Zinsen)	–	1,95%[3]	–

1 50% des allgemeinen Beitragssatzes der GKV auf den Zahlbetrag der Rente aus der DRV
2 Privat versicherte Rentner erhalten vom Rentenversicherungsträger einen Zuschuss zum Beitrag = (durchschnittlicher allgemeiner Beitragssatz der Krankenkassen x Monatsrente) ÷ 2; maximal aber die Hälfte des tatsächlichen Beitrags. Der aktuelle Beitragssatz beträgt seit dem 01.07.2009 – 14,9%./zusätzlicher Beitragssatz 0,9 %
3 Kinderlose Rentner, die nach dem 31. Dezember 1939 geboren sind und das 23. Lebensjahr vollendet haben, müssen ab dem 1. Januar 2005 einen um 0,25 Prozent erhöhten Beitrag zur Pflegeversicherung zahlen.

Abkürzungen: GKV = Gesetzliche Krankenversicherung, DRV = Deutsche Rentenversicherung Bund, BAV = betriebliche Altersvorsorge, KVdR = Krankenversicherung der Rentner, PKV = Private Krankenversicherung

BEISPIEL KVDR-PFLICHTIGER

Beitragsbelastung KVdR-Pflichtiger – Änderung ab 01.07.2009
Betrachtung 2009:

aktueller Beitragssatz:	14,9 % Kranken/1,95% Pflege
DRV-Rente:	mtl. 1.294 €
BAV-Rente:	mtl. 520 €
Privatrente:	mtl. 630 €

Eingabe	Displayanzeigen	Erklärung
1. DRV-Rente		Betrachtung Kranken
1.294 x 7,9 % =	= 102,23	Ermittlung der Beitragsbelastung aus der DRV-Rente = 102,23 €
2. BAV-Rente		
520 x 14,9 % =	= 77,48	Ermittlung der Beitragsbelastung aus der BAV-Rente = 77,48 €

Mieteinkünfte, Zinsen und sonstige Einkünfte, zum Beispiel aus einer Privatrente bleiben bei einem Pflichtversicherten in der KVdR unberücksichtigt.

Eingabe	Displayanzeigen	Erklärung
3. Privatrente		
DRV + BAV-Rente		Betrachtung Pflege
(1.294 + 520) x 1,95 % =	= 35,37	Ermittlung des mtl. Pflegeversicherungsbeitrages = 35,37 €.
Gesamtbelastung		
102,23 + 77,48 + 35,37 =	= 215,08	Ermittlung der mtl. Gesamtbelastung aus Kranken- und Pflegeversicherungsbeitrag. 215,08 € im Monat.

Ergebnis: Bei einem monatlichen Rentenzugang von 2.444 € sind monatlich 215,08 € an Kranken- und Pflegeversicherungsbeitrag zu leisten. Im Jahr bedeutet das einen Gesamtaufwand von 2580,96 €. Beachten Sie, dass Berechnungen mit einer entsprechenden Software identisch sein müssen.

Sie sollten dem Kunden auch auf eine solche Versorgungslücke durch Krankenversicherungsbeiträge aufmerksam machen. Zeigen Sie dem Kunden, was mit welchem Beitragssatz bereits heute an Mehrbelastung im Alter auf ihn zukommt. Aus der Beitragsentwicklung (siehe Tabelle „Änderung Beitragsanteil Rentner in der KVdR") lässt sich eine zukünftige Beitragsentwicklung schnell herleiten.

Vertrauen als Anfang von allem

Immer weniger Personen halten aktuell das System des „Sozialstaates" am Leben. Wie lange und in welcher Form das auf Dauer gut geht, ist eine Frage, die so recht kein Politiker ernsthaft beantworten möchte. Begleitet durch die Informationen in Presse und Rundfunk wird die Verunsicherung der Bevölkerung ständig neu geschürt. Bereits eingeleitete, sinnvolle Entscheidungen auf privater Seite werden häufig überdacht und revidiert. Mal gesetzlich mal privat – heute so, morgen so! Am Ende trägt die Gesellschaft und letztlich jeder Einzelne die langfristigen Folgen einer kurzfristig getroffenen Entscheidung. Die Gastdarsteller sind dann längst in Pension und wollen von dem einst Gesagten nichts mehr wissen. Unsere Nachkommen wird es freuen. Bereits heute werden den arbeitswilligen jungen Durchschnittsfamilien mit 2 Kindern keine optimalen Voraussetzungen geboten. Erstaunt über die Gerechtigkeit des Sozialstaates Deutschland verfallen diese aufgrund des einst geschaffenen Lebensstandards häufig in eine Art Alltagsohnmacht. Aus monatlichen Einnahmen und wachsender Eigenverantwortung entsteht mehr und mehr die Frage nach der Gerechtigkeit des Systems. Ein Blick zur Seite zeigt, dass es auch anders geht. Wie gesund ist ein System, in dem Tierfutter mit 7 Prozent und Schulspeisen mit 19 Prozent besteuert werden? Sind es nicht die Kinder, die unser Land so sehr benötigt?

Eine vernünftige Lösung kann nur durch einen Rückblick und der daraus resultierenden, ehrlichen Handlungsempfehlung entstehen. Die Grenzen sind wie so oft durch die Beitragseinnahmen und *notwendigen* Ausgaben bestimmt. Das gilt gesetzlich wie privat. Sie sollten Ihren Kunden die Möglichkeit bieten, nicht nur in guten sondern gerade auch in stürmischen Zeiten über all diese Themen zu sprechen. Beraten Sie einmal mehr nachhaltig und kundenorientiert! In Teil 2 Private Vorsorge werden bewährte Ansätze und Möglichkeiten aufgezeigt, die eine unterschiedliche Wertung in der Praxis erfahren haben. Letztlich müssen Sie und dann der Kunde von diesem Ansatz überzeugt sein, um das Verständnis aufzubringen, stärker den je eigenverantwortlich vorzusorgen! Die Zukunft wird von mehr Eigenverantwortung geprägt sein.

„Vertrauen ist der Anfang von allem"

Henry Ford (1863–1947), Unternehmer und Visionär

Teil II
Vom Bedarf zur Notwendigkeit

Revitalisierung der Kundenbeziehung

Es ist es geradezu erstaunlich, mit welchem atemberaubenden Tempo sich die Gesellschaft weiterentwickelt. Ein Tempo mit ständig neuen Sichtweisen, Aufgaben stets begleitet durch ein notwendiges Maß an Verantwortungsbewusstsein, Disziplin und Zeitgefühl – mittendrin der moderne Kunde. Er folgt sehr schnell einer neuen Wertigkeit, zwischen medieninduzierten Panikattacken und neuen Lustbedürfnissen. Kurzfristige Emotionen bestimmen sein Handeln, hin und her geworfen zwischen Gier und Angst. So wird klar, dass diese Spezies „Vorsorgebedarf" ständig neu definiert und bereits ausgereifte langfristige Konzepte völlig eigenständig überarbeitet.

Das rasante Tempo und die zahlreichen Veränderungen am Finanzmarkt, bilden eine anspruchsvolle Grundlage der Beratertätigkeit für die kommenden Jahre. Man sollte es nicht versäumen, bei all der Kommunikationstechnik, den persönlichen Bezug zum Kunden in dieser Zeit zu pflegen. Betrachten Sie es als eine vorweggenommene, soziale Verantwortung eines absehbaren Prozesses. Die nachfolgende Statistik zeigt, dass die Gesellschaft das Problem verstanden hat, der Einzelne jedoch noch immer zur Selbstüberschätzung neigt, konfrontiert man ihn beispielsweise mit dem Bereich der privaten Altersvorsorge.

Abbildung 10: Aktivitäten im Bereich der Altersvorsorge

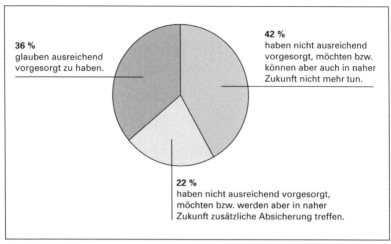

© Bernd W. Klöckner, Steffen Horn, Werner Dütting; Kopien, Vervielfältigungen und Weitergabe nur mit schriftlicher Genehmigung der Autoren; www.berndwkloeckner.com, www.duetting.com

Die Ausgangslage ist nicht neu, das Gesagte wird auf der Kundenseite aber häufig noch als zweit- oder drittranging eingruppiert. Nicht einmal jeder zweite Kunde, aktuell 44 Prozent, weiß, wie es um seine Vorsorge im Alter steht! Die Zahl verdeutlicht, mit welcher momentanen Wertigkeit ein monatlich oder jährlich abgebuchter Vorsorgebeitrag in die bisherige persönliche Existenzsicherung vieler Kunden eingeht. Bilden aktuell 11,9 Prozent aus privater und betrieblicher Altersvorsorge den Anteil des Einkommens heutiger Rentenempfänger so ist klar, dass die Verlagerung zur privaten/betrieblichen Vorsorge in naher Zukunft unumgänglich ist. War es bisher die Auszahlung einer Kapitalsumme, teilweise begründet durch die Steuerfreiheit gewisser Altverträge, gewinnt die Rentenzahlung aufgrund des Langlebigkeitsrisikos schnell an Bedeutung. Durch die sich weiter fortsetzende Kürzung der gesetzlichen Leistungen wird diese zur rettenden Planungsgröße zukünftiger Generationen.

Eine vernünftige Beratung ist dabei kein alleiniger Garant für den von Ihnen zu recht geforderten Erfolg. Zahlreiche Einflussfaktoren gilt es zu bändigen. Der moderne Kunde möchte in einfacher, knapper und verständlicher Form einen Nutzen aus dem Gespräch ziehen. Dabei gilt: Auch leise Töne übertragen sich. Da das Produkt- und Preisniveau fast identisch ist oder häufig angepasst werden kann, wird bei zunehmendem Wettbewerbsdruck das Augenmerk des Kunden, was die Zufriedenheit ausmacht, auf Beratung, Service, vor allem aber die zwischenmenschliche Beziehung gerichtet sein. Es ist von daher nicht allein entscheidend, wie gut Berater beraten, sondern wie weit der Kunde sich dem Gegenüber anvertraut und eine Beziehungsebene ermöglicht. Erst wenn diese besteht, kann auf der Sachebene eine rationale Entscheidung getroffen werden.

Gute Berater entwickeln sich entsprechend des Marktes weiter, werden zu Kundenmanagern und wissen, wie Kunden „ticken". Sie sind bereit, auf den Kunden zuzugehen, um ihn zielsicher auf einer langen Distanz zu begleiten. Dazu gehört es auch, die Techniken zu nutzen, die es ermöglichen, dem Kunden die unsichtbare Ware „Versicherung" mit einfachen Mitteln zu veranschaulichen. Einfachheit hat im Zeitalter der Informationsüberfrachtung oberste Priorität. Sie sollten nachfolgende Fragen von Zeit zu Zeit beantworten können!

> Bestimmt die Beratung Ihrer Kunden oder das System, mit welchen Sie arbeiten, maßgeblich Ihren Tagesablauf? Konkret: Inwieweit ist es Ihnen heute möglich, ohne Ihre entsprechende Beratungssoftware einfache Bedarfsermittlungen durchzuführen?

In den Ausführungen des Teils 2 soll es genau darum gehen. Einfach, schnell und für den Kunden verständlich, praxisorientiertes Wissen in einen Nutzen für den Kunden zu überführen. Bei aller Fülle an Informationen ist es wichtig, neue Ideen und Kreativität auf den Wege zu bringen. Für Verkäufer ist es unumgänglich zu verkaufen! Haben Sie den Mut bei der Entwicklung neuer Herangehensweisen. Nehmen Sie sich die Zeit, Arbeitsabläufe zu analysieren und gegebenenfalls auch Veränderungen zuzulassen. Denn das Budget des Kunden wird stärker umworben als noch vor einigen Jahren, so dass der Weg zum Kunden gut überlegt und vorbereitet sein sollte. Der Kunde nimmt Sie als Lösungsverkäufer wahr, wenn Sie es schaffen, ihm mit der richtigen Strategie zu begegnen. Gute Berater sind auch flexibel in der Art, mit der sie sich dem finanziell ändernden Kaufverhalten anpassen können. Nur einige Berater werden sich in einem der nachfolgend dargestellten Gesellschaftssektoren dauerhaft etablieren können. Für die meisten Berater heißt es, den Spagat zu schaffen, sich in mehreren Sektoren zu behaupten. Die Tätigkeit zeichnet sich dadurch aus, sich dem finanziell ändernden Kaufverhalten des Kunden temporär anpassen zu können.

Abbildung 11: Entwicklung der Märkte in der Zukunft

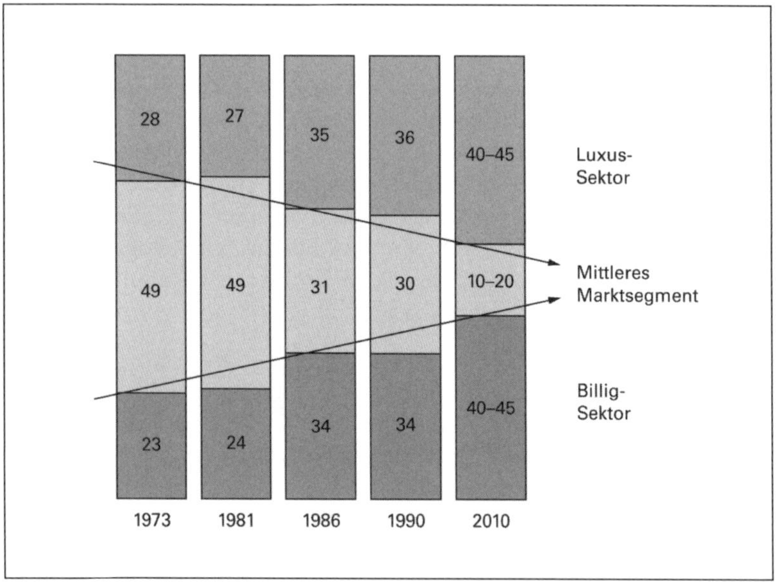

- **Schaffen Sie System**
  Freiheit verlangt Disziplin. Dieser Beruf bringt diese Sonderstellung nun mal mit sich. Die Tätigkeit des (Finanz-) Dienstleisters folgt häufig dem Verlauf einer Sinuskurve. Gute Zeiten, schlechte Zeiten! In Zeiten der Finanzkrise scheint eine Rückbesinnung auf die Absicherung existenzieller Risiken als gangbarer Weg. Ob Berufs-/Hinterbliebenenabsicherung, Pflegerisiko oder Unfallabsicherung, der Risikobereich birgt enorme Potenziale und wurde von Beratern nicht selten vernachlässigt.

Planung ist alles

Um dem rasanten Tempo Herr zu werden, sollten Sie einer guten Vorbereitung auf das Gespräch, eine klar definierte Gesprächsaufteilung folgen lassen. Sie sollten hierbei einzig und allein zwischen Neu- und Bestandskunden unterscheiden. Nutzen Sie das dargestellte Modell als groben Leitfaden für eine erfolgreiche Beratung und eine dauerhafte Kundenbindung.

Abbildung 12: Phasen eines Beratungsgespräches

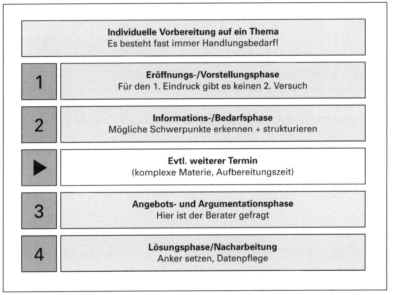

© Bernd W. Klöckner, Steffen Horn, Werner Dütting; Kopien, Vervielfältigungen und Weitergabe nur mit schriftlicher Genehmigung der Autoren; www.berndwkloeckner.com, www.duetting.com

Die Schwierigkeit steckt wie immer im Detail. Deshalb gilt es nach dem Herstellen einer gemeinsamen Ebene (Punkt 1), unbedingt die Wertigkeit Ihres Kunden zu erfragen und zu erkennen. Welche Wünsche oder Vorstellungen begleiten ihn wirklich, was macht ihn ängstlich – was stimmt ihn glücklich, wie sieht er seine Situation heute und in ferner Zukunft?

Lassen Sie Ihr Gegenüber auch zu Wort kommen. Offene Fragestellungen, lassen dem Gegenüber ein breites Spektrum an Antwortmöglichkeiten. Verfolgen Sie den Dialog anstatt ein monotones Frage-/Antwortspiel zu betreiben. Im 3.Punkt sollten alle Argumente mit Lösungen verständlich aufbereitet werden. Folgt der Kunde bis hierher, sollte die entsprechende Umsetzung im 4. Punkt sorgfältig überlegt sein. Es geht nicht darum, ob Riester oder Rürup die Lücke im Alter schließen können, als vielmehr um die Frage: Was will Ihr Kunde heute, und wo geht seine Reise in Zukunft womöglich hin? Wie flexibel sind die entsprechenden Produktempfehlungen?

Es liegt an Ihnen, eine erkannte Notwendigkeit mit der Wertigkeit beim Kunden in Gleichklang zu bringen. Der Satz: „Letztlich entscheidet der Preis." stimmt! Es ist das Verständnis um die Wertigkeit einer Sache, welche den Kunden heute ein teures Technikprodukt kaufen lassen, um eventuell ein paar Jahre später festzustellen, dass die damalige Situation einen Idealzustand entsprach. Die Tätigkeit sicherte das Einkommen, das Einkommen den Konsum. Der Ernstfall war gedanklich weit weg. Der Grund liegt in der Selbstüberschätzung vieler Kunden. Das sollte dem Kunden auch in Zahlen verdeutlicht werden. Nach dem Termin ist somit vor dem Termin. Nutzen Sie die Zeit nach dem Gespräch einmal mehr zur selbstkritischen Analyse Ihres Auftritts.

Ermittlung des individuellen Risikoschutzes

Berufsunfähigkeit, Bedarf (v)erkannt

Im Folgenden soll es nicht darum gehen, die Berufsunfähigkeitsversicherung und deren Grundprinzipien neu darzustellen. Es geht vielmehr um die für die Praxis relevanten Punkte und die seit Jahren auf Abruf stehenden Verträge. Hier lässt so manche Produktkonstellation Zweifel an der Professionalität des Beraters aufkommen. Die Frage, die am Ende bleibt: Öffnet sich der erkaufte „Airbag" und ist er groß genug, um ausreichende Sicherheit zu bieten?

Es zeigt sich einmal mehr, dass der mit dem Beitrag bezahlte vermeintliche Schutz – oft ohne Wissen des Kunden – formal nur im Produktnamen begründet ist. Versicherungsschutz ... Fehlanzeige! Eine Momentaufnahme beim Kunden bringt erschreckende Leistungsdefizite, in Rentenhöhe und Leistungsdauer ans Licht. Die mangelnde Absicherung gegen Berufsunfähigkeit stellt nach den Ergebnissen einer Studie von Plansecur die häufigste Versorgungslücke in deutschen Privathaushalten dar.

> Rund 87 Prozent der Verbraucher sind laut einer Expertenumfrage, nicht ausreichend gegen Berufsunfähigkeit versichert.

Aus den gewonnen Informationen des ersten „1. Teils/Gesetzlich erwerbsunfähig" entsteht ein umfassendes Beratungsgespräch. Erstens fordert es der Kunde, zweitens lässt sich die Ansprache laut der EU-Vermittlerrichtlinie und der geforderten Beratungsdokumentation nicht vermeiden.

Bedarfsermittlung

Die Ermittlung der entsprechenden Berufsunfähigkeitsrente ist eine sehr individuelle Angelegenheit. Ist es bei dem einem Kunden die primäre Absicherung der Arbeitskraft über einen einzelnen Vertrag, greifen bei dem anderen Kunden gleich mehrere Sicherungsmechanismen ineinander. Gründe dafür können sein:

- Ersparnisse, Mieteinkünfte usw.
- Erwerbsminderungsrenten der DRV, Renten der Berufsgenossenschaft
- Zusatzversorgung des öffentlichen Dienstes
- Versorgungswerke, betriebliche Absicherungen,
- bereits existierende BU-Verträge (auch beitragsfreie Verträge)

Die Berufsunfähigkeitsversicherung hat den Zweck, einen adäquaten finanziellen Ausgleich für die gesundheitsbedingte Einkommensminderung sicherzustellen Um sich im Fall der Fälle nicht schlechter zu stellen, macht es Sinn, folgende Faustregel anzuwenden.

> *Als Faustregel für die meisten Einkommenshöhen gilt, es sollten mindestens 75 bis 80 Prozent des aktuellen Nettoeinkommens mit einer Berufsunfähigkeitsversicherung abgesichert werden. Für Auszubildende, Schüler, Studenten und Hausfrauen und Neugründer werden bei vielen Gesellschaften monatliche Renten von 500 bis 1.000 € versichert. Eine Überversorgung, das heißt eine höhere Rente als das für einen angemessenen Lebensstandard notwendige, durch Arbeit erbrachte Einkommen, liegt weder im Interesse eines verständigen Kunden, noch lassen es die Versicherer ab bestimmten Rentenhöhen zu. Spätestens zur Beantragung der Rente erfolgt eine genaue Prüfung der wirtschaftlichen Angemessenheit.*

Bei der Ermittlung der maximal versicherbaren Berufsunfähigkeitsrente werden unter Umständen auch bestehende Ansprüche aus anderen Versorgungen berücksichtigt. Das Verschweigen bereits abgeschlossener Versicherungen kann den Schutz der Berufsunfähigkeitsversicherung kosten. Diese Vorgehensweise ist zweckmäßig, schließlich geht es am Ende um eine Gesamtabsicherung und den zu zahlenden Beitrag.

Überlegungen zur Ermittlung der optimalen BU-Absicherung

Berechnung der erforderlichen Gesamtrente im Leistungsfall

1. Schritt: Ermittlung des grundsätzlichen Bedarfes.

Der gewählte Ansatz sollte durch den Kunden bestätigt werden.

Faustformel: 75–80 Prozent oder tatsächlichen Bedarf ermitteln

2. Schritt: Bestehende oder vergleichbare Verträge berücksichtigen.

Welche vergleichbaren Absicherungen existieren bereits?

Berücksichtigt werden:

- ▪ Anwartschaften aus Versorgungswerken von Kammerberufen
- ▪ bereits bestehende (auch beitragsfreie) BU-Renten privat wie betrieblich
- ▪ Betriebliche Versorgungskassen

Nicht berücksichtigt werden:

- Erwerbsminderungs- und Erwerbsunfähigkeitsrenten aus der DRV
Grund: Eine Rentenzahlung für nach dem 02.01.1961 Geborene ist durch Wegfall des Berufsschutzes häufig ausgeschlossen.

Zusätzliche Hinweise:

- bereits bestehende Policen:

Verträge, die seit längerer Zeit existieren, sind auf das **Bedingungswerk** zu überprüfen. In den vergangen Jahren kam es zur deutlichen Verbesserung der Leistungsdetails auf der Kundenseite. Entspricht das bestehende Produkt den aktuellen Anforderungen? Ist zum Beispiel schon ein Verzicht auf die abstrakte Verweisung vorhanden? Falls nicht, ist ein Neuabschluss bei ordnungsgemäßem Gesundheitszustand unproblematisch und zu überlegen. Natürlich ist erst **nach** Annahme des Neuantrags durch den Versicherer der Altvertrag zu kündigen oder beitragsfrei zu stellen. Hier bitte immer ein Für und Wider abwägen! Ist der bestehende Versicherungsschutz ordnungsgemäß, können Sie die neue Bedarfssumme um die bereits bestehende BU-Rente reduzieren. In diesem Vorgang ist das Endalter des jeweiligen BU-Schutzes genau zu kontrollieren (zum Beispiel Ablauf mit: 55, 60, 63, 67?). Hier bietet ein Großteil der Verträge enorme Schwächen zu Gunsten des „preiswerten (Risiko) Schutzes".

- Schutz über die DRV (Deutsche Rentenversicherung)

Die Höhe der aktuellen Ansprüche können Sie der jährlichen Renteninformation entnehmen. Natürlich nur, wenn der Kunde überhaupt in der gesetzlichen Rentenversicherung versichert ist. Beachten Sie, dass Wartezeiten zu erfüllen sind. Gerade Berufseinsteiger sind gefährdet. Auch Personen, die in den letzten Jahren keine Beiträge entrichtet haben, sind möglicherweise nicht mehr versichert.

Bedenken Sie, dass die **Erwerbsminderungsrente** nur in Härtefällen greift, wenn weniger als 6 Stunden täglich auf dem allgemeinen Arbeitsmarkt irgendeiner Tätigkeit nachgegangen werden kann. Es empfiehlt sich, die in der Renteninformation aufgeführten Werte nicht in Ansatz zu bringen. Ausführliche Informationen und Gründe dafür entnehmen Sie bitte den Ausführungen in Teil 1.

▪ Beamtenvorsorge

Diese Anwartschaften sind voll anzurechnen, da sie einen guten Schutz bieten. Natürlich nur, wenn die Wartezeit erfüllt ist. Auskunft über den Anspruch auf Ruhegehalt bei Dienstunfähigkeit gibt die zuständige Besoldungsstelle.

Weiterführende Informationen und Berechnungen erhalten Sie auch unter:

www.vdata.de/vdata-rechner/av_beamte.jsp

▪ Berufsständische Versorgungseinrichtung

Maßgeblich ist das Bedingungswerk der entsprechenden Kammer. Es kann sein, dass ein Mitglied zu 100 Prozent berufsunfähig und zudem seine Zulassung zurückgeben muss, um überhaupt eine Leistungen zu erhalten. Bei solch harten Regelungen sollten auf eine solche Berücksichtigung verzichtet werden.

▪ Zusatzvorsorge für Angestellte im öffentlichen Dienst:

Der Schutz ist identisch zu den Regelungen der DRV.

In der Praxis könnte sich folgende Situation einstellen:

 BEISPIEL BU-RENTENERMITTLUNG ALS KOMPLEXE ABHANDLUNG

Ein 32-jähriger Kunde interessiert sich für die Absicherung seiner Arbeitskraft. Er ist Single und arbeitet seit mehreren Jahren als kaufmännischer Angestellter in einem großen Unternehmen. Sein monatlicher Bruttoverdienst beträgt 2.500 € (bei 12 Monatsgehältern pro Jahr). Auf Rückfrage beziffert er sein aktuelles Nettogehalt mit circa 1.600 €. Über die Eltern wurde in der Ausbildungszeit eine BU-Absicherung von monatlich 500 € mit dem Endalter von 65 Jahre abgeschlossen. Welche Rentenhöhe erscheint als sinnvoll? Es erfolgt keine Kranken- und Steuerbetrachtung!

Überlegungen:

Aktuelles Monatsbruttogehalt:
                        2.500 € entspricht   1.600 € netto
Annahme vom Kunden: 80 Prozent-Absicherung =   1.280 €
Abzug bestehender Vertrag   – 500 €
AktuelleVersorgungslücke   = 780 €
Aufschubdauervon 32–65 Lebensjahr   33 Jahre

Ihr Kunde hat mehrere Angebote vorliegen und findet den monatlichen Risikobeitrag von 57 € für 780 € monatliche Rente zu viel. Sie greifen zum Taschenrechner und verdeutlichen dem Kunden, welches frei verfügbare Vermögen bei sofortigem Eintritt des Leistungsfalles notwendig wäre. Denn auch der Kunde kann den Leistungsfall nicht ausschließen und zeitlich vorhersagen.

BU-Risikoabsicherung ohne Gehaltssteigerung

So rechnen Sie selbst mit Ihrem Finanztaschenrechner BWK Business®
(Details unter www.FAF-Verlag.com).

Eingabe	Display-anzeigen	Erklärung
↓ C	CLEARED 0,00	Löschen etwaiger Speicherinhalte.
12 P/YR	P/YR 12,00	Der Kunde möchte die BU-Rente – wie sein Gehalt – monatlich erhalten.
33 xP/YR	N 396,00	Der Kunde muss sich 33Jahre (396 Monate) die BU-Rente im Negativfall auszahlen lassen.
4,5 EFF%	I/YR NOM% 4,41	Annahme eines effektiven Zinses von 4,5 Prozent.
780 PMT	PMT 780,00	Eingabe des mtl. Auszahlungsbetrages, Dieser muss positiv sein, da er in die Tasche den Kunden fließt.
0 FV	FV 0,00	Zum 65.Lebensjahr soll das Vermögen aufgebraucht sein.
PV	PV –162.594,14	Berechnung des heutigen, erforderlichen Barwertes.

Vom Bedarf der Notwendigkeit

> *Ergebnis:* Der Kunde benötigt aktuell circa 160.000 €, um sein Einkommen **ohne** Gehaltssteigerung und ohne Berücksichtigung zusätzlicher medizinscher Kosten abzusichern. Da auch er den BU-Fall nicht ausschließen kann, fragen Sie ihn nach Alternativen.

Bei einer Ablehnung der Berufsunfähigkeitsvorsorge dokumentieren Sie den Kundenwunsch mit entsprechendem Datum und lassen diesen vom Kunden unterschreiben.

Es wird klar, dass eine einmal angestoßene Vertragsgestaltung gut überlegt sein sollte, um auch im Nachgang bestimmte Anpassungen im Vertrag zuzulassen. Es ist dabei sinnvoll, verschiedene Produkte und Tarife zu vergleichen und zu berechnen. Welche Form letztendlich die geeignete ist, hängt von den jeweiligen Lebensumständen und Präferenzen ab. Drei Punkte haben darauf maßgeblichen Einfluss.

■ Drei Prüfpunkte der Vertragsgestaltung

Der Kunde erwartet im Ernstfall eine Leistung für den Beitrag, welchen er für seine Arbeitskraftabsicherung entrichtet. Sie sollten daher ständig bestrebt sein, Schwachpunkte, aber auch Möglichkeiten in früheren Anträgen/Verträgen zu erkennen, um diese sinnvoll zu justieren. Hier heißt es sorgfältig abzuwägen, wie es um die Aufrechterhaltung eines als fraglich anzusehenden Vertrages bestellt ist. Ein großer Schwachpunkt der bereits geschlossenen Verträge ist das bereits erwähnte Endalter der Absicherung. Sie sollten beim Abschluss einer Berufsunfähigkeitsversicherung darauf achten, dass Sie das versicherte Endalter möglichst nah an den regulären Rentenbeginn setzen.

Die Aussage, der Kunde kann den Beitrag dann nicht mehr bezahlen, passt hier nicht wirklich. Es nützt nichts, wenn der Vertrag, wie in einigen Fällen, mit 55 Jahren ausläuft. Das gute Gefühl auf der Kundenseite wird im Ernstfall schnell zur harten Auseinandersetzung. Eventuell haben Sie zu diesem Zeitpunkt den Renteneintritt noch nicht erreicht.

Nur die Branche des Finanzdienstleisters scheint es häufig zu schaffen, in rhetorischer Glanzleistung „Autos mit drei Rädern" – als fahrtauglich zu verkaufen!

1. Fragen zum Gesundheitszustand

Auch bei einer Berufsunfähigkeitsversicherung gilt das Sprichwort „ehrlich währt am längsten"! Liegen oder lagen gesundheitliche Einschränkungen bei der Antragsaufnahme vor, beispielsweise Allergien oder Störungen des Herz-Kreislauf-Systems, müssen darüber in der Regel ausführliche, zusätzliche Angaben zu Art, Schwere und Dauer der Beschwerden gemacht werden. Je nach Risiko und Höhe der beantragten Rente, kann das Unternehmen eine Untersuchung durch den Hausarzt verlangen. Die Kosten dafür trägt der Versicherer. Nur unter wahrheitsgemäßen Angaben kann der Versicherer sachgerecht entscheiden, ob und zu welchen Bedingungen der Versicherungsschutz angeboten werden kann. Eine wiederkehrende Frage, die sich immer wieder bei der Antragsaufnahme stellt, ist die Frage nach dem Verhältnis von Gewicht und Körpergröße.

▪ **Welches Gewicht ist normal?**

Aufgrund wissenschaftlicher Untersuchungen ist der Body-Maß-Index (kurz: BMI) als verlässliche Grundlage zur Bewertung des Körpergewichtes akzeptiert. Die Formel für den BMI lautet:

$$BMI = \text{Körpergewicht in kg} / (\text{Körpergröße in m})^2$$
[Die Einheit des BMI ist kg/m^2].

Entsprechend der Altersgruppe ergeben sich folgende zulässige Werte:

Tabelle 15: Normalgewicht je Altersgruppe

Alter	Normalgewicht BMI zwischen	Klassifikation	25–34 Jahre m	w
19–24 J.	19–24	Untergewicht	< 20	<19
25–34 J.	20–25	Normalgewicht	20–25	19–24
35–44 J.	21–26	Übergewicht	25–30	24–30
45–54 J.	22–27	Adipositas	30–40	30–40
55–64 J.	23–28	massive Adipositas	> 40	> 40

Quelle: BMI-Klassifikation (nach DGW, Ernährungsbericht 1992)

BEISPIEL:

Sie befinden sich bei der Antragsaufnahme zu einem BU-Vertrag. Die Frage nach der Körpergröße und dem Gewicht beantwortet ihr männlicher Kunde (24 Jahre) wie folgt: Gewicht: 96 kg/Körpergröße: 2,05 m.

$$\text{BMI} = \frac{\text{Körpergewicht in kg}}{(\text{Körpergröße in m})^2} = \frac{96}{4,20} = 22,86 \text{ kg/m}^2$$

Laut der Formel ergibt sich ein Wert von 22,86 kg/m². Laut Tabelle und Alter wird klar, der Kunde verfügt über ein Normalgewicht.

Zusätzlich bei Antragsaufnahme unterschreibt der Versicherungsnehmer bei Antragsstellung eine Schweigepflichtentbindungserklärung. Das Unternehmen hat dadurch das Recht, die Angaben zum Gesundheitszustand bei den entsprechenden Ärzten zu prüfen. Ist die Beeinträchtigung erheblich, kann ein Risikozuschlag, ein Ausschluss oder eine Ablehnung die Folge sein. **Alle Daten werden in einem Zentralrechner erfasst, so dass bei einer nochmaligen Beantragung über ein weiteres Unternehmen auch dort, diese Punkt bereits bekannt sein dürfte.**

Es sollten sich beide Vertragsparteien für die Beantwortung der Gesundheitsfragen genügend Zeit nehmen und auch vermeintlich geringfügige Erkrankungen angeben. Die folgende Übersicht verdeutlicht, ein Großteil der BU-Fälle ist krankheitsbedingt.

Ob Berufsunfähigkeit vorliegt, muss am Ende ein Facharzt feststellen. Die Unternehmen können die Diagnose mittels Melde- oder Fragebögen an den Versicherten selbst oder anhand der Hausarztangaben überprüfen. Es ist auch möglich einen anderen Facharzt damit zu beauftragen, das Vorliegen einer Berufsunfähigkeit zu prüfen. Ist das Ergebnis eine Ablehnung, hat der Versicherte das Recht, einen Gutachter einzuschalten. Dazu werden vom Versicherer meist drei Sachverständige vorgeschlagen, die sich in der Nähe des Wohnortes befinden.

Abbildung 13: Berufsunfähigkeit und dessen Ursachen

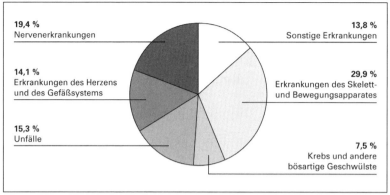

© Bernd W. Klöckner, Steffen Horn, Werner Dütting; Kopien, Vervielfältigungen und Weitergabe nur mit schriftlicher Genehmigung der Autoren; www.berndwkloeckner.com, www.duetting.com

2. Möglichkeiten prüfen

Es gibt enorm viele Aspekte, den passenden BU-Schutz bei Neu-, aber auch bei bestehenden Verträgen zu konzipieren. Ein Punkt, welcher zu selten genutzt wird, ist die Nachversicherungsgarantie. Die Nachversicherungsgarantie ist heute bei fast alten Anbietern Standard. So kann der Kunde zum Beispiel bei Heirat, Geburt eines Kindes, Erwerb einer Immobilie oder einer entsprechenden Einkommenserhöhung innerhalb einer vorgegebenen Frist (meist 10 Jahre) eine angemessene Rentenanpassung ohne erneute Gesundheitsprüfung vornehmen. Diese Option wird zu selten genutzt.

Als Alternative empfiehlt sich bei Neuverträgen, dynamischen Zuwachs zu vereinbaren. Auch hier werden eventuell eintretende gesundheitliche Veränderungen im Gleichklang mit einem sich ändernden Verdienst gebracht.

Zurück zum vorigen Fall: Sicherlich kennen Sie die fast jährlichen Streiks von Gewerkschaften, wenn es wiederum um Gehaltsrunden geht. Am Ende einigen sich Gewerkschaften und Arbeitgeberverbände auf einen Steigerungssatz. Kurz gesagt: Die Löhne und Gehälter steigen von Zeit zu Zeit. Voriger Fall geht jedoch von gleich bleibenden Renten aus. Das wäre der Fall, wenn es keine Inflation oder Gehaltssteigerungen gäbe.

Da jedoch keiner Inflation oder Gehaltssteigerungen abstreitet, müssen diese auch in obiger Berechnung berücksichtigt werden.

Im folgenden Beispiel wird gezeigt, welche Endleistung bei einer 3-prozentigen Rentensteigerung mit 65 Jahren erreicht wird und welches Risikokapital sich dahinter verbirgt, sollte der Ernstfall unmittelbar eintreten. Der BWK-Business® kann durch seine Dynamikfunktion diesen Sachverhalt, wie ihre entsprechende Software, souverän berücksichtigen und darstellen.

 ZUM BEISPIEL:

Der Kunde aus dem Beispiel auf Seite 128 startet mit 780 € Absicherung. Jährlich soll sich die BU-Rente um 3 Prozent erhöhen. Im Schaubild sieht das so aus. Der Ernstfall ist nicht vorhersehbar, die Rente jedoch dem zeitlichen Fortgang in Gehaltsentwicklung und Inflation angepasst.

Abbildung 14: Berufsunfähigkeitsrenten mit Dynamik

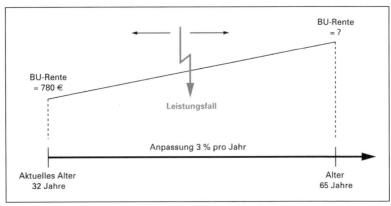

© Bernd W. Klöckner, Steffen Horn, Werner Dütting; Kopien, Vervielfältigungen und Weitergabe nur mit schriftlicher Genehmigung der Autoren; www.berndwkloeckner.com, www.duetting.com

BU-Risikoabsicherung mit einer jährlichen Steigerung der Rente um 3 Prozent.

So rechnen Sie selbst mit Ihrem Finanztaschenrechner BWK Business®
(Details unter www.FAF-Verlag.com).

Eingabe	Display-anzeigen	Erklärung
↓ C	CLEARED 0,00	Löschen etwaiger Speicherinhalte.
12 P/YR	P/YR 12,00	Der Kunde möchte die BU-Rente – wie sein Gehalt – monatlich erhalten.
33 xP/YR	N 396,00	Der Kunde muss sich 33 Jahre (396 Monate) die BU-Rente im Negativfall auszahlen lassen.
4,5 EFF%	I/YR NOM% 4,41	Annahme eines effektiven Zinses von 4,5 Prozent.
780 P/D	P/D 780,00	Eingabe der anfänglichen, monatlichen BU-Rentenzahlung von 780 €. Diese soll wie das Gehalt jährlich 3 Prozent steigen.
3 %D	%D 3,00	Eingabe der Dynamik/Gehaltssteigerung von 3 Prozent.
12 ↓ %D	xD 12,00	Die dynamische Rentenzahlung soll sich jedes Jahr, also alle 12 Monate, erhöhen.
0 FV	FV 0,00	Zum 65. Lebensjahr soll das Vermögen aufgebraucht sein.
PV	PV –241.608,73	Berechnung des heutigen, erforderlichen Barwertes.

Ergebnis: Der Kunde benötigt aktuell circa 241.000 €, um sein Einkommen bei einer jährlichen Gehaltssteigerung von 3 Prozent abzusichern. Werte bitte im Speicher lassen! Auf die Frage, wie hoch die BU-Lücke zu Rentenbeginn ist, reicht eine einzige Tastenkombination.

Berechnung der BU-Gehaltslücke bei Renteneintritt
So rechnen Sie selbst mit Ihrem Finanztaschenrechner BWK Business®
(Details unter www.FAF-Verlag.com).

Eingabe	Display-anzeigen	Erklärung
↓ P/D	P/DE 2.008,56	Berechnung der Dynamikzahlung/des Gehalts am Ende.

Ergebnis: Der Kunde würde unter einer angenommenen jährlichen 3-prozentigen Steigerung seines Gehaltes, eine Berufsunfähigkeitslücke von circa 2.000 € netto zum 65. Lebensjahr haben.

Aber Achtung! Auch hier gilt: Viele Versicherer setzen mit 54 Jahren einen Endpunkt. Dieser gilt sowohl für den Einstieg in eine solche BU-Absicherung als auch für die Dynamikberechnung. Konkret heißt das, der Vertrag würde ab dem Alter 54, konstant bis 60, 65 oder gar 67 durchlaufen.

3. Ausweichvarianten

Sollte ein Antrag auf Berufsunfähigkeit abgelehnt werden, so sollten Sie nach Alternativen suchen. Das ist entsprechend Ihrer Tätigkeit (Ausschließlichkeitsvertreter, Mehrfachagent, Makler usw.) teilweise nur bedingt möglich. So kann es durchaus sein, dass Gesellschaft „A" den Antrag ablehnt, Gesellschaft „B" ein Angebot für einen Risikozuschlag unterbreitet und Gesellschaft „C" Ihren Antrag ohne Erschwerung annimmt. Sollten mehrere Gesellschaften aufgrund von Vorerkrankungen den Berufsunfähigkeitsschutz ablehnen, sollten Sie auf jeden Fall folgende Alternative in die Beratung einbeziehen.

- **Erwerbsunfähigkeitsversicherung:** Die Versicherung orientiert sich häufig an den Vorgaben der gesetzlichen Regelung für eine Erwerbsminderungsrente.

- **Grundfähigkeitsversicherung:** Sie bietet Ihnen Schutz, wenn Sie gewisse Grundfähigkeiten des täglichen Lebens verlieren. So erhalten Sie eine Leistungen wenn Sie zum Beispiel nicht mehr sehen, sprechen, hören oder Ihre Hände einsetzen können!
- **Dread-Disease-Versicherung:** Sie leistet beim Eintritt einer schweren Krankheit. Sie erhalten dann eine einmalige Versicherungssumme. Sie können dann selbst entscheiden, wofür die Summe zum Einsatz kommt.
- **Risikounfallversicherung** bzw. **Unfallrente**

Rentenzahlung in der Praxis

Am Beispiel eines gesetzlich versicherten Arbeitnehmers.

Bei einer länger als 6 Wochen andauernden Krankheit bekommt ein Arbeitnehmer keine Lohnfortzahlung mehr, sondern Krankengeld. Dieses ist erheblich weniger als das bisher bezogene Nettoeinkommen und wird für maximal 72 Wochen gewährt. In Folge entsteht eine Einkommenslücke, die man durch eine Krankentagegeldversicherung schließen kann. Das Ganze ist sogar sehr anzuraten, denn ein normaler Arbeitnehmer wird seinen finanziellen Verpflichtungen mit nur noch circa 70 Prozent seines bisherigen Nettoeinkommens (90 Prozent des Nettoeinkommens abzüglich der Sozialbeiträge) kaum noch nachkommen können, geschweige denn die immer höheren Zuzahlungen zu Behandlungen, Reha-Maßnahmen und Medikamenten bezahlen können. Das Schaubild verdeutlicht den Sachverhalt und die Komplexität der jeweiligen Leistungsarten.

Abbildung 15: Ein typischer Leistungsfall

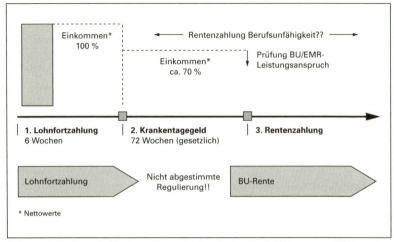

© Bernd W. Klöckner, Steffen Horn, Werner Dütting; Kopien, Vervielfältigungen und Weitergabe nur mit schriftlicher Genehmigung der Autoren; www.berndwkloeckner.com, www.duetting.com

Es empfiehlt sich die ab der siebten Woche beginnende, gesetzliche Krankentagegeldzahlung durch den Abschluss einer privaten Krankentagegeldversicherung auf den regulären Nettoverdienst abzustellen. Denn zwischen Anmeldung des Leistungsfalles und Auszahlung der Rente kann ein längerer Zeitraum liegen. Die durchschnittliche Bearbeitungsdauer eines BU-Leistungsfalls, von Antragstellung bis Leistungserbringung, liegt bei circa 100 Tagen.

Am Ende gilt: Jeder vierte Berufstätige wird durch Krankheit oder Unfall vorzeitig aus dem Berufsleben ausscheiden. Die versicherten BU-Renten in Deutschland sind mit monatlich 400 bis 800 € viel zu gering. Freie Kundengelder oder sinnlose Risikobeiträge für genau solche Verträge sind besser in geeignete Sparformen einzuspeisen, denn der Name Berufsunfähigkeitsversicherung bietet bei solchen Verträgen keinen echten Nutzen. Wie schnell das ersparte Kapital aufgebraucht sein kann oder wie hoch dieses sein sollte, um den Risikobeitrag einsparen zu können, sollten Sie dem Kunden einmal mehr aufzeigen. Die für den Bedarfsfall notwendige Produktqualität und -vielfalt ist vorhanden. Zu wünschen ist, dass auch die Beratung der Produktqualität und -vielfalt folgt.

Berufsunfähigkeit und Steuern im Leistungsfall

Private Verträge
Wenn bei einem Versicherten vor Ablauf des Versicherungsvertrages Berufs- oder Erwerbsunfähigkeit eintritt, hat er – bei Vorliegen der Voraussetzungen – Anspruch auf eine Berufs- oder Erwerbsunfähigkeitsrente. Diese Rente stellt eine abgekürzte Leibrente dar, weil sie spätestens zum Zeitpunkt endet, an dem der Vertrag ausläuft. *Diese abgekürzten Leibrenten sind nur mit dem Ertragsanteil zu versteuern.* Maßgebend ist nicht das Alter der versicherten Person, sondern die Laufzeit der Rente, das heißt der Zeitraum zwischen Leistungseintritt und Vertragsablauf. Dabei werden nur volle Jahre erfasst!
Maßgeblich ist §55 II EStDV. In der Anlage zum II. Teil befinden sich die entsprechenden Tabellen.

Beispiel
Wird ein Arbeitnehmer mit 45 Jahren berufsunfähig und der Versicherungsschutz endet mit dem 60. Lebensjahr, so ist die Laufzeit dieser abgekürzten Leibrente auf 15 Jahre begrenzt. Laut Tabelle §55 II EStDV beträgt der zu versteuernde Ertragsanteil 16 Prozent.

betriebliche Verträge (bAV)
Es gibt 2 Möglichkeiten:
BU/EU   Ertragsanteil nach §55 II EStDV
BU/EU   Volle Versteuerung §22 Nr. EStG (der Regelfall)

Pflegebedürftigkeit

Beitrag und Leistung

Wird über Erwerbs- und Berufsunfähigkeit gesprochen, so ist es notwendig, auch das Thema Pflege näher zu betrachten. Seit 1996 (ein Jahr nach dem Start der Pflegeversicherung) hat sich die Zahl der Pflegebedürftigen um gut 25 Prozent erhöht. Demografie, Beschäftigungsstruktur und die notwendige Pflegeleistung, welche sich nicht durch ein höheres Renteneintrittsalter regulieren lässt, werden diesem Thema zwangsläufig eine höhere Bedeutung zukommen lassen. Auch hier gilt: „Entweder richtig oder gar nicht".

Alle Personen, die krankenversicherungspflichtig sind, sind auch pflichtversichert in der Pflegeversicherung. Freiwillige Mitglieder in der gesetzlichen Krankenversicherung (GKV) sind ebenso versicherungspflichtig, haben jedoch die Möglichkeit, sich innerhalb einer bestimmten Frist befreien zu lassen und einer privaten Pflegeversicherung beizutreten. Versicherte der privaten Krankenversicherung müssen eine private Pflegeversicherung abschließen, deren Leistungen denen der sozialen Pflegeversicherung entspricht.

Beitrag: Zur Pflegeversicherung werden aus beitragspflichtigen Einnahmen, maximal bis zur Beitragsbemessungsgrenze Beiträge erhoben.

Beitragsbemessungsgrenze Kranken-/Pflegeversicherung Jahr 2009
44.100 € jährlich, 3.675 € monatlich NBL/ABL
Aktueller Beitragssatz 1,95%/Versichertenanteil 0,975%

Bei Arbeitnehmern (AN) wird der Beitrag vom Versicherten und vom Arbeitgeber (AG) jeweils zur Hälfte getragen. Eine Sonderregelung greift in Sachsen, da dort auf die Abschaffung eines gesetzlichen Feiertages mit Einführung der Pflegeversicherung verzichtet wurde. AG sind in Sachsen mit 0,475 Prozent und Versicherte mit 1,475 Prozent beteiligt. Mit Vollendung des 23. Lebensjahres zahlen kinderlose Mitglieder einen Beitragszuschlag in Höhe von 0,25 Prozent.

Ohne Bedeutung bleibt dieser Zuschlag, für Personen:

- welche vor dem 01.01.1940 geboren sind.
- Wehr- und Zivildienstleistende
- ALG II Empfänger

Den Zuschlag hat das Mitglied allein zu tragen!

Leistung: Eine Leistung aus der sozialen Pflegeversicherung erhält, wer pflegebedürftig und versichert ist und einen Antrag gestellt hat. Es ist eine Vorversicherungszeit von zwei Jahren innerhalb der letzten zehn Jahre vor Antragsstellung zu erfüllen.

> **Definition Pflegebedürftigkeit nach SGB §14 XI**
> Pflegebedürftig ist, wer wegen einer körperlichen, seelischen oder geistigen Krankheit oder Behinderung für die gewöhnlichen und regelmäßig wiederkehrenden Verrichtungen des täglichen Lebens auf Dauer in erheblichem oder höherem Maße der Hilfe bedarf. Die Dauerhaftigkeit ist gegeben, wenn der Bedarf für mindestens sechs Monate besteht.
> Die Pflegebedürftigkeit wird nach Antragstellung des Versicherten vom Medizinischen Dienst geprüft und von der Pflegekasse festgestellt.

Abbildung 16: Leistungen je Pflegestufe (Maximalbeträge)

Pflegestufe I – erhebliche Pflegebedürftigkeit
215 € bei Pflege durch Angehörige
420 € bei Pflege durch Sozialstation
1.023 € bei Pflege im Pflegeheim

Personen, die bei Körperpflege, Ernährung oder Mobilität mindestens einmal täglich Hilfe benötigen (im Tagesschnitt mindestens 90 Minuten).

Pflegestufe II – Schwerpflegebedürftigkeit
420 € bei Pflege durch Angehörige
980 € bei Pflege durch Sozialstation
1.279 € bei Pflege im Pflegeheim

Schwerpflegebedürftige Personen, die mindestens dreimal zu verschiedenen Tageszeiten der Hilfe bedürfen (im Tagesschnitt mindestens drei Stunden).

Pflegestufe III – Schwerstpflegebedürftigkeit
675 € bei Pflege durch Angehörige
1.470 € bei Pflege durch Sozialstation
1.470 € bei Pflege im Pflegeheim
(Härtefälle 1.918 €)

Schwerstpflegebedürftige Personen, die rund um die Uhr Hilfe benötigen (im Tagesschnitt mindestens fünf Stunden).

© Bernd W. Klöckner, Steffen Horn, Werner Dütting; Kopien, Vervielfältigungen und Weitergabe nur mit schriftlicher Genehmigung der Autoren; www.berndwkloeckner.com, www.duetting.com

Der Versicherte kann darüber hinaus Hilfe zur Pflege beantragen (Sozialleistung). Diese wäre dann Einkommens- und vermögensabhängig!

> § 28 SGB – Leistungsarten, Grundsätze
> Die Pflegeversicherung gewährt folgende Leistungen, auf die nicht näher eingegangen werden soll:
>
> 1. Pflegesachleistung (§ 36)
> 2. Pflegegeld für selbst beschaffte Pflegehilfen (§ 37)
> 3. Kombination von Geldleistung und Sachleistung (§ 38)
> 4. häusliche Pflege bei Verhinderung der Pflegeperson (§ 39)
> 5. Pflegehilfsmittel und technische Hilfen (§ 40)
> 6. Tagespflege und Nachtpflege (§ 41)
> 7. Kurzzeitpflege (§ 42)
> 8. vollstationäre Pflege (§ 43)
> 9. Pflege in vollstationären Einrichtungen der Hilfe für behinderte Menschen (§ 43a)
> 10. Leistungen zur sozialen Sicherung der Pflegepersonen (§ 44)
> 11. Pflegekurse für Angehörige und ehrenamtliche Pflegepersonen (§ 45)
> 12. Leistungen des Persönlichen Budgets nach § 17 Abs. 2 bis 4 des Neunten Buches

Eine vernünftige Übersicht von Leistung und Kosten bietet die Website: www.aok-pflegedienstnavigator.de

Hier finden Sie alle notwendigen Daten zu Pflegeleistung, Einrichtung und den regionalen Kosten. Schnell wird klar, dass die gesetzlichen Leistungen allein häufig nicht reichen und privaten Kapitalzuschuss unumgänglich machen. Bei den Pflegediensten erhalten Sie mit dem Online-Kostenrechner eine Einschätzung, was auf Ihre Kunden zukommt. Je nach individuellem Bedarf können Sie diesen sehr detailliert mit dem Kunden ermitteln und veranschaulichen. Bei Pflegeheimen informiert Sie der interaktive Rechner über die Preise inklusive der Kurzzeitpflege, Tages- und Nachtpflege sowie fortführenden Informationen zur Einrichtung.

Pflegebedürftig ein Zahlenbeispiel

Durchschnittlich kostete 2006 eine stationäre Unterbringung einer pflegebedürftigen Person 3.100 € im Monat. Maximal – ohne Beachtung der Härtefälle – zahlt die gesetzliche Pflegeversicherung 1.470 € im Monat. Es bleibt eine Lücke von 1.630 €. Gut, dass zurzeit noch die gesetzliche Rente von durchschnittlich 720 € gezahlt wird. Das Resultat bleibt für den Pflegebedürftigen: Er muss auch die vollständige gesetzliche Rente für die Pflege opfern. Geschenke an Enkel, Kinder bleiben erst einmal Illusion. Das größere Problem bleibt zudem, dass immer noch eine Pflegelücke von rund 910 € besteht. Was ist heute also schon Realität?

Pflegebedürftige müssen auf bestehendes Vermögen zurückgreifen. Haben Sie dieses nicht, so muss Sozialhilfe beantragt werden. Hier werden jedoch ebenso die Vermögenssituationen der Kinder mitberücksichtigt. Haben diese genug Vermögen, so müssen die Kinder erst einmal mit den Zahlungen (Pflegelücke) einspringen. Möchten das jedoch Ihre heutigen Kunden? Die Mehrheit möchte wohl weniger die Kinder im späteren Alter belasten. Deshalb muss vorgesorgt werden.

Nehmen wir also obige und schon durchschnittlich vorhandene Pflegelücke von 910 € an. Um die Berechnung für die Zukunft fortzuführen, müssen noch zwei Faktoren berücksichtigt werden. Zum einen wird es eine stärkere Inflation der Pflegekosten geben. Das liegt an der demografischen Entwicklung. Schon heute wissen wir, dass die Nachfrage nach Pflegeheimen steigen wird. Zudem ist aktuell das Angebot an Pflegeplätzen gering. Bleibt es bei diesem Szenario, wird der Preis aufgrund von Nachfrage/Angebot steigen. Zum anderen wird die gesetzliche Rente, die im obigen Durchschnittsfall die Pflegelücke verringert hat, stagnieren oder sogar sinken. Aufgrund dieser beiden Faktoren kann man eine zukünftige Steigerung der Pflegelücke von 4 bis 5 Prozent p.a. annehmen.

Schritt 1: Pflegelücke nach Inflation

Ausgehend von der heutigen Pflegelücke von 910 €, nehmen wir an, dass beim obigen 32-Jährigen ein stationärer Pflegefall mit dem 82. Lebensjahr – also in 50 Jahren – eintritt. Annahme ist zudem eine Pflegeinflation von 4,5 Prozent.

So rechnen Sie selbst mit Ihrem Finanztaschenrechner BWK Business®
(Details unter www.FAF-Verlag.com).

Eingabe	Displayanzeigen	Erklärung
↓ C	CLEARED 0,00	Löschen etwaiger Speicherinhalte.
1 P/YR	P/YR 1,00	Jährliche Pflegeinflation.
50 xP/YR	N 50,00	In 50 Jahren könnte ein stationärer Pflegefall eintreten.
4,5 EFF%	I/YR NOM% 4,50	Annahme ist eine Inflation von 4,5 Prozent.
910 PV	PV 910,00	Heute besteht im Durchschnitt eine Pflegelücke von 910 €.
0 PMT	PMT 0,00	Bei Inflationsberechnungen bestehen keine regelmäßigen Ein-/Auszahlungen.
FV	FV −8.219,70	Berechnung der voraussichtlich späteren Pflegelücke.

Ergebnis: Mit dem 82. Lebensjahr kann der Kunde nach Inflation mit einer Pflegelücke von rund 8.200 € rechnen.

2. Schritt: Notwendiges Vermögen um monatliche Pflegelücke auszugleichen. Nun ist die Frage, wie lange eine stationäre Pflege erfolgt. Das ist meist bis zum Tode des Pflegebedürftigen der Fall. Heute sind es im Durchschnitt 56 Monate. Nehmen wir in Zukunft 60 Monate an – was jedoch voraussichtlich im Durchschnitt ansteigen wird, da der medizinische Fortschritt zukünftig auch Pflegebedürftigen ein längeres Leben beschert.

Berechnung wiederum mithilfe des BWK Business®

Eingabe	Display-anzeigen	Erklärung
↓ C	CLEARED 0,00	Löschen etwaiger Speicherinhalte.
12 P/YR	P/YR 12,00	Die Pflegelücke ist monatlich.
60 N	N 60,00	Auszahlung der Pflegelücke über 60 Monate.
4,5 EFF%	I/YR NOM% 4,41	Annahme eines effektiven Zinses von 4,5 Prozent.
8200 PMT	PMT 8.200,00	Eingabe des mtl. Auszahlungsbetrages. Dieser muss positiv sein, da er in die Tasche den Kunden fließt.
0 FV	FV 0,00	Nach der stationären Pflege soll keine Rente mehr gezahlt werden.
PV	PV –440.812,36	Berechnung des notwendigen Vermögens mit dem 82. Lebensjahr.

Ergebnis: Dieser Betrag muss später zur Verfügung stehen, um die Pflegelücke zu schließen. Der Kunde hat also 50 Jahre Zeit, dieses Vermögen zu erreichen.

Wichtig für Sie

Sprechen Sie Schritt für Schritt mit dem Kunden ab. Obige Zahlen sind der heutige Durchschnitt, variieren jedoch von Fall zu Fall. Auf ein gutes Verständnis für diese Zahlen treffen Sie bei Kunden, die in der Familie einen Pflegefall haben. Diese werden vielleicht die genauen Zahlen kennen und abschätzen können, dass es in Zukunft nicht besser kommen wird. Die anderen Kunden werden wahrscheinlich vor dieser Zahl zurückschrecken. Wichtig ist nur, dass Sie mit dem Kunden den individuellen Fall berechnen.

Fragen Sie den Kunden, ob er sich vorstellen kann, später ein stationärer Pflegefall zu werden und, wenn ja, wann er etwa damit rechnet. Wie lange er sich vorstellt, ein Pflegefall zu sein – heutiger Durchschnitt 56 Monate.

Um einen guten Überblick zu bekommen, dass auch die Pflegelücken zu Altersarmut führen, variieren wir obige Zahlen mit verschiedenen Laufzeiten und Inflationsraten. Nehmen wir wiederum an, der Kunde ist 5 Jahre pflegebedürftig und muss in dieser Zeit die Rente beziehen:

Tabelle 16: Notwendiges Vermögen bei 5 Jahren stationärer Pflege

Inflationsrate Pflegefall in…Jahren	1,5	2	2,5	3	3,5	4	4,5	5	5,5	6
5	52.700	54.011	55.348	56.711	58.101	59.518	60.962	62.435	63.936	65.465
10	56.773	59.633	62.621	65.744	69.006	72.413	75.970	79.685	83.561	87.607
15	61.161	65.839	70.850	76.215	81.957	88.101	94.673	101.700	109.211	117.238
20	65.887	72.692	80.160	88.354	97.339	107.188	117.980	129.798	142.735	156.891
25	70.979	80.257	90.694	102.426	115.609	130.411	147.024	165.659	186.549	209.956
30	76.465	88.611	102.612	118.740	137.307	158.665	183.219	211.427	243.812	280.968
35	82.374	97.833	116.096	137.653	163.077	193.040	228.324	269.840	318.653	375.999
40	88.741	108.016	131.352	159.577	193.685	234.863	284.533	344.392	416.466	503.171
45	95.599	119.258	148.612	184.993	230.037	285.747	354.580	439.541	544.305	673.357
50	102.987	131.671	168.512	214.458	273.211	347.655	**441.871**	560.979	711.384	901.103
55	110.947	145.375	190.237	248.616	324.489	422.975	550.652	715.967	929.751	1.205.879
60	119.521	160.506	215.235	288.214	385.392	514.614	686.213	913.775	1.215.147	1.613.739
65	128.758	177.212	243.519	334.119	457.724	626.107	855.146	1.166.234	1.588.149	2.159.546
70	138.709	195.656	275.519	387.335	543.633	761.755	1.065.667	1.488.634	2.075.647	2.889.960

© Steffen Horn, Werner Dütting, Bernd W. Klöckner ; www.duetting.com ; www.berndwkloeckner.com
Annahmen: Effektiver Auszahlungszins von 4,5 %, 5 Jahre Pflegefall, heutige Pflegelücke von 910 Euro, nachschüssige Zahlungsweise, keine Inflationsberücksichtigung in der Rentenphase

So lesen Sie die Tabelle: Wählen Sie in der Spalte links die Jahre, die bis zum stationären Pflegeaufenthalt vergehen. Nehmen Sie in der richtigen Zeile die Spalte mit der Inflationsrate an. Hier steht das notwendige Vermögen, welches vor dem Eintritt in den Pflegefall vorhanden sein muss.

Hinweis: Bei 50 Jahren und einer Inflationsrate von 4,5 Prozent finden Sie ebenso obige mit dem BWK Business® berechnete Zahl (markiert). Diese weicht aufgrund von Rundungen bei der Berechnung mit dem Taschenrechner geringfügig ab.

Es kann vorkommen, dass Kunden 10 oder 15 Jahre pflegebedürftig im Pflegeheim verbringen. Auch hierzu folgende Tabellen.

Tabelle 17: Notwendiges Vermögen bei 10 Jahren stationärer Pflege

Inflationsrate Pflegefall in…Jahren	1,5	2	2,5	3	3,5	4	4,5	5	5,5	6
5	94.989	97.352	99.762	102.219	104.724	107.278	109.882	112.536	115.241	117.998
10	102.331	107.485	112.871	118.500	124.379	130.520	136.933	143.628	150.615	157.908
15	110.239	118.672	127.703	137.374	147.724	158.798	170.643	183.309	196.848	211.316
20	118.759	131.023	144.485	159.254	175.449	193.202	212.653	233.954	257.273	282.789
25	127.937	144.660	163.471	184.619	208.379	235.060	265.004	298.591	336.245	378.435
30	137.824	159.717	184.953	214.024	247.489	285.986	330.243	381.087	439.459	506.432
35	148.476	176.340	209.257	248.112	293.939	347.946	411.543	486.374	574.356	677.720
40	159.951	194.694	236.755	287.630	349.107	423.329	512.857	620.750	750.660	906.942
45	172.312	214.957	267.867	333.442	414.630	515.045	639.113	792.252	981.082	1.213.693
50	185.629	237.330	303.067	386.550	492.450	626.631	796.451	1.011.136	1.282.235	1.624.196
55	199.976	262.032	342.892	448.118	584.876	762.392	992.523	1.290.495	1.675.830	2.173.539
60	215.431	289.304	387.951	519.491	694.650	927.567	1.236.865	1.647.035	2.190.243	2.908.685
65	232.080	319.415	438.931	602.233	825.026	1.128.527	1.541.359	2.102.080	2.862.565	3.892.477
70	250.016	352.660	496.610	698.153	979.872	1.373.025	1.920.813	2.682.846	3.741.252	5.209.012

© Steffen Horn, Werner Dütting, Bernd W. Klöckner ; www.duetting.com ; www.berndwkloeckner.com
Annahmen: Effektiver Auszahlungszins von 4,5 %, 5 Jahre Pflegefall, heutige Pflegelücke von 910 Euro, nachschüssige Zahlungsweise, keine Inflationsberücksichtigung in der Rentenphase

Tabelle 18: Notwendiges Vermögen bei 15 Jahren stationärer Pflege

Inflationsrate Pflegefall in…Jahren	1,5	2	2,5	3	3,5	4	4,5	5	5,5	6
5	128.924	132.131	135.402	138.737	142.137	145.603	149.137	152.740	156.411	160.153
10	138.888	145.884	153.195	160.834	168.814	177.149	185.852	194.939	204.423	214.320
15	149.622	161.067	173.326	186.450	200.498	215.529	231.606	248.797	267.173	286.809
20	161.185	177.831	196.102	216.147	238.129	262.224	288.623	317.535	349.184	383.815
25	173.643	196.340	221.872	250.574	282.822	319.035	359.677	405.263	456.369	513.631
30	187.062	216.775	251.027	290.484	335.904	388.155	448.223	517.230	596.457	687.355
35	201.519	239.338	284.014	336.750	398.949	472.250	558.567	660.132	779.545	919.836
40	217.093	264.248	321.336	390.386	473.826	574.564	696.076	842.514	1.018.834	1.230.948
45	233.871	291.751	363.562	452.564	562.757	699.045	867.437	1.075.285	1.331.575	1.647.286
50	251.946	322.117	411.337	524.646	668.379	850.495	1.080.985	1.372.366	1.740.315	2.204.440
55	271.417	355.643	465.391	608.208	793.824	1.034.758	1.347.104	1.751.525	2.274.523	2.950.038
60	292.393	392.659	526.547	705.080	942.814	1.258.941	1.678.736	2.235.440	2.972.710	3.947.816
65	314.991	433.527	595.739	817.381	1.119.767	1.531.694	2.091.011	2.853.050	3.885.215	5.283.068
70	339.334	478.650	674.024	947.569	1.329.932	1.863.540	2.607.026	3.641.296	5.077.818	7.069.937

© Steffen Horn, Werner Dütting, Bernd W. Klöckner ; www.duetting.com ; www.berndwkloeckner.com
Annahmen: Effektiver Auszahlungszins von 4,5 %, 5 Jahre Pflegefall, heutige Pflegelücke von 910 Euro, nachschüssige Zahlungsweise, keine Inflationsberücksichtigung in der Rentenphase

Die Botschaft lautet: Die Pflegeberatung darf in keiner Beratung fehlen. Machen Sie die Kunden auf eine zusätzliche Vorsorge aufmerksam. Möchte der Kunde keine Pflegevorsorge betreiben, halten Sie es schriftlich fest und lassen Sie es vom Kunden unterschreiben. Womöglich wird es in naher Zukunft zu weitaus fataleren Folgen in Sachen Pflege kommen. Ist heute schon vermehrt von Armutsfällen aus der gesetzlichen Rentenversicherung zu hören, wird diese Armut noch durch die gesetzliche Pflegeversicherung verschlimmert. Nicht nur die Pflegebedürftigen werden betroffen sein, sondern auch deren Kinder, die zuerst für die Pflegelücke aufkommen müssen.

Privater Hinterbliebenenschutz

Eine Familie, ein Haus, ein Beruf, ein Auskommen, eine Heimat. Solche klaren Erwartungen kennzeichnen einen großen Teil unserer Gesellschaft. Oft wird mit dem Kunden über die Planung bis zur Umsetzung von Zielen gesprochen. Der Punkt Hinterbliebenenabsicherung geht in der Beratung gerade junger Familien auch zu oft unter. Vor allem Mütter und Hausfrauen ohne eigenes Einkommen sind sich selten ihrer finanziellen Situation bewusst. In den Erziehungszeiten werden „nicht erforderliche Beiträge" zurück gefahren oder gänzlich eingestellt. Auf den Ehemann und die im Ernstfall berechnete Witwenrente sollte sich aber keine Frau verlassen. Jede zweite Ehe ist oder wird geschieden.

Die durchschnittliche gesetzliche Hinterbliebenenrente beträgt monatlich 560 € für Witwen und 225 € für Witwer. Die Halbwaisenrente für die Kinder ersetzt gerade das Taschengeld. Wie hoch das existenzielle Risiko in Abhängigkeit vom Alter ist, zeigt folgende Grafik.

Abbildung 17: Todesfalle je Altersgruppe; Quelle: Statistisches Bundesamt

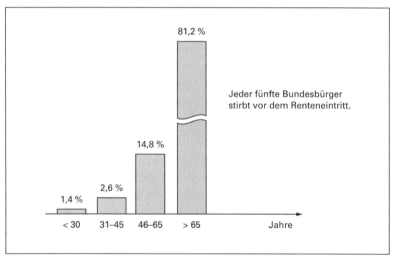

Schicksalsschläge absichern Ja, aber immer nur dann, wenn eine sichtbare Finanzverpflichtung, wie beispielsweise ein Haus, den täglichen

Schlaf sehr unruhig gestalten. Unsichtbare Verpflichtungen, wie der ganz normale Alltag, lassen das Verständnis über den Besitz der Risikolebensversicherung bei 6 von 100 Deutschen erklären. Das Potenzial ist enorm, der Beitrag im Risikobereich letztlich dem Lebensstil (Raucher/Nichtraucher, Gesundheitszustand) und der Versicherungsdauer sowie dem Eintrittsalter geschuldet. Die Höhe der Absicherung ist individuell. Der Zahlbeitrag folgt der Beratungsqualität.

„Es kommt ganz darauf an", wie Sie beratungstechnisch mit dem Thema umgehen, aber letztlich hat sich kein Kunde beschwert, wenn zu dem seelischen Leid, der finanzielle Aspekt langfristig geregelt ist.

Es gibt vier wesentliche Hauptarten der Hinterbliebenenabsicherung

Abbildung 18: Formen der Hinterbliebenenabsicherung

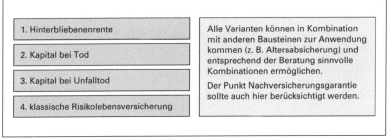

© Bernd W. Klöckner, Steffen Horn, Werner Dütting; Kopien, Vervielfältigungen und Weitergabe nur mit schriftlicher Genehmigung der Autoren; www.berndwkloeckner.com, www.duetting.com

Vielfalt im Programm

1. Hinterbliebenenrente

Im Fokus der Hinterbliebenenrente befinden sich Kunden, welche eine bestimmte Person im Falle ihres Todes durch eine zeitlich geregelte Rentenzahlung absichern wollen. Dies können zum Beispiel Paare und Ehepaare ohne oder mit Kindern sein, insbesondere solche, bei denen ein Partner Hauptversorger ist. Auf Grundlage der ermittelten Versorgungslücke, stellt sich im Bedarfsfall eine wiederkehrende Geldleistung über einen gewissen Zeitraum ein (häufig lebenslang).

2. Kapital bei Tod

Wird zur Absicherung der Hinterbliebenen keine Rentenzahlung gewünscht, kann über das Kapital bei Tod, eine Einmalzahlung im Todesfall der versicherten Person vereinbart werden. Sie haben völlig recht: Hier gibt es das konstante, steigende oder fallende Kapital. Sie können den Wünschen des Kunden individuell gerecht werden. Nicht jedes existente Finanzierungsvorhaben, so die Praxis, weist aktuell auch eine solche Absicherung auf.

3. Kapital bei Unfalltod

Dieser Schutz kann jedem Kunden, der eine Hinterbliebenenvorsorge benötigt, zusätzlich angeboten werden. Bedenken Sie in Ihrer Argumentation immer, dass eine solche Leistung nur:

- als direkte Folge eines Unfalls
- durch eine Wundinfektion als Folge eines Unfalls
- durch Ereignisse aufgrund einer unfallbedingten Operation fällig wird.

4. Klassische Risikolebensversicherung

Die Risikolebensversicherung zahlt bei Tod der versicherten Person einen vertraglich festgelegten Kapitalbetrag aus, mit dem die Hinterbliebenen Versorgungslücken schließen und den bisherigen Lebensstil aufrecht erhalten sollen.

Bei der Festlegung der Höhe des Hinterbliebenenkapitals ist die Zielstellung des Kunden maßgeblich. Im Regelfall gehen wir von einer Augenblicksberechnung aus, in der die aktuellen Verbindlichkeiten, Einkommen und bereits vorhandene Absicherungen betrachtet werden. Auf Grundlage dieser Summe (ob monatlich, jährlich oder einmalig) ergibt sich in Verbindung mit einem klar festzulegenden Zeitraum ein tariflicher (Risiko)Beitrag. Um den Kunden bei der Entscheidung nach der Höhe des Hinterbliebenenkapitals zu helfen, sollte Sie auch hier zum Taschenrechner greifen.

Es gibt mehrere Ansätze für die Ermittlung der Risikohöhe.
- Pauschale Bauchgefühl ▼ (zum Beispiel 30.000 €, 45.000 € usw.)
- das 4- bis 5-Fache des jährlichen Nettoeinkommens ▶ (100.000 €, 150.000 € usw.)
- Versorgungslückenberechnung – Einzelfall ▲ (70 bis 100 Prozent der monatlichen Bezüge)
- Summenbildung der monatlichen Ausgaben über einen festgelegten Zeitraum ▲

> Erklärung:
> ▲ (sehr)gut, ▶ alltagstauglich, ▼ schlecht (Raten ersetzt Wissen)

Anmerkung:

Die internationale Vergleichsstudie der Schweizer Swiss Re hat für Deutschland pro Erwerbstätigen mit Familie eine durchschnittliche Deckungslücke von 120.000 € errechnet. Kommt das hin?

 FAMILIE SCHNEIDER – EIN PRAXISFALL

Sie betreuen Familie Schneider als Kunden. Familie Schneider bat aus gegebenem Anlass um einen Termin. Schneiders, das sind 4 Personen. Sie sind Kunde bei Ihnen unter anderem mit einer kapitalbildenden Lebensversicherung, die folgende Werte aufweist.

LV-Versicherung

Versicherungsnehmer: Herr Schneider
Beginn des Vertrages am 01.09.1996 Ablauf 01.09.2036
Gesamtkapital bei Ablauf: 110.000 €
Todesfallleistung/Partnerabsicherung: 50.000 €
BU-Rente: 500 €
Beitrag: 115 €

Zu den Personen

Thomas Schneider
Geb. 15.09.1971
Informatiker
Brutto im Monat 4.000 € (12 Gehälter)
2.650 € Netto im Monat
Steuerklasse III

Elke Schneider
20.06.1972
Hausfrau
0,00 €

⇨ Erwerbsminderungsrente aus Renteninfo = 980 € im Monat (volle EMR-Rente)

Kinder

Stefan
geb. 02.01.2001
Schule

Julia
04.03.2003
Kindertageseinrichtung

Finanzielle Verpflichtungen ergeben sich aus den laufenden Kosten für Miete. Auto, Einkauf etc. Familie Schneider bittet Sie um Rat, in Bezug auf die Hinterbliebenenabsicherung der kommenden 29 Jahre speziell für Frau Schneider. Was ist wenn der Hauptversorger verstirbt? Die Kinder und evtl. betriebliche Absicherungen sollen nicht in Berechnung eingehen. Sie antworten wie?

Denkpause!!!

Ausgangssituation

■ 1. gesetzliche Leistungen

Die gesetzlich große Witwenrente beträgt 55 Prozent der vollen EMR-Rente. Die beiden Kinder haben aktuell Anspruch auf die Waisenrente

■ 2. Bedarfslücke (Ansatz: 75 Prozent der aktuellen Bezüge)

2.650 € x 75% = 1987,50 € Versorgungsziel!! im Monat   1.987 €

Vorhandene große Witwenrenten berechnen
55% x 980 € EMR-Rente = 539 €   –539 €
Achtung: BBG DRV beachten!

Aktuelle Versorgungslücke berechnen
1987 € netto − 539 € = 1448 €   = 1.448 €

Die private Risikoabsicherung wird am Ende der Berechnung einbezogen.

■ 3. Risikokapital ermitteln (Annahme Absicherung über 27 Jahre)

> *Zwei wichtige Hinweise:*
>
> *1. Steuern*
> *Wer seinen Partner für den Todesfall finanziell absichern will, kann die Auszahlung komplett steuerfrei ermöglichen. Die Partner versichern nicht das eigene Leben, sondern jeweils das des anderen. Stirbt dieser, erhält der Policeninhaber die Todesfallsumme steuerfrei. Wichtig ist, dass derjenige, der die Versicherung abgeschlossen hat, auch die Beiträge selbst zahlt. Am Beispiel der Familie Schneider sieht das so aus: Frau Schneider ist Versicherungsnehmer, Beitragszahler und Leistungsempfänger. Herr Schneider ist als versicherte Person zu berücksichtigen.*
>
> *2. Bezugsrecht*
> *Es empfiehlt sich von Zeit zu Zeit auch das Bezugsrecht bestehender Verträge zu kontrollieren. Grund hierfür ist, die Schnelllebigkeit unserer Gesellschaft. So kommt im Ernstfall dem längst verflossenen Partner eine mögliche Todesfallabsicherung zu Gute, der neue Partner geht lehr aus.*

Berechnung aktuell benötigtes Risikokapital
So rechnen Sie selbst mit Ihrem Finanztaschenrechner BWK Business®
(Details unter www.FAF-Verlag.com).

Eingabe	Displayanzeigen	Erklärung
↓ C	CLEARED 0,00	Löschen etwaiger Speicherinhalte.
12 P/YR	P/YR 12,00	Betrachtung der monatlichen Kosten.
27 xP/YR	N 324,00	Die monatliche Absicherung wird 27 Jahre benötigt.
3 EFF%	I/YR NOM% 2,96	Der Wiederanlagezins soll 3 Prozent effektiv betragen.
1.448 PMT	PMT 1.448,00	Die monatliche Versorgungslücke beträgt 1.448 €.
0 FV	FV 0,00	Am Ende der Laufzeit, kann das Kapital aufgebraucht sein.
PV	PV –322.805,82	Berechnung des erforderlichen, heutigen Risikokapitals.
+ 50.000	= –272.805,82	Berücksichtigung der vorhanden Absicherung.

Ergebnis: Rund 270.000 € beträgt das Risikokapital, welches zusätzlich durch Herrn Schneider abgesichert werden sollte.

Fazit: Bevor es ans Sparen fürs Alter geht, sind die wichtigsten Risiken abzudecken, schließlich nützt eine halb angesparte Rente wenig, wenn ein tragisches Ereignis die Existenz einer ganzen Familie zerstört. An erster Stelle stehen Kranken-, Berufsunfähigkeits- und Haftpflichtversicherung und zum Schutz der Familie eine Risikolebenspolice. Hier ist Ihre Kompetenz gefragt, denn eine ganzheitliche Beratung abgestimmt auf die individuelle Lebenssituation ist bei diesem entscheidenden Thema der Grundstein für eine sichere

Zukunft. Bedenken Sie aber vor einer möglichen Produktempfehlung den Gesundheitszustand Ihres Kunden. Beginnen Sie von daher immer mit den risikorelevanten Fragen vor einer euphorischen Produktempfehlung. Auch hier gilt: Gute Versicherer bieten innerhalb einer bestimmten Frist eine Nachversicherungsgarantie an. Vorteil für den Kunden: Er kann zum Beispiel innerhalb eines 10-Jahreszeitraums die ursprünglich vereinbarte Todesfallleistung angemessen erhöhen. Nutzen Sie die Möglichkeiten und sprechen sie einmal mehr darüber mit dem Kunden. Häufig wird dies nur im Zusammenhang mit einem Finanzierungsvorhaben getan.

Richtig versorgt ins Alter

Produktverkauf, Nein Danke!

Das deutsche System der Alterssicherung erfuhr mit der Einführung des Alterseinkünftegesetzes zum 01.01.2005 eine grundlegende Neuausrichtung. Eine weitere Veränderung erfolgte mit Beginn des Jahres 2009 in Form der Abgeltungsteuer. Stabilität und Niveau der Alterssicherung in Deutschland können unter den Bedingungen einer alternden und schrumpfenden Bevölkerung nur durch eine Stärkung der kapitalgedeckten Altersvorsorge im 3 Säulen bzw. Schichtensystem gewährleistet werden. Zu den unterschiedlichen Möglichkeiten der Ausgestaltung und deren Auswirkungen auf die Märkte, aber auch zur damit verbundenen Beratungsqualität gibt es seit Jahren intensive Diskussionen.

Danach stellt sich aus Sicht der Betroffenen nach wie vor die Frage nach den geeigneten Produkt(en). Diese Betrachtung muss zukünftig auch den steuerlichen Rahmen und die Flexibilität in der Anspar-, wie auch der Rentenphase stärker berücksichtigen als noch vor einigen Jahren. Aufklärung und Verständnis beim Kunden sind dabei Grundvoraussetzungen, sollen Versorgungslücken langfristig und sicher vermindert werden. Ein nahtloses Anschließen der Renten an die Einkommenssituation im Erwerbsalter wird dabei für viele Menschen nicht ohne Einbußen möglich sein. Gerade aus diesem Grund sollte die Beratung den höchstmöglichen Kundennutzen als Ziel haben. Die klassischen Lebens- und Rentenversicherungen haben hier noch lange nicht ausgedient und können sich durchaus einem steuerlichen Produktvergleich stellen. Doch ist am Ende die beste Produktstrategie nur dann sinnvoll, wenn der Kunde versteht, warum ein bestimmter Beitrag über einen meist noch sehr langen Zeitraum bei Ihnen verzinst werden sollte.

Deshalb gilt auch hier: Fragen, Analysieren, Lösungen erst am Ende eines Gespräches aufzeigen. Vor einer möglichen Produktempfehlung geht es also immer in das Beratungsgespräch. Auch hier reichen häufig ein Blatt Papier, ein Finanztaschenrechner, wie der BWK Business®, und ein Stift, um die Wünsche und klaren Ziele des Kunden in einen Vorsorgebedarf und Zahlenwert überzuleiten. Die von Bernd W. Klöckner® entwickelte und in der Praxis seit über 10 Jahren mit Erfolg angewandte 7-Schritte-Verkaufsmethode®©, aus seiner Seminarreihe der Klöckner® Methode mit schon über 10.000 begeisterten Teilnehmern in mehreren Ländern und dokumentierter Leistungsbilanz berücksichtigt alle maßgeblichen Größen (mehr Informationen unter www.berndwkloeckner.com). In diesem ersten Schritt gemäß der Bernd W. Klöckner® 7-Schritte-Strategie geht es um ein Kennenlernen. Wichtig ist, Teilnehmerinnen und Teilnehmer der Seminare und Trainings zur Klöckner® Methode wissen es: Ziel ist, dass Sie die einzelnen Schritte gemeinsam mit dem Kunden erarbeiten. Denken Sie an die zu Beginn genannten drei Gesetzmäßigkeiten für den Zustand Erfolg: Verstand, Wahrnehmung, Kontrolle. Wichtig ist auch: Diese erste Phase nach der Klöckner® Methode lässt sich exzellent mit jeder anderen Beratungsstrategie kombinieren. Ziel muss es sein, dass ein Kunde spürbare und jederzeit verfügbare Kompetenz erlebt. Geht nicht, gibt`s nicht. Rechnen wir einfach und kommen erst später zu den einzelnen Produkten, welche am Markt angepriesen werden! Hinweis: Die 7-Schritte-Verkaufsstrategie® nach Bernd W. Klöckner® ist urheberrechtlich und markenrechtlich geschützt. Die Darbietung und Präsentation in Seminaren, Trainings, Schulungen, in Vorführungen und Vorträgen bedarf der vorherigen schriftlichen Genehmigung durch den Urheber Bernd W. Klöckner®.

7-Schritte-Verkaufsstrategie©® nach Bernd W. Klöckner®

Angepasst an die aktuelle Situation beim Kunden können Sie sehr schnell und präzise auch unter Berücksichtigung bereits bestehender Vorsorgeaufwendungen die Versorgungslücke mit dem BWK Business® ermitteln.

Folgende 7 Fragen gehen dem Rechenvorgang voraus.

◻ **Frage 1** Wann möchten Sie aufhören zu arbeiten?

Kunde: mit   55   60   65   Jahren.

◻ **Frage 2** Über welchen Betrag möchten Sie dann monatlich verfügen?

Kunde: über   1.000   3.000   8.000   € monatlich.

Inflation berücksichtigen!

◻ **Frage 3** Wie alt sind Sie heute?

Kunde: 30   40   44   Jahre.

◻ **Frage 4** Wie lang soll die Rentenzahlung erfolgen? Oder alternativ: Wie alt möchten Sie werden?

Kunde: bis   85   90   100   Jahre.

◻ **Frage 5** Wie haben Sie bereits vorgesorgt?

Kunde: Versorgungskammer, DRV, bestehende LV usw. einbeziehen

◻ **Frage 6** Mit welchem Zins rechnen Sie in der Rentenphase?

Berater: gibt Ansätze vor (sicher (3 Prozent) bis risikoreich (15 Prozent)
Kunde: wählt zwischen zum Beispiel 3, 6, 9 Prozent usw.

◻ **Frage 7** Mit welchem Zins rechnen Sie in der Ansparphase?

Berater: gibt Ansätze vor: (sicher(3 Prozent) bis risikoreich (15 Prozent))
Kunde: wählt zwischen zum Beispiel 3, 6, 9 Prozent usw.

Auf Grundlage der Daten berechnen Sie einen Großteil der in der Praxis anzutreffenden individuellen Kundensituationen. Ein Großteil der Gesellschaft hat bereits vorgesorgt. Nutzen Sie von daher auch diese Verträ-

ge. Hier gilt, *Übung macht den Meister. Sie werden mit der Zeit viel Freude dabei haben.* Fangen wir an und betrachten eine Kundensituation aus der Praxis.

7-Schritt Verkaufsstrategie an einem einfachen Beispiel:

Der nachfolgende Kunde ist Single, männlich und 32 Jahre. Er arbeitet im Angestelltenarbeitsverhältnis und hat ein monatliches Bruttoeinkommen von 2.500 €. Er sollte Ihnen aus dem Teil 1 – Die gesetzliche Renteninformation bereits bekannt sein. Wir wissen, dass er circa 1.500 € Nettoeinkommen hat und private Vorsorge bisher ständig verschoben hat.

Auf Ihre 7-Fragen antwortet er sehr offen und ehrlich.

■ **Frage 1:** Wann möchten Sie aufhören zu arbeiten?

Kunde: mit 65 Jahren (2 Jahre vor gesetzlichen Renteneintritt)
Hinweis: Kürzung der Rente 3,6 Prozent pro Jahr; weitere Kürzungen durch Steuer und Kranken-/Pflegeversicherungsbeiträge sind möglich.

■ **Frage 2:** Über welchen Betrag möchten Sie dann monatlich verfügen?

Kunde: Die Leistung im Alter sollte meinem aktuellen Nettoverdienst entsprechen, also circa 1.500 € im Monat.

■ **Frage 3:** Wie alt sind Sie heute?

Kunde: aktuell 32 Jahre.

■ **Frage 4:** Wie lang soll die Rentenzahlung erfolgen?

Kunde: Bis zum 90. Lebensjahr.

■ **Frage 5:** Wie haben Sie bereits vorgesorgt?

Kunde: Gar nicht! Lediglich von der Deutschen Rentenversicherung bekomme ich jährlich die Standmitteilung. Höhe der künftigen Rente = 1.294 € ohne Anpassung; Inanspruchnahme mit 65 = 1.200 € (–7,2 Prozent Kürzung)

▢ **Frage 6:** Mit welchem Zins sollen wir in der Rentenphase rechnen?

Kunde: Sicher ist sicher. Rechnen wir mit 4 Prozent.

▢ **Frage 7:** Mit welchem Zins sollten wir in der Ansparphase rechnen?

Kunde: Rechnen wir auch hier mit 4 Prozent.

Alle Daten sind vollständig und die Berechnung kann nun Schritt für Schritt erfolgen, um letztlich den notwendigen Sparbetrag zu ermitteln. Mit der Zeit werden Sie die Zahlen des Kunden direkt in den Taschenrechner einfließen lassen und das Gespräch weiterhin mit Fragen fortführen.

Hinweis: Einige werden Dinge denken oder sagen wie: „Oh, meine Kunden können auf die Frage nach dem gewünschten Zins nichts sagen" oder „Auf solche Fragen wüssten meine Kunden keine Antwort". Oder Ähnliches. Hier gibt es bestimmte Fragen, die wir im Rahmen der Trainings zur Klöckner® Methode behandeln. Wichtig ist, wie auch immer Sie es tun: Lassen Sie Ihre Kunden mit entscheiden. Kann ein Kunde nicht entscheiden, nennen Sie ihm Optionen und beschreiben Sie die Auswirkungen. Hier die Chancen und Risiken. Sollten Sie noch immer denken: „Das kann man doch nicht die Kunden entscheiden lassen!", folgende Frage: Wer soll es dann entscheiden? Aufgabe eines Verkäufers und Beraters ist es, Informationen zu liefern. In diesem Fall Informationen zu den Auswirkungen einer genannten Renditezahl. Gemäß der BWK Maxime „Experte ist der Kunde".

Folgende Schrittfolge ergibt sich.

1. Schritt – Notwendiges Kapital zum Renteneintritt

So rechnen Sie selbst mit Ihrem Finanztaschenrechner BWK Business®
(Details unter www.FAF-Verlag.com).

Eingabe	Display-anzeigen	Erklärung
↓ C	CLEARED 0,00	Löschen etwaiger Speicherinhalte.
12 P/YR	P/YR 12,00	Der Kunde möchte die spätere Rente – wie sein Gehalt – monatlich erhalten.
25 xP/YR	N 300,00	Rentenauszahlungsphase vom 65. bis zum 90. Lebensjahr.
4 EFF%	I/YR NOM% 3,93	Vorgabe des Kunden. Umrechnung de effektiven Zinses von 4 Prozent in den Nominalzins.
1.500 – 1.200 = PMT	PMT 300,00	Eingabe des monatlichen Versorgungsziels von 1.500 € unter Berücksichtigung der 1.200 € aus der DRV
0 FV	FV 0,00	Mit dem 90. Lebensjahr soll kein Vermögen mehr zur Verfügung stehen.
PV	PV –57.263,24	Berechnung des notwendigen Kapitals zum Rentenbeginn mit 65 Jahren.

Ergebnis: Mit 65 Jahren wird ein Kapital von knapp 60.000 € benötigt.

2. Schritt: monatliche Sparleistung bis zum Renteneintritt. Sie ergibt sich aus dem ermittelten Kapital, der Laufzeit und dem Zins, welcher uns durch den Kunden vorgegeben wurde.

Anmerkung: An dieser Stelle würden bereits bestehende Vorsorgeleistungen (zum Beispiel Kapitalverträge) auf Kundenseite berücksichtigt. Sie reduzieren das erforderliche Kapital von aktuell 57.263,24 €.

2. Schritt – Notwendige monatliche Sparleistung bis zum Renteneintritt

So rechnen Sie selbst mit Ihrem Finanztaschenrechner BWK Business®
(Details unter www.FAF-Verlag.com).

Eingabe	Displayanzeigen	Erklärung
↓ C	CLEARED 0,00	Löschen etwaiger Speicherinhalte.
12 P/YR	P/YR 12,00	Der Kunde möchte monatlich sparen.
33 xP/YR	N 396,00	Ansparphase vom 32. bis 65. Lebensjahr (33 Jahre).
4 EFF%	I/YR NOM% 3,93	Vorgabe des Kunden. Umrechnung de effektiven Zinses von 4 Prozent in den Nominalzins.
0 PV	PV 0,00	Es wird kein Anfangsvermögen in den Sparprozess eingebracht.
57.263,24 FV	FV 57.263,24	Eingabe des erforderlichen Kapitalwertes mit 65 Jahren.
PMT	PMT –70,78	Berechnung des monatlichen Sparbetrages.

Ergebnis: Mit 70,78 € hat der Kunde seine Lücke im Alter geschlossen. Entspricht dieses Ergebnis der Realität? Was sollten Sie als verantwortungsbewusster Berater zusätzlich berücksichtigen?

Gehen wir mit einer realistischeren Berechnung an die Versorgungslücke so sollten folgende Punkte nicht vernachlässigt werden:

- Inflation
- Kranken-/Pflegeversicherungsbeiträge
- zukünftig steigende Steuerbelastung
- bestehende Renten- und Kapitalversicherungen

Der Kunde hat weiterhin das Ziel monatlich 1.500 € über 25 Jahre sicher zu stellen. Wir rechnen erneut, berücksichtigen jedoch eine 2,5-prozentige Inflation bis zum Renteneintritt.

1. Schritt – Notwendige Rente bei Renteneintritt unter Inflationsbetrachtung

So rechnen Sie selbst mit Ihrem Finanztaschenrechner BWK Business® (Details unter www.FAF-Verlag.com).

Eingabe	Displayanzeigen	Erklärung
↓ C	CLEARED 0,00	Löschen etwaiger Speicherinhalte.
1 P/YR	P/YR 1,00	Inflation wird als einmaliger Vorgang pro Jahr berechnet.
33 xP/YR	N 33,00	Die Betrachtung erfolgt den Zeitraum von 33 Jahren
2,5 EFF%	I/YR NOM% 2,50	Es wird die durchschnittliche Inflationsrate von jährlich 2,5 Prozent unterstellt.
1500 +/– PV	PV –1.500,00	Der Kunde geht von heutigen 1.500 € aus.
0 PMT	PMT 0,00	Während der Laufzeit werden keine zwischenzeitlichen Zahlungen erfolgen.
FV	FV 3.388,28	In 33 Jahren benötigt der Kunde einen monatlichen Betrag von 3.388,28 €.

Ergebnis: Inflation ist allgegenwärtig. Aus dem Ziel von 1.500 € monatliche Rente, heutige Kaufkraft werden unter der Betrachtung der Inflation, monatlich 3.388,28 € zum 65. Lebensjahr notwendig. Steuer und Krankenversicherungsbeitrag bleiben bei der nachfolgen Berechnung außen vor.

Werte im Speicher lassen!! Berücksichtigung der DRV-Rente.

1.294 € im Alter von 67 Jahren entsprechen 1.200 € mit 65 Jahren. Diese ziehen Sie wiederum von obigen notwendigen Vermögen ab. Damit liegt er bei einer Rentenlücke nach Inflation von 2.188,28 €. Eine zusätzliche Inflationsbetrachtung vom 65. bis 90. Lebensjahr soll nicht Bestandteil dieser Ausführungen sein. Ebenso würde eine zusätzliche Steuerbetrachtung und Krankenbelastung das darzustellende Kapital weiter erhöhen.

Fahren wir fort und ermitteln das Vorsorgekapital, welches mit 65 Jahren zur Verfügung stehen muss, um eine Rente von 2.188,28 € über monatlich über 25 Jahre sicherzustellen.

2. Schritt – Notwendiges Kapital zum Renteneintritt

So rechnen Sie selbst mit Ihrem Finanztaschenrechner BWK Business®
(Details unter www.FAF-Verlag.com).

Eingabe	Display-anzeigen	Erklärung
↓ C	CLEARED 0,00	Löschen etwaiger Speicherinhalte.
12 P/YR	P/YR 12,00	Der Kunde möchte die Rente – wie sein Gehalt – monatlich erhalten.
25 xP/YR	N 300,00	Rentenauszahlungsphase vom 65. Bis zum 90. Lebensjahr.
4 EFF%	I/YR NOM% 3,93	Vorgabe des Kunden. Umrechnung de effektiven Zinses von 4 Prozent in den Nominalzins.
2.188,28 PMT	PMT 2.188,28	Eingabe des monatlichen Versorgungsziels von 2.188,28 €.
0 FV	FV 0,00	Mit dem 90. Lebensjahr soll kein Vermögen mehr zur Verfügung stehen.
PV	PV –417.693,37	Berechnung des notwendigen Kapitals zu Rentenbeginn.

Ergebnis: Der Kunde war sich über die Auswirkung der Inflation bisher nicht bewusst. Waren es ohne Berücksichtigung von Inflation und Krankenversicherung rund 60.000 €, so ist das ordnungsgemäß ermittelte Kapital, sieben mal höher und liegt bei 417.693 €.

Vom Bedarf der Notwendigkeit

Im 3. Schritt ermitteln wir den erforderlichen Sparbetrag über die kommenden 33 Jahre. Der Kunde ist sich seiner Situation bewusst und wählt eine Fondpolice mit effektiven 7 Prozent Rendite.

3. Schritt – Notwendige monatliche Sparleistung bis zum Renteneintritt
Berechnung BWK Business®

Eingabe	Display-anzeigen	Erklärung
↓ C	CLEARED 0,00	Löschen etwaiger Speicherinhalte.
12 P/YR	P/YR 12,00	Der Kunde möchte monatlich sparen.
33 xP/YR	N 396,00	Ansparphase von 32. bis 65. Lebensjahr (33 Jahre).
7 EFF%	I/YR NOM% 6,78	Vorgabe des Kunden. Umrechnung de effektiven Zinses von 7 Prozent in den Nominalzins.
417.693,37 FV	FV 417.693,37	Eingabe des erforderlichen Kapitalwertes mit 65 Jahren.
0 PV	PV 0,00	Es wird kein Anfangsvermögen in den Sparprozess eingebracht.
PMT	PMT −283,68	Berechnung des monatlichen Sparbetrages.

Ergebnis: Mit monatlich 283,68 € hat der Kunde seine Lücke im Alter gemindert. Man kann die Berechnung natürlich noch individueller an die jeweilige Kundensituation anpassen. Hier ist Ihre Kreativität gefragt.

Bewiesen wurde aber eine in der Praxis vertretene Meinung: „Spare mindestens 10 Prozent Deines Einkommens."

Diese Regelung gilt unabhängig von der Situation, in der sich Ihr Kunde befindet. Es spielt keine Rolle, wie viel oder wenig diese Person verdient. Der Prozess begleitet den Auszubildenden, Angestellten, Selbstständigen gleichermaßen, wie einen Gutverdiener. Eine jährliche Überprüfung und damit der Ansatz für eine jährlich wiederkehrende Beratung sind somit stets gegeben. Seien Sie präsent, ein Großteil der Kunden weiß das auch zu schätzen.

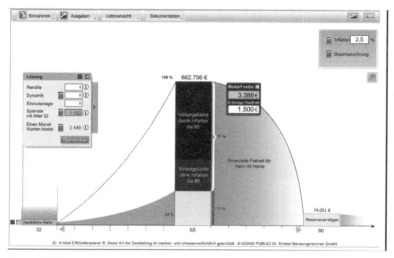

Quelle: EINSeitenplaner, Modul des Dr. Kriebel Beratungsrechners, www.beratungsrechner.de

Anmerkung: *Da die Praxis aber immer den nicht geschilderten Praxisfall hervorbringt, ein kurzer Hinweis zum Thema Verbindlichkeiten. Viele Kunden sparen, bevor sie ihre Verbindlichkeiten reduziert haben. Auch verfügen einige Ihrer Kunden über hohe Vermögen und gleichzeitig auf der Soll-Seite über Verbindlichkeiten aus Krediten und Darlehen verschiedenster Art. Hier gilt:*

Verbindlichkeiten sinnvoll abbauen – dann erst sparen!

> Solange der Zins des Kredites/Darlehens höher ist als der Anlagezins, ist es sinnvoller, die Schulden erst zu tilgen – sofern Sondertilgungen möglich sind. Die Banken rechnen mit den einzunehmenden Zinsen. Sind keine Sondertilgungen möglich, schlagen Banken gern eine Vorfälligkeitsentschädigung drauf.

Jeder Kunde sollte dabei auch weiterhin über einen festen jederzeit abrufbaren Betrag verfügen, um kurzfristige Verbindlichkeiten bedienen zu können und um liquide zu bleiben. Beispiele: der Kauf einer Waschmaschine, Reparatur des Kfz oder eine eventuelle Steuerrückzahlung.

Sie sehen, es ist viel möglich. Sprechen Sie mit Ihrem Kunden darüber und zeigen Sie Ihm die passende Variante auf. Die vernünftigste Lösung ist die Zahlenlösung, deshalb gilt rechnen, rechnen, rechnen!

Fazit: „Kunden haben ein Recht auf Abschluss!" *Bernd W. Klöckner.*

Sätze des Kunden wie:

⇨ Man weiß nicht, was morgen ist.
⇨ Ich will heute leben.
⇨ Der Staat versorgt mich doch heute schon.

... lassen sich sicherlich nicht immer durch Zahlen entkräften. Eine hier gewonnene Beratung in Form einer Belehrung ohne Abschluss durch den Kunden macht keinen Sinn!

Letztlich: Was ist die Alternative? Was ist in 10 oder 20 Jahren noch planbar? Eine gesetzliche Leistung?, ...Woher nehmen? Die 100-prozentige Sicherheit wird es nie geben, aber überhaupt nicht zu sparen, führt 100-prozentig zu gravierenden Einbußen.

Die 7-Schritte-Verkaufsstrategie©® nach Bernd W. Klöckner® ist eine markenrechtlich geschützte Bezeichnung und eine der Erfolgsmethoden aus den Bernd W. Klöckner® Seminaren und Trainings, hier insbesondere die mehrtägigen Trainings zur Klöckner® Methode. Details zur Klöckner® Methode BASIS und zur Klöckner® Methode PROFI unter www.berndkloeckner.com. Die Klöckner® Methode – das einzige Trainingssytem mit dokumentierter Leistungsbilanz – ist eine Ergänzung bestehender Analyse- und Beratungsprozesse.

Entwicklung des Garantie- und Gesamtzinses

Es gibt unterschiedliche Formen, finanziell sinnvoll in den Ruhestand überzugehen. Häufig sprechen wir in diesem Zusammenhang von den Lebens- und Rentenversicherungen unterschiedlicher Ausgestaltung. Altersvorsorgeverträge im Versicherungsmantel haben mittweile Laufzeiten von über 30 Jahren erreicht. Die Zahl verdeutlicht den Aspekt einer frühzeitigen Vorsorge zu Gunsten des Zinseszinseffektes und dem damit verbundenen Vorsorgegedanken. Das durchschnittliche Eintrittsalter beträgt demnach 35 Jahre. Eine Frage, die in diesem Zusammenhang immer wieder auftritt: Lohnen sich Lebens-/Rentenversicherungen überhaupt noch? Welche Alternativen gibt es? Um diese Fragen zu beantworten, muss man die Vielzahl an Produkten kennen, damit man einen klaren Rahmen für den Vergleich festlegen kann. Hier zählt sowohl der Zins als auch die jeweilige Produkteigenschaft (positiv wie negativ), um etwaige Vergleiche starten zu können. Betrachten wir die Produkte unter dem Versicherungsmantel, so ist ein Blick auf die Garantiezinsentwicklung nur von Vorteil, sprechen wir doch am Ende von planbaren Rechengrößen und langen Laufzeiten.

Zum 01.01.2007 wurde die vorerst letzte Runde der Garantiezinssenkung für viele Bürger zur nüchternen Realität. Sicherheit, Vorsorge und Rendite stehen, so scheint es, seit diesem Zeitpunkt im magischen Dreieck zueinander. Um ein Gefühl für den Umgang mit bestehenden Verträgen zu bekommen und die damit verbundenen Rechengrößen souverän zu beherrschen, sind nachfolgend, die wesentlichen Informationen zum Garantiezins aufgeführt. Entsprechend des zeitlichen Vertragsabschlusses ergibt sich folgende Chronologie.

Stichpunkt für die jeweilige Garantieverzinsung ist das aufgeführte Datum. Bereits laufende Verträge behalten den für die gesamte Laufzeit garantierten Rechnungszins (auch Höchstrechnungszins genannt) entsprechend des Abschlussdatums.

Abbildung 19: Rechungszins von 1942 bis 2010, Angabe vor Kosten!

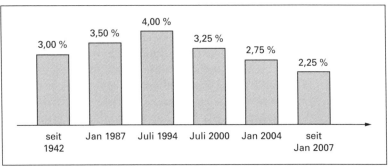

© Bernd W. Klöckner, Steffen Horn, Werner Dütting; Kopien, Vervielfältigungen und Weitergabe nur mit schriftlicher Genehmigung der Autoren; www.berndwkloeckner.com, www.duetting.com

Der höchstzulässige Rechnungszins wird vom Bundesministerium für Finanzen (in der Deckungsrückstellungsverordnung) festgelegt. Da die Leistungen langfristig garantiert werden, müssen bezüglich der Verzinsung vorsichtige Angaben getroffen werden. Der Rechnungszins für die Deckungsrückstellung darf eine vom Bundesministerium für Finanzen festgelegte Grenze, den sogenannten Höchstrechnungszins, nicht überschreiten. Das Bundesministerium für Finanzen bestimmt den zulässigen Höchstrechnungszins jährlich aufs Neue. Bei einer Veränderung wird die gesetzliche Grundlage § 2 (1) DeckRV aktualisiert, was der Zustimmung des Bundesrates bedarf.

Was das heißt, zeigt sich gerade bei Verträgen mit einer Laufzeit von über 30 Jahren. Die Reduzierung des Garantiekapitals und/oder der Garantierente, so könnte man meinen, ist nebensächlich, solange der Gesamtzins immer darüber liegt. Das ist aktuell auch der Fall, doch keiner weiß, was die Zukunft bringt – wir nicht, Sie auch nicht! Treten wir in den Vergleich eines Vertrages aus dem Jahre 2004 mit denen eines neueren Abschlussdatums, so ergeben sich für die Garantiewerte folgende Mehraufwendungen auf der Kundenseite.

BEISPIEL

Aufschubdauer 15 bzw. 30 Jahre

Tabelle 19: Garantien kosten Beitrag/Vergleich Vertragsabschluss 2004/2009

	Bei gleicher Garantierente [%]	Bei gleicher garantierter Kapitalzahlung
Zukunftsrenten	10–16	3,5-8,%
Mehrbeitrag bei Verträgen mit Abschluss nach 2004 in den Garantiewerten		

© Bernd W. Klöckner, Steffen Horn, Werner Dütting; Kopien, Vervielfältigungen und Weitergabe nur mit schriftlicher Genehmigung der Autoren; www.berndwkloeckner.com, www.duetting.com

Viele Versicherte haben dabei völlig falsche Vorstellungen von einer garantierten Leistungszusage. Diese bezieht sich keineswegs auf die Gesamtheit der eingezahlten Beiträge. Vielmehr gibt sie lediglich die Rendite der von den Versicherern tatsächlich angelegten Sparanteile wieder. Der andere Teil der Beiträge fließt in den meist eingebunden Risikoschutz sowie Verwaltungs- bzw. Abschlussprovisionen. Folglich schmälert dies die Basis, welche dem Versicherten Zinsen generieren. Nach zahlreichen Berechnungen gehen bei Renten und Kapitalversicherungen rund 25 Prozent in Kosten unter. Die restlichen 75 Prozent werden dann verzinslich – mindestens zum Garantiezins – angesammelt.

Gibt es die rechnungsmäßigen Zinsen, so gibt es auch die außerrechnungsmäßigen Zinsen, welche der Versicherte in der Regel als Aufschlag auf den Garantiezins erhält. Überschüsse entstehen einfach gesagt immer dann, wenn der Sterblichkeitsverlauf bei den Lebensversicherern günstiger ist als ursprünglich kalkuliert, die Kosten niedriger ausfallen oder die Assekuranzen aufgrund eines günstigen Kapitalmarktumfeldes oder einer professionellen Anlagepolitik höhere Erträge an den Börsen erzielen.

Hinzu kommt die neue Form der Beteiligung an den Bewertungsreserven, die bei Vertragsbeendigung bzw. Übergang in die Rentenphase fällig wird. Bei einem Vertrag mit 20-jähriger Laufzeit ergibt sich auf Basis der aktuellen Höhe der Bewertungsreserven rechnerisch eine zusätzliche

Vom Bedarf der Notwendigkeit

jährliche Verzinsung von rund 0,5 Prozent. Die neuen Regelungen zur Überschussbeteiligung bzw. Beteiligung an den Bewertungsreserven gelten sowohl für neu abgeschlossene Verträge, wie auch für Bestandsverträge.

Hinweis bei Neuverträgen: Erstellen Sie für den Kunden mit der entsprechenden Beratungssoftware ein Angebot, so handelt es sich bei dem mit *gekennzeichneten Werten immer um Modellrechnungen, die von der Annahme ausgehen, dass die aktuell gültigen Zahlen, das heißt die Überschussanteilsätze, während der gesamten Vertragsdauer konstant bleiben. Aber diese werden bestimmt durch:

- *das jeweilige Zinsniveau*
- *die Entwicklung des Unternehmens*
- *die allgemeine wirtschaftliche Entwicklung*

In Anbetracht der sehr langen Laufzeit sollte dem Kunden diese modellhafte Berechnung auch als nicht feststehende Gesamtleistung erklärt werden. Klingt banal, führte aber in den letzten Jahren immer wieder zu Diskussionen mit dem Endverbraucher. Gerade in den letzten Jahren wurden viele Vorsorgeverträge gegenüber dem ursprünglichen Angebot deutlich korrigiert. Veranschaulicht man sich den aktuellen Sachverhalt an einen Schaubild, sieht das so aus:

Abbildung 20: Überschussbeteiligung bei Vorsorgeverträgen Jahr 2009

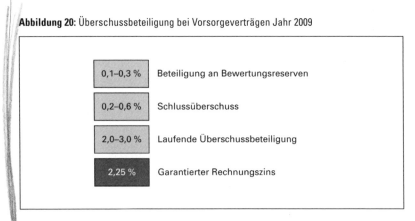

Rechtsgrundlage ist der § 153 des Versicherungsvertragsgesetzes (VVG). Soll dem Kunden die Wirkung von Garantiezins und Überschussbeteiligung veranschaulicht werden, sollte man mit Zahlen rechnen können. Rechnen vermeidet auch langfristige Diskussionen darüber, welche Form der Vorsorge die bessere ist. Der ausgewiesene Gesamtzins einer Renten- oder Kapitalversicherung von 4,5 Prozent, 5 Prozent oder 9 Prozent Rendite verliert am Ende stets an Wirkung, betrachtet man das nackte Zahlenbeispiel. Die nachfolgenden Werte stammen aus einer tatsächlichen Kundensituation.

 BEISPIEL VORSCHLAGSVERGLEICH

Sie treffen auf den typischen Kunden. Er holt sich vor dem Abschluss eines Vertrages mehrere Angebote ein und bittet Sie um Rat.

	Angebot 1 Versicherer	Angebot 2 Bank
Monatsbeitrag:	200 €	200 €
Laufzeit:	33 Jahre	33 Jahre
Ablaufprognose		
• garantierte Leistung:	104.000 €	3,0 Prozent effektiv
• Gesamtablaufleistung:	177.000 €	

1. Berechnung Rendite Lebensversicherung unter der Gesamtablaufleistung

So rechnen Sie selbst mit Ihrem Finanztaschenrechner BWK Business®
(Details unter www.FAF-Verlag.com).

(Angebot 1)

Eingabe	Display-anzeigen	Erklärung
↓ C	CLEARED 0,00	Löschen etwaiger Speicherinhalte.
12 P/YR	P/YR 12,00	Der Kunde zahlt monatlich.
33 xP/YR	N 396,00	Der Kunde zahlt 33 Jahre lang, also 396 Monate.
0 PV	PV 0,00	Keine Einmalzahlung zu Beginn.
200 +/− PMT	PMT −200,00	Eingabe des monatlichen Beitrages von 200 €. Der Betrag geht beim Kunden ab, daher negatives Vorzeichen.
177.000 FV	FV 177.000,00	Am Ende der Vertragslaufzeit, kann ein Betrag von 177.000 € abgerufen werden.
I/YR	I/YR NOM% 4,38	Berechnung des Nominalzins der Anlage. Dieser beträgt 4,38 Prozent.
EFF%	EFF% 4,47	Der Effektivzins, der von der Lebensversicherung erwirtschaftet wird, beträgt 4,47 Prozent.

Zwischenergebnis: Unter Betrachtung der Gesamtablaufleistung (nicht garantiert – Modellrechnung) ist der Zins des Versicherers mit effektiv 1,47 Prozent für den Kunden von Vorteil. Betrachten wir nun den Garantiezins ergibt sich für das Angebot 1 folgender Zinssatz.

Auch hier gilt, die Werte können im Rechner verbleiben.

2. Berechnung Rendite Lebensversicherung unter der Garantieleistung

So rechnen Sie selbst mit Ihrem Finanztaschenrechner BWK Business®
(Details unter www.FAF-Verlag.com).

Eingabe	Display-anzeigen	Erklärung
104.000 FV	FV 104.000	Am Ende der Vertragslaufzeit, kann ein Betrag von 104.000 € abgerufen werden.
I/YR	I/YR NOM% 1,59	Der Nominalzins der Anlage beträgt jetzt 1,59 Prozent.
EFF%	EFF% 1,60	Der Effektivzins, der von der Lebensversicherung erwirtschaftet wird, beträgt 1,60 Prozent.

Ergebnis: Unter Berücksichtigung des Garantiezinses kippt das Bild. Sie sollten den Kunden fragen, was für ihn wichtig ist. Sie können aber auch eine dritte Berechnung durchführen und dem Kunden die Absenkung des Gesamtüberschusses im Verhältnis zu den garantierten 3 Prozent der Bank zu veranschaulichen. Der Kunde muss letztlich entscheiden.

Auch hier gilt: Nur bestimmte Werte werden verändert. Speicher bitte nicht löschen!

3. Berechnung Rendite Lebensversicherung unter der Garantieleistung

So rechnen Sie selbst mit Ihrem Finanztaschenrechner BWK Business®
(Details unter www.FAF-Verlag.com).

Eingabe	Display-anzeigen	Erklärung
3 EFF%	I/YR NOM% 2,96	Der Effektivzins der Bank beträgt 3 Prozent.
FV	FV 133.994,69	Ermittlung des Kapitals bei Ablauf, unter Vorgabe des 3-prozentigen Effektivzinses der Bank
− 177.000 =	= −43.005,31	Abzug der Gesamtablaufleistung von 177.000 €.

Vom Bedarf der Notwendigkeit

Ergebnis: Der Kunde kann unter Vorgabe des Bankzinses von 3 Prozent effektiv rund 43.000 € an Überschussbeteiligung zum Ablauf verlieren, um die gleiche Wirkung wie bei der Bank zu erzielen. Einfach gesagt: So lange die Versicherung am Ende 133.994,69 € erwirtschaftet, ist alles okay!

Fazit: Ein hohes Risiko liegt neben einer Unterschätzung der Inflation häufig in der Fehleinschätzung einer ausgewiesenen Rendite. Insbesondere bei den kapitalmarktorientierten Produkten wird die zu erwartende Rendite überschätzt. Die rechnerischen Überlegungen zeigen die Notwendigkeit einer genauen Analyse von Rendite und Risiko.

Vorsorge und Steuer

Das deutsche System der Alterssicherung erfuhr mit der Einführung des Alterseinkünftegesetzes zum 01.01.2005 eine grundlegende Neuausrichtung. Mit dem Umbau der Alterssicherung wurde auch der Einbezug der steuerlichen Betrachtung einer Vorsorge notwendig. In Folge dessen ergeben sich Chancen, Stärken aber auch Risiken für die Zukunft der gesetzlichen, privaten und betrieblichen Vorsorge. Die Komplexität der Materie verlangt dabei mehr denn je eine Optimierung von Beiträgen und späterer Leistung, sowohl in der Anspar- wie auch in der Leistungsphase. Ruhte das deutsche System der Altersvorsorge bis zum Jahr 2004 noch auf den bekannten drei Säulen

- Gesetzliche Rentenversicherung,
- Private Vorsorge,
- Betriebliche Altersversorgung,

so entfallen seit dem Jahr 2005 diese Säulen und gliedern sich in drei horizontale Schichten. Wie im unteren Schaubild dargestellt, werden die einstigen Säulen durch die steuerliche Betrachtung in drei Bereiche einheitlich zusammengefasst. Gesetzlich, privat oder beruflich Vorsorgen wird unter dem Einbezug der geförderten Produkte in dieser Form der Betrachtung deutlich konkreter.

Abbildung 21: Drei Schichten der Altersversorgung

Versorgungsart	Einzuordnende Versorgung
1. Schicht Basisversorgung	Gesetzliche Rente (DRV) Landwirtschaftliche Alterskasse Berufsständische Versorgung „Rürup-oder Basisrente"
2. Schicht Zusatzversorgung	Betriebliche Altersversorgung (BAV) „Riester-Rente" Zusatzversorgung des öffentlichen Dienstes
3. Schicht Restversorgung oder übrige Versorgung	Private Kapital- und Rentenversicherungen (auch fondgebunden) Bank- und Fondsparpläne etc.

© Bernd W. Klöckner, Steffen Horn, Werner Dütting; Kopien, Vervielfältigungen und Weitergabe nur mit schriftlicher Genehmigung der Autoren; www.berndwkloeckner.com, www.duetting.com

Es gibt bei aller Komplexität einen guten Ausspruch zum Thema Steuer, der treffender nicht sein könnte.

„Zum Steuern sparen, gehört Steuern zahlen"

Dieser Satz soll Sie bei allen vorgestellten Produktvarianten und späteren Entscheidungen für oder gegen ein bestimmtes Produkt begleiten. Denn „förderfähige Produkte" erreichen leider nicht immer den Kunden in ihrer steuerlich angepriesenen Wirkung! Neben der steuerlichen Berücksichtigung der Altersvorsorgeaufwendungen in der Ansparphase ist auch die spätere Leistungsphase zu beurteilen. Die Behandlung der Einkünfte, lässt sich in 7 Einkunftsarten unterteilen. Im aufgeführten Berechnungsschema ergibt sich am Ende das letztlich zu versteuernde Einkommen.

Abbildung 22: Schema zur Ermittlung der Einkommensteuer

Gewinneinkunftsarten:

   1. Einkünfte aus Land- und Forstwirtschaft
+ 2. Einkünfte aus Gewerbebetrieb
+ 3. Einkünfte aus selbstständiger Tätigkeit

Überschusseinkunftsarten

+ 4. Einkünfte aus nichtselbstständiger Arbeit   §19 EKStG
+ 5. Einkünfte aus Kapitalvermögen   §20 EKStG
+ 6. Einkünfte aus Vermietung und Verpachtung   §21 EKStG
+ 7. Sonstige Einkünfte   §22 EKStG
= **Summe der Einkünfte**

./. Altersentlastungsbetrag
./. Entlastungsbetrag für allein Erziehende
./. Freibetrag für Land- und Forstwirtschaft
= **Gesamtbetrag der Einkünfte**

./. Verlustabzug
./. Sonderausgaben
./. außergewöhnliche Belastungen
= Einkommen
./. Kinderfreibetrag
= **zu versteuerndes Einkommen**

Steuerfreie Einnahmen:

- Leistungen aus der gesetzlichen Unfallversicherung
- Leistungen aus der Pflege- und Krankenversicherung
- Arbeitslosengeld I und II
- Kindergeld, Wohngeld, Eltern- und Erziehungsgeld
- Arbeitgeberbeiträge zur Sozialversicherung
- u. a.

Schicht 1: Basisversorgung (DRV, Rürup)

Betrachten wir die erste Schicht der Altersversorgung, die Basisversorgung, so sticht neben der Gesetzlichen Rente die Rürup-Rente (auch Basis-Rente genannt) mehr und mehr in der alltäglichen Vorsorgeberatung ins Erscheinungsbild. Der Einbezug dieser Rentenform in die Vorsorgegestaltung bestimmter Personengruppen ist differenziert zu prüfen. Maßgeblich sind die Eigenschaften der Basis-Rente und der zu häufig suggerierte Steuervorteil.

Als Rürup-Rente (auch Basisrente genannt) wird umgangssprachlich seit 2005 die staatlich subventionierte Altersversorgung benannt, die auf den Ökonom Bert Rürup zurück geht und in ihrer Form auf einem Rentenversicherungsvertrag beruht. Sie entspricht in ihren Leistungskriterien der gesetzlichen Rente, ist allerdings nicht umlagefinanziert, sondern kapitalgeckt. Im Gegensatz zur klassischen Rentenversicherung oder Riester-Rente gibt es sowohl in der Anspar- wie auch in der Leistungsphase gravierende Unterschiede, die bei eindimensionaler Sicht der gesetzlichen Rente ähneln. Sprechen wir seit einigen Jahren über die staatlich geförderten Produkte, wie Riester- und Basis-Renten, fängt alle Welt an zu rechnen, darunter auch jene, die bei der Vermittlung einer Lebensversicherung stets ohne jegliche Finanzmathematik auskamen. Denn mit Finanzmathematik lässt sich leicht zeigen, wann sich ein Produkt lohnt und wann nicht.

Infolge des Alterseinkünftegesetzes werden die gesetzlichen Renten zunehmend nachgelagert besteuert, Beiträge zur gesetzlichen Rentenversicherung sowie zur privaten „Basisvorsorge" innerhalb gewisser Höchstgrenzen steuerfrei gestellt. Als Ergebnis sinkt in der Regel die Steuerlast für Erwerbstätige und das Nettoeinkommen steigt. Private Vorsorge stellt sich ein.

Beiträge in eine Basisversorgung sind aber nur unter bestimmten Voraussetzungen als Sonderausgaben abzugsfähig.

- Alle Leistungen dürfen nur als Renten ausgezahlt werden. Eine Altersrente darf erst ab dem 60. Lebensjahr in Anspruch genommen werden, eine Hinterbliebenenrente ist lebenslang zu zahlen.

- Beinhaltet die Basis-Rente Bausteine zur Berufsunfähigkeitsabsicherung, müssen mehr als 50 Prozent der Beiträge für die Alterssicherung verwendet werden.
- Hinterbliebenenleistungen sind nur an Ehepartner und Kinder (bis zum 25. Lebensjahr) möglich.

> Leistungen aus der Basis-Rente dürfen:
> – nicht kapitalisierbar
> – nicht vererbbar
> – nicht beleihbar
> – nicht veräußerbar
> – nicht übertragbar sein

Was das für die Praxis im Einzelnen heißt, schauen wir uns an.

Rentenzahlung statt Kapitalwahlrecht

Eine Kapitalauszahlung oder Teilkapitalisierung bei der Basis-Rente ist nicht möglich. Soweit nichts Neues. Kapitalauszahlung muss man sich jedoch auch erst einmal leisten können. Denn es ist doch so: Laufende Kosten müssen durch laufende Einnahmen gedeckt werden. Das gilt im Arbeitsleben gleichermaßen wie in der zukünftigen Rentenphase. Wie viele Bürger haben heute bereits Probleme mit ihrem Gehalt? Eine eventuelle Kapitalzahlung kann ein Baustein sein, wenn der Kunde seine Existenz damit dauerhaft absichert. Der häufig vertretene Irrglaube, eine spätere Kapitalauszahlung in Sachgüter überführen zu können, wird mehr denn je von einer notwendigen Rentenzahlung abgelöst. Demografie und gesetzliche Kassenlage sprechen nur dafür.

Nicht-Vererbbarkeit

Würde man den Kunden fragen: „Würden Sie eine Rentenversicherung abschließen, deren Beiträge im Falle eines Todes verloren sind?", so würde die überwiegende Mehrheit mit einem klaren „Nein" antworten. Dieser Aspekt spielt aber gerade bei Ledigen eine wichtige Rolle. Hier kann der Beitragsschutz über eine zusätzliche Beitragsrückgewährpolice sichergestellt werden. Dieser ist ohne Gesundheitsfragen möglich und richtet sich nach der ursprünglich vereinbarten Beitragszahlung.

Wichtig

Erfolgen zum Jahresende Sonderzahlungen in Form einer einmaligen Einspeisung, so ist darauf zu achten, dass auch die Beitragsrückgewährpolice erneut angepasst werden muss! In der Praxis wird eine Sonderzahlung vorgenommen, ohne die Beitragsrückgewährpolice erneut anzupassen. Es gilt in diesem Zusammenhang zu prüfen, ob der prinzipielle Todesfallschutz aus aktuellem Beitragsaufwand für eine Basis-Rente und der Absicherung der eigenen Person gegenüber laufenden Verbindlichkeiten eventuell durch eine separate Risikolebensversicherung in einem Vertrag gewährleistet werden kann. Ist der Kunde gesund, spricht nichts gegen eine ausreichende Hinterbliebenenversicherung in einem Vertrag unter Verzicht auf eine Beitragsrückgewährpolice.

Nicht Beleihbarkeit

Dieser Punkt sollte immer gemeinsam mit den Kunden in vorausschauender Sicht erläutert werden. Über die Jahre werden bei den entsprechenden Kunden hohe Beiträge aufgebracht. Der eine oder andere Kunde ist dabei gezwungen, Geld kurzfristig zu entnehmen, Sicherheiten zu stellen, um Anschaffungen und Investitionen zu tätigen. Für solche Vorhaben eignet sich die Basis-Rente nicht! Diese Rentenform zielt nur auf das Alter ab. Sollte dem Kunden dies bewusst sein, steht einer steuerlichen Betrachtung nichts entgegen.

Steuerliche Behandlung in der Ansparphase
Rechtsgrundlage: § 10 Abs. 1 Nr. 2 u. Abs. 3 EStG

Wer über eine Basisrente vorsorgt, kann seine Beiträge bis zu einer Höhe von maximal 20.000 € (40.000 € bei zusammen veranlagten Ehegatten) pro Jahr als Sonderausgaben ansetzen. Bis 2025 ist die Übergangsregelung (siehe nachfolgende Tabelle) einzubeziehen. So können im Jahr 2009 von den Vorsorgebeiträgen 68 Prozent steuerlich angesetzt werden.

Für Singles bedeutet das: 20.000 € x 68% = 13.600 €

Bei Verheirateten bedeutet das: 40.000 € x 68% = 27.200 €

Der Prozentsatz erhöht sich jährlich um zwei Prozentpunkte, sodass im Jahr 2025 die 100 Prozent Grenze erreicht wird. Aber bedenken Sie: Der steuerlich absetzbare Gesamtrahmen gilt auch für Beiträge zur Deutschen Rentenversicherung, Beiträge zu berufsständischen Versorgungswerken und reduziert somit das Volumen, das für die Basis-Renten-Beiträge genutzt werden kann. Für Beamte gilt ebenfalls ein reduzierter Höchstbeitrag.

Abbildung 23: Steuerliche Abzugsfähigkeit der Beiträge zur Basis-Rente

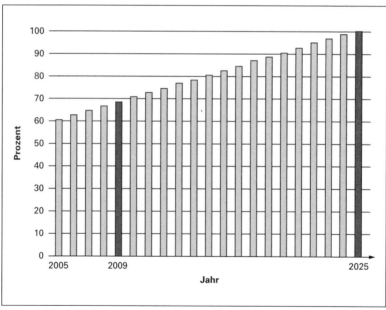

© Bernd W. Klöckner, Steffen Horn, Werner Dütting; Kopien, Vervielfältigungen und Weitergabe nur mit schriftlicher Genehmigung der Autoren; www.berndwkloeckner.com, www.duetting.com

Selbstständige, die keine Pflichtbeiträge an die DRV oder an ein entsprechendes Versorgungswerk zahlen, können somit den Maximalbetrag für Basis-Renten nutzen. Es gilt folgende zeitliche Staffelung für die Altersvorsorgeaufwendungen.

Tabelle 20: Abziehbarkeit der Altersvorsorgeaufwendungen in der 1. Schicht

Jahr	Abziehbarer Höchstbetrag	Jahr	Abziehbarer Höchstbetrag
2009	68 % von 20.000 € = 13.600 €	2018	86 % von 20.000 € = 17.200 €
2010	70 % von 20.000 € = 14.000 €	2019	88 % von 20.000 € = 17.600 €
2011	72 % von 20.000 € = 14.400 €	2020	90 % von 20.000 € = 18.000 €
2012	74 % von 20.000 € = 14.800 €	2021	92 % von 20.000 € = 18.400 €
2013	76 % von 20.000 € = 15.200 €	2022	94 % von 20.000 € = 18.800 €
2014	78 % von 20.000 € = 15.600 €	2023	96 % von 20.000 € = 19.200 €
2015	80 % von 20.000 € = 16.000 €	2024	98 % von 20.000 € = 19.600 €
2016	82 % von 20.000 € = 16.400 €	2025	100 % von 20.000 € = 20.000 €
2017	84 % von 20.000 € = 16.800 €		Verdopplung der Werte bei zusammen veranlagten Ehegatten

© Bernd W. Klöckner, Steffen Horn, Werner Dütting; Kopien, Vervielfältigungen und Weitergabe nur mit schriftlicher Genehmigung der Autoren; www.berndwkloeckner.com, www.duetting.com

STEUERERSPARNISEFFEKT AM BEISPIEL EINES DRV-PFLICHTIGEN

Der ledige 40-jährige Herr Schneider verdient 34.500 € brutto im Jahr 2009. Geplant ist der zusätzliche Abschluss einer Basis-Rente mit einem monatlichen Beitrag von 100 €. Herr Schneider bittet um eine Gegenüberstellung der abzugsfähigen Vorsorgeaufwendungen mit bzw. ohne Basisrente. Er ist rentenversicherungspflichtig!

		ohne Basisrente [€]	mit Basisrente 100 €/ Monat [€]
	AN-Beitrag zur DRV (bzw. berufs. Versorgung)	3.433,00	3.433,00
+	Steuerfreier AG-Anteil zur DRV (berufs. Versorgung)	3.433,00	3.433,00
+	**Altersvorsorgebeiträge zur Basisrente**	0,00	1.200,00
=	Beitragssumme (max.20.000 € bei Ledigen)	6.866,00	8.066,00
x	v.H.-Jahresprozentwert 2009 = 68 % (obere Tabelle)	4.669,00	5.485,00
./.	Steuerfreier AG-Anteil zur DRV	3.433,00	3.433,00
=	Abzugsfähiger AG-Anteil zur DRV	1.236,00	2.052,00
Bsp.	p.a. 34.500 € brutto, ledig, 100 € mtl. Beitrag in Basis-Rente		

Ergebnis: Durch eine zusätzliche Basis-Rente (Jahresbeitrag 1.200 €) kann Herr Schneider das zu versteuernden Einkommen in Höhe von 816 € (2.052 € ./. 1.236 €) reduzieren (vorbehaltlich Günstigerprüfung). Bei einem Jahresbeitrag von 1.200 € beträgt die Steuerersparnis rund 275 €. Der sich im Jahr 2009 ergebende Nettoaufwand beträgt 925 €.

Schauen wir uns den zeitlichen Verlauf bis zum Jahr 2033 an (Renteneintritt mit 65 Jahren). Die Ersparnis (Verhältnis aus Beitragsaufwand und Steuerersparnis) liegt bei rund 29 Prozent.

Tabelle 21: Steuerersparnis aus Beiträgen zur Basisrente DRV-Pflichtiger

Jahr	Jahresbeitrag [€]	Steuer-ersparnis [€]	Nettoaufwand [€]	Ersparnis [€]
2009	1.200,00	274,3	925,7	22,90%
2010	1.200,00	279,57	920,43	23,30%
2015	1.200,00	317,56	882,44	26,50%
2020	1.200,00	353,42	846,58	29,50%
2025	1.200,00	387,18	812,82	32,30%
2030	1.200,00	387,18	812,82	32,30%
2033	1.200,00	387,18	812,82	32,30%
Summe	30.000,000	8.727,97	21.272,03	29,10%

© Bernd W. Klöckner, Steffen Horn, Werner Dütting; Kopien, Vervielfältigungen und Weitergabe nur mit schriftlicher Genehmigung der Autoren; www.berndwkloeckner.com, www.duetting.com

Fazit: Wir wollten den Beweis antreten, dass die Basisrentenversicherung nicht nur für Selbstständige, sondern auch besserverdienende Angestellte geeignet ist. Die Basis-Rente ergänzt die Produkte der 2. bzw. 3. Schicht ideal. Der Grund ist einfach. Eine Altersversorgung allein über eine Riester-Rente, Klassik-Rente oder bAV (betriebliche Altersversorgung) ist selten ausreichend, um den Versorgungsbedarf im Alter zu decken. Häufig schließen auch individuelle Empfindlichkeiten das eine oder andere Produkt aus. Deshalb sind Arbeitnehmer und gerade Besserverdiener oberhalb der BBG_{DRV} gezwungen, Alternativen und mehrere Wege zu prüfen, um langfristig einen Vorteil zu erfahren.

Für den einen oder anderen Selbstständigen ist die Basisrentenversicherung die einzige staatlich geförderte Altersvorsorge, sehen wir davon ab einen Riester-Nullvertrag bei Eheleuten zu werten. Doch dazu unter dem Punkt: Schicht 2. – Zusatzversorgung mehr.

STEUERERSPARNISEFFEKT AM BEISPIEL EINES SELBSTSTÄNDIGEN

Der ledige, 40-jährige Herr Schneider aus dem vorausgehenden Beispiel ist sozialversicherungsfreier Selbstständiger, keine Mitgliedschaft in einem Versorgungswerk o.Ä. Er bezieht 34.500 € Einkünfte aus selbstständiger Arbeit. Geplant ist der zusätzliche Abschluss einer Basis-Rente mit einem monatlichen Beitrag von 100 €. Herrn Schneider interessiert der Steuervorteil. Ggf. zahlt er am Jahresende zusätzlich in den Vertrag ein (soll nicht berücksichtigt werden).

		ohne Basisrente [€]	mit Basisrente 100 €/ Monat [€]
	AN-Beitrag zur DRV (bzw. berufs. Versorgung)	0,00	0,00
+	Steuerfreier AG-Anteil zur DRV (berufs. Versorgung)	0,00	0,00
+	**Altersvorsorgebeiträge zur Basisrente**	0,00	1.200,00
=	Beitragssumme (max.20.000 € bei Ledigen)	0,00	1.200,00
x	v.H.-Jahresprozentwert 2009 = 68 % (obere Tabelle)	0,00	816,00
./.	Steuerfreier AG-Anteil zur DRV	0,00	0,00
=	Abzugsfähiger AG-Anteil zur DRV	0,00	816,00
Bsp.	p.a. 34.500 € Einkünfte aus selbst.Arbeit, ledig, 100 € mtl. in Basis-Rente		

Ergebnis: Durch eine Basis-Rente (Jahresbeitrag 1.200) kann der selbstständige Herr Schneider die zusätzliche Reduzierung des zu versteuernden Einkommens erreichen. Bei einem Jahresbeitrag von 1.200 beträgt die Steuerersparnis im Jahr 2009 circa 337 , der Nettoaufwand beträgt somit 863 . Schauen wir uns den zeitlichen Verlauf bis zum Jahr 2033 (Renteneintritt mit 65 Jahren an) an. Die Ersparnis (Verhältnis aus Beitragsaufwand und Steuerersparnis) liegt bei rund 31 Prozent.

Tabelle 22: Steuerersparnis aus Beiträgen zur Basisrente Selbstständiger

Jahr	Jahresbeitrag [€]	Steuerersparnis [€]	Nettoaufwand [€]	Ersparnis [€]
2009	1.200,00	336,55	863,45	28,00%
2010	1.200,00	334,43	865,57	27,90%
2015	1.200,00	322,83	877,17	26,90%
2020	1.200,00	367,14	832,86	30,60%
2025	1.200,00	408,29	791,71	34,00%
2030	1.200,00	408,29	791,71	34,00%
2033	1.200,00	408,29	791,71	34,00%
Summe	30.000,000	9.173,29	20.826,71	30,60%

© Bernd W. Klöckner, Steffen Horn, Werner Dütting; Kopien, Vervielfältigungen und Weitergabe nur mit schriftlicher Genehmigung der Autoren; www.berndwkloeckner.com, www.duetting.com

Nachgelagerte Besteuerung

Sprechen wir in der Ansparphase von einer Abziehbarkeit der Altersvorsorgeaufwendungen, so ist es auch notwendig, die Leistungsseite der 1. Schicht-Basisversorgung zu betrachten. Die Rentenleistungen aus DRV, berufsständischen Versorgungswerken, landwirtschaftlichen Alterskassen und Basis-Renten werden seit 2005 höher versteuert (§ 22 Nr. 1 Satz 3a, aa EStG). So sind beginnende Renten im Jahr 2009 mit 58 Prozent steuerpflichtig. Die Steuerpflicht steigt seit 2005 bis 2020 um jährlich zwei Prozentpunkte und ab 2020 um einen Prozentpunkt, sodass im Jahr 2040 die vollen 100 Prozent erreicht werden. Es gilt nachfolgende Tabelle.

Tabelle 23: Besteuerungsanteil der Rente im Jahr des Rentenbeginns, Schicht 1

Jahr des Rentenbeginns	Besteuerungsanteil	Jahr des Rentenbeginns	Besteuerungsanteil
bis 2005	50%	2023	83%
2006	52%	2024	84%
2007	54%	2025	85%
2008	56%	2026	86%
2009	58%	2027	87%
2010	60%	2028	88%
2011	62%	2029	89%
2012	64%	2030	90%
2013	66%	2031	91%
2014	68%	2032	92%
2015	70%	2033	93%
2016	72%	2034	94%
2017	74%	2035	95%
2018	76%	2036	96%
2019	78%	2037	97%
2020	80%	2038	98%
2021	81%	2039	99%
2022	82%	2040	100%

Der steuerpflichtige Anteil bleibt gemäß dem Jahr des Rentenbeginns über die zukünftige Bezugsphase gleich. Tritt beispielsweise der Rentenbeginn im Jahr 2009 ein, sind 58 Prozent der Rente steuerpflichtig. Wir sprechen hier von der „58 Prozent-Kohorte". Der entsprechende Rest von 42 Prozent der Rente bleibt steuerfrei. Diese Festschreibung der steuerfreien Rente gilt jedoch erst ab dem Jahr, das auf das Jahr des Rentenbeginns folgt. Eine regelmäßige Erhöhung der Rente führt demnach nicht zu einer Neuberechnung des steuerfreien Anteils.

DAZU EIN VEREINFACHTES BEISPIEL

Ihr Kunde geht im Juli 2015 in Altersrente. In den darauf folgenden Jahren stellt sich nachfolgende Rentenentwicklung in seiner DRV- Rente ein.

```
                DRV-Rente                    DRV-Rente
Jahr 2015 = 1.000 € – Rente im Monat =  6.000 € p.a. (1/2 Jahr)
Jahr 2016 = 1.020 € – Rente im Monat = 12.240 € p.a.
Jahr 2017 = 1.050 € – Rente im Monat = 12.600 € p.a.
```

Berechnung des steuerpflichtigen Anteils

	Rentenbezugsjahr	2015	2016	2017
	angenommene Jahresrente DRV	6.000 €	12.240 €	12.600 €
x	Besteuerungsanteil lt. Tabelle	70%	70%	–
=	Steuerpflichtiger Anteil der Rente	4.200 €	8.568 €	–
	Jahresrente ./. steuerpflichtiger Anteil = persönlicher Freibetrag	–	3.672 €	3.672 €
	voll zu versteuernder Betrag	4.200 €	8.568 €	8.928 €
	Der persönliche Freibetrag greift im zweiten Rentenjahr und ist konstant.			

© Bernd W. Klöckner, Steffen Horn, Werner Dütting; Kopien, Vervielfältigungen und Weitergabe nur mit schriftlicher Genehmigung der Autoren; www.berndwkloeckner.com, www.duetting.com

Wann lohnt sich aber eine Basisrente? Die Frage ist berechtigt und häufig kommt in der Praxis das Argument, bei der Basisrente handelt es sich lediglich um ein Steuerstundungsmodell. Ist das so?

Einfach gesagt gilt:

> Eine Basis-Rente lohnt dann, wenn die Vorteile in der Ansparphase größer sind als die Nachteile der Entnahme-Phase.

Vom Bedarf der Notwendigkeit

ANHAND EINES EINFACHEN BEISPIELS WIRD DER SACHVERHALT DEUTLICH.

Ihr Kunde zahlt seit Beginn des Jahres 2009 monatlich 300 € in eine Basisrente. Er ist heute 32 Jahre und geht 2042 in den Ruhestand über. Sein aktueller Grenzsteuersatz im Jahr 2009 liegt bei dem Einkommen von 34.000 € bei circa 34 Prozent. Wird dieses bis 65 als konstant angenommen, entsteht folgender Beitragsaufwand aus der Basis-Rente.

Jahr	Jahresbeitrag [€]	Steuerersparnis [€]	Nettoaufwand [€]	Ersparnis
2009	3.600,00	825,01	2.774,99	22,90%
2010	3.600,00	842,94	2.757,06	23,40%
2015	3.600,00	950,56	2.649,44	26,40%
2020	3.600,00	1.056,06	2.543,94	29,30%
2025	3.600,00	1.157,34	2.442,66	32,10%
2030	3.600,00	1.157,34	2.442,66	32,10%
2035	3.600,00	1.157,34	2.442,66	32,10%
2040	3.600,00	1.157,34	2.442,66	32,10%
2041	3.600,00	1.157,34	2.442,66	32,10%
Summe	**3.600,00**	**35.380,56**	**83.419,44**	**29,80%**

© Bernd W. Klöckner, Steffen Horn, Werner Dütting; Kopien, Vervielfältigungen und Weitergabe nur mit schriftlicher Genehmigung der Autoren; www.berndwkloeckner.com, www.duetting.com

Ergebnis: Mit 3.600 € jährlichem Aufwand über 33 Jahre entsteht ein Brutto-Gesamtaufwand von 118.800 €. Die Gesamtsteuerersparnis beläuft sich auf rund 35.400 €. Die Ersparnis über die gesamte Dauer beträgt somit 30 Prozent.

Kurz und knapp: Betrachtung Ansparphase

Dauer der Zahlung:	33 Jahre
Beitrag p.a. konstant:	3.600 €
Brutto- Gesamtaufwand:	118.800 €
./. Steuerersparnis:	ca. 35.400 €
= Nettoaufwand:	ca. 83.400 €

Gehen wir 2042 in die Rentenphase über, so sind 100 Prozent der Rente steuerpflichtig. Mit 3.600 € Jahresaufwand erzielen wir eine Gesamtrente von monatlich 1.400 €. Die Werte können nach oben oder unten variieren. Bleiben wir bei der prinzipiellen Berechnung.

In der Rentenphase hat der Kunde, einen um 3 bis 5 Prozent niedrigeren Grenzsteuersatz als in der Ansparphase. Reduzierte Bezüge sind einer häufig vertretenen Versorgungslücke im Alter geschuldet. Gehen wir davon aus, dass der Kunde im Alter einen Grenzsteuersatz von 27 Prozent (Ansparphase 34 Prozent) hat, so zahlt er auf die Rente von 1.400 € monatlich in etwa 378 € Steuern. Jahr für Jahr. Krankenversicherungsbeiträge fallen nicht an. Die monatliche Nettorente aus der Basis-Rente beträgt also rund 1.020 €.

Setzen wir zum Vergleich eine Privatrente dagegen, passiert Folgendes:

Bei der Privatrente entsteht in der Ansparphase kein steuerlicher Vorteil. Im direkten Vergleich zur Basis-Rente sollten wir von daher auch nur den Nettobeitrag der Basisrente in der Ansparphase ansetzen. Dieser beträgt nicht 3.600 € jährlich oder 300 € monatlich, sondern reduziert um den Steuervorteil lediglich 210 € monatlich.

Erklärung:

Gesamter Beitragsaufwand aus Basis-Rente:	118.800 €
./. Steuervorteil von 2009–2041:	35.380 €
= durchschnittlicher Nettoaufwand der Basis-Rente:	83.000 €
83.000 €/33 Jahre/12 Monate:	ca. 210 €

Bleiben Sie realistisch und setzen auch nur den Beitrag für die Privat-Rente an, der auch netto aufgewendet wird, ergeben sich folgende Werte bei Ablauf:

Leistungsphase
mögliche mtl. Bruttorente mit 65: 960,00 €
18 Prozent Ertragsanteilsbesteuerung mit 65 Jahren: 172,80 €
27 Prozent Grenzsteuersatz v.172,80 €: 46,66 €
Nettorente 960 €- 46,66 ERU: 913,34 €

Vergleich:	Basis-Rente	Privat-Rente
mtl. Nettorente mit 65:	1.020 €	913,34 €

Fazit: Am Ende bleibt es die Sichtweise von Kunden und Berater geschuldet, inwieweit ein Produkt in den Vorsorgegedanken des Kunden eingebunden werden kann. Die vorangegangene Berechnung ist nur eine Möglichkeit von Vielen, eine Idee in Fahrt zu setzen. Erarbeiten Sie mit dem Kunden sowohl die qualitativen als auch wirtschaftlichen Aspekte eines Produktes in der Anspar- wie auch der Leistungsphase. Infolge dessen kommen Sie sehr schnell zu einer vernünftigen Lösung für alle Beteiligten.

Schicht 2: Zusatzversorgung (Riester, bAV) Riester-Rente

Wie heißt es doch in der Renteninformation der DRV: *„Da die Renten im Vergleich zu den Löhnen künftig geringer steigen werden uns sich somit die spätere Lücke zwischen Rente und Erwerbseinkommen vergrößert, wird eine zusätzliche Absicherung für das Alter wichtiger ('Versorgungslücke')".*

Der Staat hat den Bürger somit informiert, bei Zeiten an das Alter zu denken. Der eine kann es und handelt, der andere will es und hat keine freien Möglichkeiten mehr, ein Dritter verschenkt bis in hohe Alter wertvolle Zulagen. Egal wie, Vorsorge bedeutet Eigenverantwortung! Wer von geförderten Verträgen spricht und diese Förderung auch tatsächlich nutzen möchte, kommt um die Riester-Rente und auch betriebliche Altersversorgung nicht drum herum. Für die Riester-Rente und die ebenfalls staatlich geförderte betriebliche Altersversorgung gibt es bereits seit 2005 deutlich verbesserte Rahmenbedingungen, etwa weniger Bürokratie, eine weitere Flexibilität und Schutz vor vorzeitiger Verwertung im Fall der Arbeitslosigkeit.

Riester-Rente

Mehr als 12 Millionen Verträge im Jahr 2009, geben der privaten kapitalgedeckten Vorsorge ständig neue Impulse. Doch eines wird bereits heute deutlich, Riestern ist und bleibt eine Einstellungs- und Geschmacksfrage.

Sprechen wir über Riester, so stellen sich in der täglichen Praxis häufig die gleichen Fragen im Umgang mit neuen und bereits bestehenden Verträgen.

Typische Alltagssituationen:

- Herr Schneider ist Soldat, ist er riesterfähig?
- Kann man einen Riester-Vertrag auch zu einem anderen Anbieter übertragen?
- Was ist mit der Kinderzulage, kann diese auch der Mann erhalten?
- Was passiert bei Tod des Vertragsinhabers mit dem gebildeten Kapital.
- Wie ermittle ich den Mindestbeitrag?

Fragen über Fragen auch im achten Jahr seit der Einführung. Ist es sinnvoll, die Grundlagen des AVmG kurz und knapp darzustellen und alle Neuerungen seit Einführung der Riester-Rente im Jahre 2001/2002 verständlich zu vermitteln? Wir meinen Ja!

Auch hier gilt: Ein Rechner und die nachfolgenden Übersichten reichen oft aus, um 75 Prozent aller möglichen Zahlenwerte per Hand zu ermitteln.

Das Förderkonzept

Mit dem Altersvermögensgesetz (AVmG) wurde ein neuer zusätzlicher Sonderausgabenabzug eingeführt. Dieser wird in der Regel jährlich mit der Lohn-/Einkommensteuer vergütet, zudem wird eine zusätzliche progressionsunabhängige Zulage entsprechend der jeweiligen Situation gewährt. Die Zulage wird direkt auf den begünstigten Vertrag überwiesen. Dadurch können auch die Bezieher kleiner Einkommen und Familien mit mehreren Kindern von einer hohen staatlichen Förderung profitieren.

Das Finanzamt prüft im Rahmen der Lohn-/Einkommensteuer in jedem Einzelfall, ob der Sonderausgabenabzug über die Inanspruchnahme der Zulage hinaus finanziell vorteilhafter ist und zahlt den Differenzbetrag aus (Günstigerprüfung).

Bei einem neu einzurichtenden Vertrag aber auch einer nachträglichen Zulagenüberprüfung spielen Zahlen, wie sollte es anders sein, eine entscheidende Rolle. Das Förderkonzept entsprechend der jeweiligen Jahres leitet sich wie folgt her.

Förderkonzept/Eigenbeitrag

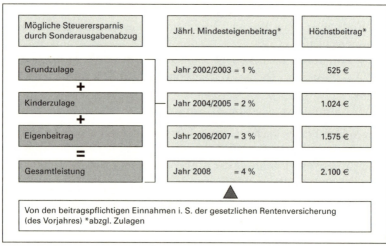

Folgende Möglichkeiten die Förderung zu nutzen gibt es:
- Riester-Rente (klassisch oder fondgebunden)
- Riester-Banksparplan
- Riester-Fondsparplan
- Riester im Rahmen der betrieblichen Altersversorgung

… unter dem Gesichtspunkt Wohn-Riester:
- Riester-Bausparvertrag
- Riester-Darlehen/Finanzierung

Riester in Zahlen – Gesamtübersicht

Zulagen

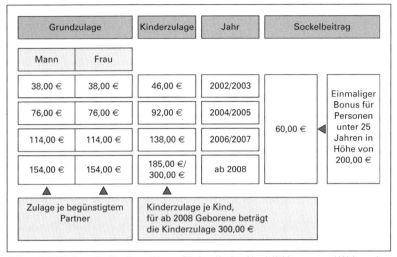

© Bernd W. Klöckner, Steffen Horn, Werner Dütting; Kopien, Vervielfältigungen und Weitergabe nur mit schriftlicher Genehmigung der Autoren; www.berndwkloeckner.com, www.duetting.com

Kinderzulage:

Der Erhalt der Kinderzulage ist an den direkten Bezug des Kindergeldes gekoppelt. Das gilt auch bei nicht verheirateten, geschiedenen oder dauernd getrennt lebenden Eltern. Bei zusammenveranlagten Elternteilen wird die Kinderzulage grundsätzlich der Mutter zugeordnet, wenn kein gemeinsamer Antrag auf Zuordnung beim Vater gestellt wird. Die Kinderzulage wird so lange gewährt, wie Kindergeld gezahlt bzw. ein Kinderfreibetrag gewährt wird, grundsätzlich bis zum vollendeten 18. Lebensjahr, maximal bis zum 27. Lebensjahr des Kindes.

Auch in Dauerpflege befindliche Pflegekinder haben denselben Anspruch auf Riester-Förderung wie leibliche Kinder. Auch eine Pflegemutter, die keinen eigenen Anspruch auf Riester-Förderung hat, ist während der ersten drei Lebensjahre des Pflegekinds (also während der Erziehungszeit der gesetzlichen Rentenversicherung) durch das Pflegekind förderberechtigt. Jugendämter müssen sich an der Altersvorsorge beteiligen. Durch die Einführung des Gesetzes zur Weiterentwicklung der Kinder- und Jugendhilfe („Kick") zum 01.10.2005 und die damit verbundene Änderung des § 39 des Kinder- und Jugendhilfegesetzes (SBG VIII) sind die Jugendämter verpflichtet, eine hälftige Erstattung von angemessenen Aufwendungen für eine Altersvorsorge zu übernehmen.

Einsteigerbonus:

Dieser Bonus wir seit 2008 einmalig an alle Förderberechtigten bis zur *Vollendung des 25. Lebensjahres* gezahlt. Das gilt für bereits bestehende Verträge, die vor dem 01.01.2008 abgeschlossen wurden und zukünftige Neuverträge. Alle unmittelbar zulagenberechtigten Sparer unter 25 Jahren erhalten einmalig diesen Betrag zusätzlich zur Grundzulage in Höhe von 154 €. Ein gesonderter Antrag ist hierfür nicht erforderlich. Wenn der Sparer für ein nach dem 31.12.2007 beginnendes Beitragsjahr eine Zulage beantragt (zum Beispiel über den Dauerzulagenantrag), erhöht sich die Grundzulage automatisch. Wird der erforderliche Mindesteigenbeitrag nicht entrichtet, werden sowohl die Grundzulage als auch der Berufseinsteigenbonus entsprechend gekürzt. Bei der Ermittlung des Mindesteigenbeitrags kann dieser Bonus berücksichtigt werden. Er reduziert den notwendigen Eigenaufwand für das entsprechende Betrachtungsjahr, entfällt aber dann in den darauffolgenden Jahren. Folglich steigt der Beitrag oder die Zulage(n) vermindern sich.

Zulagenbeantragung manuell oder über Dauerzulagenantrag

Rund ein Viertel aller Riester-Sparer stellt – meist aus Unkenntnis – keinen Zulagenantrag. Damit verliert diese Rente in Ihrer Wirkung!

Bis zum Jahresende besteht die Möglichkeit, die entsprechende Zulage(n) rückwirkend für 2 Kalenderjahre, über die durch den Anbieter zugesandten Anträge dem Vertrag gutzuschreiben. Eine Förderung kann maximal über 2 Verträge, zum Beispiel Riester-Rente und Riester-Sparplan, erfolgen. Wer dies versäumt, verschenkt den großen Vorteil: Die staatliche Förderung. Eine Überprüfung beim Kunden, auch der nicht im Haus geführter Verträge, ist immer von Vorteil und dringend zu empfehlen.

Erwerbs- und Dienstunfähige waren bis Ende 2007 bei der Riester-Förderung über den Ehepartner mittelbar zulagenberechtigt und brauchten selbst keinen Mindesteigenbeitrag zu zahlen (sogenannter Nullvertrag), um die Zulagen zu erhalten. Sie hingen an der unmittelbaren Förderberechtigung ihres Ehepartners. Ab Januar 2008 gelten auch hier neue Regelungen. Sie sind nunmehr selbst unmittelbar förderberechtigt. Dies hat zur Folge, dass sie im Jahr 2008 einen Mindesteigenbeitrag einzahlen müssen, um die Zulagen zu erhalten. Bemessungsgrundlage für die Ermittlung des Mindesteigenbeitrags ist die die Zulagenberechtigung begründende (Brutto-)Rente wegen voller Erwerbsminderung oder Erwerbsunfähigkeit oder die Versorgung wegen Dienstunfähigkeit. Zu beachten ist zudem, dass beim unmittelbar Förderberechtigten der Mindesteigenbeitrag anders zu berechnen ist (ohne Anrechnung der Grundzulage des mittelbar Berechtigten).

Geförderter Personenkreis:

Alle zulagenberechtigten Personen müssen ihren Wohnsitz in Deutschland haben und unbeschränkt steuerpflichtig sein. Damit die steuerliche Förderung gewährt werden kann, reicht es aus, dass die Zugehörigkeit zum begünstigten Personenkreis während eines Teils des Kalenderjahres vorgelegen hat.

- Abreitnehmer, Auszubildende
- Wehr- und Zivildienstleistende
- Bezieher von Entgelt- bzw. Lohnersatzleistungen (zum Beispiel Krankengeld, Verletztengeld, Übergangsgeld, Unterhaltsgeld, Arbeitslosengeld I+II)
- nicht erwerbstätige Eltern in den ersten 3 Lebensjahren des Kindes (anzurechnende Kindererziehungszeit)
- geringfügig Beschäftigte, die auf Sozialversicherungsfreiheit verzichtet haben
- Pflichtversicherte in der Alterssicherung der Landwirte, soweit sie nicht selbst Pflichtversicherte sind und bei der Einkommensteuer zusammenveranlagt werden
- Pflegepersonen (Pflegeleistung nicht erwerbsmäßig > 14 Stunden in der Woche)
- Behinderte in Werkstätten

- versicherungspflichtig selbstständig Tätige (zum Beispiel versicherungspflichtige Selbstständige, Künstler und Publizisten, Hausgewerbetreibende, Handwerker, die in die Handwerksrolle eingetragen sind, Hebammen und Entbindungspfleger)
- Bezieher von Vorruhestandsgeld, wenn sie unmittelbar vor Beginn der Leistung versicherungspflichtig waren
- Arbeitnehmer, die nach dem Altersteilzeitgesetz Aufstockungsbeträge zum Arbeitsentgelt erhalten
- auf Antrag pflichtversicherte Personen, wie zum Beispiel Entwicklungshelfer
- Arbeitnehmer/-innen im öffentlichen Dienst mit VBL-Versorgung oder in ähnlichen Versorgungseinrichtungen
- Beamte, Richter auf Probe, Berufssoldaten auf Zeit, Beamte auf Widerruf im Vorbereitungsdienst
- Empfänger von Besoldung und Amtsbezügen (zum Beispiel Wahlbeamte wie Bürgermeister einer Gemeinde)
- Empfänger von Besoldung und Amtsbezügen (zum Beispiel Wahlbeamte wie Bürgermeister einer Gemeinde)
- Beschäftigte im öffentlichen Dienst, denen nach beamtenrechtlichen Vorschriften oder Grundsätzen oder entsprechend kirchlichen Regelungen eine beamtenähnliche Versorgung gewährt wird
- Personen, die eine Rente wegen Erwerbsunfähigkeit, voller Erwerbsminderung oder eine Versorgung wegen Dienstunfähigkeit beziehen

Nicht geförderter Personenkreis:

- alle Selbstständigen, die nicht rentenversicherungspflichtig sind
- geringfügig Beschäftigte, die selbst keine Sozialabgaben leisten (s. Teil I)
- von der Versicherungspflicht befreite Personen
- Rentner (Bezieher eine Vollrente wegen Alters)
- Zwangsmitglieder der berufsständischen Versorgungswerke, zum Beispiel Ärzte, Architekten, Rechtsanwälte

Personen, welche nicht zum begünstigten Personenkreis gehören, haben die Möglichkeit, über den Ehegatten „mittelbar" zulagenberechtigt zu werden, wenn ein auf seinen Namen laufender Altersvorsorgevertrag besteht. Der nicht unmittelbar begünstigte Ehegatte (zum Beispiel selbstständige Ehegatte) zahlt keinen Eigenbeitrag, erhält aber dennoch auf seinen Vertrag die eigene Grund- und ggfs. Kinderzulage.

Voraussetzung hierfür ist, dass der Ehepartner nicht dauernd getrennt lebt. Dauernd getrennt lebt man, wenn jeder einen eigenen Wohnsitz hat. Sobald der Zweitwohnsitz mit dem Erstwohnsitz des Ehepartners nicht mehr übereinstimmt, gilt das Paar als dauernd getrennt lebend. Infolge verliert der mittelbare Vertrag (auch Nullvertrag genannt) seine Fördervoraussetzungen.

Anbieterwechsel/Vertragswechsel

Da Kündigung bekanntlich nicht immer die beste Wahl ist, gilt es zu prüfen, inwieweit ein Anbieterwechsel von einen zum anderen Unternehmen sinnvoll ist. Der Vorteil einer Übertragung liegt in der Mitnahme meist hoher Werte, bedingt durch die Zulagen und oft hohen Eigenbeiträge und der Vermeidung mehrerer „Kleinstbetragsrenten".

Kleinstbetragsrenten: Im Jahr 2009 sind das monatliche Renten in Höhe von bis zu 25,20 €, die auch als Einmalkapital förderunschädlich ausgezahlt werden können. In der Zukunft wird dieser Wert durch das Jahr des Renteneintritts und die jeweilige Bezugsgröße nach §18 Sozialgesetzbuch bestimmt (dynamisch). Demnach liegt eine solche Rente vor, wenn die monatliche Rente 1 Prozent der monatlichen Bezugsgröße West nach §18 Sozialgesetzbuch, Viertes Buch, nicht übersteigt.

Ein Nachtteil der Übertragung kann dadurch entstehen, dass ein neu vereinbarter Garantiezins einem anderen Risiko entsprechend der Vertragswahl gegenübersteht. Die Kosten bei einem Anbieterwechsel betragen in der Regel 50 bis 150 €. Auch eine Übertragung innerhalb eines Unternehmens, zum Beispiel von einer fondsgebundenen Riester-Rente in einen Klassik-Riester-Vertrag, wird häufig mit zusätzlichen Kosten ermöglicht. Ein Hinweis dazu befindet sich in den Anlagen zum Versicherungsschein.

Wichtig: Da beim Wechsel einer Fonds-Riester- in eine Klassik-Riester-Rente nicht die Anteile, sondern der aktuelle Anteilwert übertragen wird, gilt es, diesen auch vor Übertragung in seiner Höhe zu prüfen und ggf. zu warten.

Steuererstattung Betrachtung in der Ansparphase

Immer dann, wenn die Zulage höher ist als der sich aus dem Sonderausgabenabzug ergebende Steuervorteil, erfolgt keine zusätzliche Steuererstattung durch den entsprechenden Riester-Vertrag. Dem Förderungsberechtigten wird nur die über den Zulagenanspruch hinausgehende Steuerrückerstattung ausbezahlt. Dabei ist eine Übertragungsmöglichkeit eines nicht genutzten Höchstabzugsvolumens eines Ehegatten auf den anderen nicht möglich.

 RECHENBEISPIEL STEUERERSTATTUNG:

Hubert Klein ist ledig und hatte im Jahr 2008 ein sozialversicherungspflichtiges Einkommen in Höhe von 30.000 €. Im Jahr 2009 muss sein kompletter Jahresbeitrag (inklusive Zulage) mindestens 1.200 € (4 Prozent des Vorjahresbruttoeinkommens) betragen, damit er die volle Zulage in Höhe von 154 € auf seinen Vertrag gutgeschrieben bekommt. Darüber hinaus kann er 1.200 € als Sonderausgabenabzug geltend machen. Bei einem Steuersatz von 30,5 Prozent (entsprechend des Einkommens) führt dies zu einer Steuerentlastung von insgesamt 366 €, also 212 € mehr als die Zulage. Die Steuerentlastung von 366 € teilt sich wie folgt auf: Er bekommt 154 € über die Zentrale Zulagenstelle für Altersvermögen (ZfA) direkt auf seinen Vertrag überwiesen und vom Finanzamt 212 € direkt auf das Privatkonto. Folglich führt eine höhere Einzahlung (größer 4 Prozent) zu einer wachsenden Steuerentlastung und ansteigenden Rente im Alter. Die Zulage bleibt unverändert.

Wenn jedoch nur ein Ehegatte zum begünstigten Personenkreis gehört, steht der Abzugsbetrag den Ehegatten auch nur einmal zu. Im Klartext: Ist der eine Ehepartner unmittelbar förderungsberechtigt, der andere hingegen nur mittelbar, erhalten beide die entsprechende Zulage, jedoch nur einmal den Sonderausgabenabzug.

Abbildung 24: Steuererstattung Riester-Rente. Angaben in €/p.a.

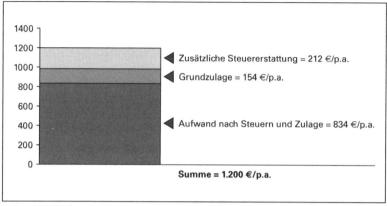

© Bernd W. Klöckner, Steffen Horn, Werner Dütting; Kopien, Vervielfältigungen und Weitergabe nur mit schriftlicher Genehmigung der Autoren; www.berndwkloeckner.com, www.duetting.com

 RECHENBEISPIEL: RIESTER-RENTE MIT DEM BWK BUSINESS®

Marcus Schmidt (ledig, 32 Jahre) ist Alleinverdiener. Sein Brutto-Jahresgehalt beträgt seit Jahren unverändert 25.000 €. Der Sparer möchte die maximale Zulage erhalten und den dafür erforderlichen Beitrag entrichten. Sein Renteneintritt plant er zum 01.01.2045 (mit 67 Jahren). Er entscheidet sich für eine fondsgebundene Riester-Rente. Die in der Vorschlagsunterbreitung hinterlegte Rendite beträgt 6 Prozent (Annahme: konstant über die Laufzeit). Die über die Laufzeit zu berücksichtigenden Kosten betragen sowohl auf Beitrag als auch Zulage immer 16 Prozent. Jahr für Jahr. Diese sind entsprechend in Abzug zu bringen. Herr Schmidt plant den Versicherungsbeginn zum 01.09.2009. Er leistet aber eine Zuzahlung zum Versicherungsbeginn für die Monate Januar bis August als Einmalzahlung. Bei der Berechnung soll eine Einkommensdynamik unberücksichtigt bleiben.

Vom Bedarf der Notwendigkeit

Die Fragen des Kunden an Sie sollten eindeutig beantwortet werden.

1. Wie hoch ist die Summe der Zulagen bis zum Renteneintritt mit 67 Jahren? – keine Kostenberücksichtigung!
2. Welchen monatlich notwendigen Mindesteigenbeitrag hat Marcus S. zu entrichten, um die vollen Zulagen zu erhalten? – zusätzliche Steuererstattung bleibt unberücksichtigt!
3. Welches Kapital baut sich über 36 Jahre Spardauer aus Beiträgen und Zulagen auf? – Kosten und Zins beachten!
4. Wie hoch ist die Gesamtrente? – Der ermittelte Betrag ist durch den Faktor 200 zu dividieren, um die lebenslange Gesamtrente zu ermitteln.

kurze Denkpause

Bitte nutzen Sie wirklich nur Zettel, Stift und Taschenrechner!

zu 1.: Summe der Zulagen

So rechnen Sie selbst mit Ihrem Finanztaschenrechner BWK Business®
(Details unter www.FAF-Verlag.com).

Eingabe	Displayanzeigen	Erklärung
↓ C	CLEARED 0,00	Löschen etwaiger Speicherinhalte.
36 x 154 =	= 5.544,00	Der Kunde erhält über 36 Jahre Jahr für Jahr 154 €.

Ergebnis: Der Kunde erhält über die Dauer von 36 Jahren 5.544 € bei 4 Prozent Mindestbeitragszahlung gutgeschrieben.

zu 2.: notwendiger Mindesteigenbeitrag

So rechnen Sie selbst mit Ihrem Finanztaschenrechner BWK Business®
(Details unter www.FAF-Verlag.com).

Eingabe	Display-anzeigen	Erklärung
25.000 x 4 % =	= 1.000,00	Der Kunde muss den 4-prozentigen Mindestbeitrag auf 25.000 € Brutto-Jahreseinkommen entrichten.
− 154 =	= 846,00	Die Grundzulage in Höhe von 154 E reduziert den jährlichen Mindesteigenbeitrag auf 846 €.
÷ 12 =	= 70,50	Der monatliche Mindestbetrag Beträgt 70,50 €.

Ergebnis: Der Kunde muss monatlich 70,50 € entrichten, bleibt sein Einkommen über die kommenden Jahre weiterhin konstant.

Zu 3.: Kapital aus Eigenbeiträgen (Teil 1-Eigenbeiträge aus 2.)

So rechnen Sie selbst mit Ihrem Finanztaschenrechner BWK Business®
(Details unter www.FAF-Verlag.com).

Eingabe	Display-anzeigen	Erklärung
↓ C	CLEARED 0,00	Löschen etwaiger Speicherinhalte.
12 P/YR	P/YR 12,00	Der Kunde spart monatlich.
36 xP/YR	N 432,00	Der Kunde zahlt 36 Jahre lang, also 432 Monate.
6 EFF%	I/YR NOM% 5,84	Der Sparzins beträgt 6 Prozent effektiv = 5,84 Prozent nominal.
564 − 16 % =	= 473,76	Ermittlung der Zuzahlung zu Versicherungsbeginn (Jan.-August) vermindert um 16 Prozent Kosten.
+/− PV	PV −473,76	Die Zuzahlung erfolgt einmalig.
70,50 − 16 % =	= 59,22	Der monatliche Sparbetrag von 70,50 € wird um 16 Prozent Kosten reduziert.
+/− PMT	PMT −59,22	Die mtl. Sparleistung beträgt somit 59,22 €. Jahr für Jahr.
FV	FV 90.815,34	Ermittlung des gebildeten Kapitals aus den mtl. Beiträgen.

1. Teilergebnis: Das Kapital aus den Eigenbeiträgen beträgt 90.815 €. Im zweiten Schritt wird das Kapital aus den jährlichen Zulagen ermittelt. Aus der Summe Teilergebnis 1 und 2 kann dann die Rente hergeleitet werden.

3. Kapital aus Zulagen (Teil 2 v. 2)

So rechnen Sie selbst mit Ihrem Finanztaschenrechner BWK Business®
(Details unter www.FAF-Verlag.com).

Eingabe	Display-anzeigen	Erklärung
↓ C	CLEARED 0,00	Löschen etwaiger Speicherinhalte.
1 P/YR	P/YR 1,00	Die Zulagenzahlung erfolgt einmal jährlich.
36 xP/YR	N 36,00	Der Kunde zahlt 36 Jahre lang, 154 € Zulage.
6 EFF%	I/YR NOM% 6,00	Der Sparzins beträgt 6 Prozent effektiv.
0 PV	PV 0,00	Zu Beginn erfolgt keine separate Einzahlung.
154 − 16 % =	= 129,36	Die Zulage in Höhe von 154 €, wird ebenfalls durch die 16 Prozent Kosten reduziert.
+/− PMT	PMT −129,36	Der Kunde erhält jährlich die Zulage nach Kosten auf seinen Vertrag gutgeschrieben.
FV	FV 15.409,48	Ermittlung des Kapitals aus den Zulagen.

2. Teilergebnis: Das Kapital aus den Zulagen beträgt 15.409,48 €.

Im zweiten Schritt wird das Kapital aus den jährlichen Zulagen ermittelt.

Σ Eigenbeiträge + Σ Zulagen = Gesamtkapital
90.815,34 € + 15.409,48 € = 106.224,82 €

Aus Teilergebnis 1 und 2 ergibt sich ein Kapital von 106.224,82 €.

zu 4. Ermittlung der Gesamtrente

106.224,82 € /200 = 531,12 € Gesamtrente (Monat für Monat)

Schlussfolgerung:

Man könnte glauben, Theorie und individuelle Berechnung am Computer gehen in diesem Beispiel zu weit auseinander. Die Kostenseite wurde sehr sorgfältig geprüft und ermittelt. Das Ergebnis am Computer weicht in diesem Beispiel nur minimal ab. Bei einem Einbezug weiterer Zulagen (zum Beispiel Kinderzulage) ist die Berechnung weitaus komplexer, da der Beitrag sich mit Wegfall der jeweiligen Kinderzulage ändert. Auch ist der zeitliche Endpunkt der Zulagengewährung unterschiedlich.

Am Ende bleibt festzuhalten, dass mit dem BWK Business® beinahe jeder noch so komplexe Vorgang darstellbar ist. Übung macht am Ende den Meister und verschafft Souveränität im Gesprächsablauf.

Riester und die Steuer im Alter, § 22 Nr. 5 EStG

Eine Auszahlung der Riester-Rente im Alter ist vollständig steuerpflichtig. Wir sprechen von der sogenannten nachgelagerten Besteuerung. Maßgebend ist der individuelle Steuersatz im Alter. Kehren wir also zurück zum vorausgehenden Beispiel, so berechnet sich die Einkommensteuer nach folgendem Schema.

Marcus S. erhält 531,12 € monatliche Rente im Alter, also rund 6.372 € im Jahr. Da der Steuersatz im Alter geringer sein dürfte als in der Ansparphase, treffen wir eine vorsichtige Annahme. Der individuelle Steuersatz soll 20 Prozent im Alter betragen. 20 Prozent von 6.372 € sind 1.275 € Einkommensteuer. Netto bleibt demnach eine Jahresrente von 5.097 € oder aber eine monatliche Nettorente von rund 425 €.

Hinweis: Bei einer schädlichen Verwendung des Riester-Vertrages (zum Beispiel Kündigung) müssen Zulagen und Steuererstattung zurückbezahlt werden.

Eine Riester-Rente ist zu empfehlen für:

- Berufsstarter und Singles mit hohem Einkommen
- Familien mit mehreren Kindern
- Besserverdiener
- Beamte

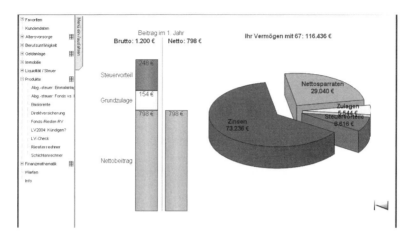

Quelle: Riesterrechner, Modul des Dr. Kriebel Beratungsrechners, www.beratungsrechner.de

Sollte ein Beitragsengpass eintreten, besteht immer die Möglichkeit, den Vertrag ruhen zu lassen (auch über 2 Jahre) und zu einem späteren Zeitpunkt wieder fortzuführen. In dieser Zeit fließt natürlich auch keine Zulage, es erfolgt lediglich die Verzinsung des gebildeten Kapitals.

10 gute Gründe für Riester

- Bis zu den maximal förderfähigen Beiträgen besteht Sicherheit vor „Hartz IV".
- Auszahlung ist nicht beitragspflichtig in der KVdR/Pflegeversicherung.
- Seit 2005: Teilauszahlung des gebildeten Kapitals ist bis zu 30 Prozent möglich.
- Dauerzulagenantrag ab 2005 anstatt manuellen Antrags.
- Keine Anrechnung auf Witwer-/Witwenrente.
- Die Riester-Rente ist zwar nicht vererbbar, das angesparte Kapital kann aber auf einen Ehegattenvorsorgevertrag übertragen werden.
- Seit 2006: Unisex Tarif.
- Die Riester-Rente bietet lebenslange Leistungen, egal, wie alt man wird.

- Der Kunde erhält eine Garantie auf den Kapitalerhalt und eine zusätzliche Überschussbeteiligung.
- Auf Riester lässt sich seit 2008 bauen.

Abbildung 25: Flexibilität einer Riester-Rente

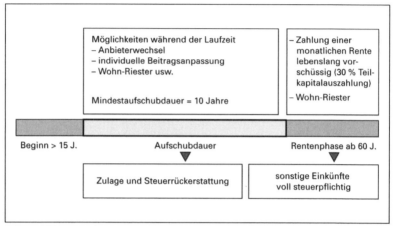

© Bernd W. Klöckner, Steffen Horn, Werner Dütting; Kopien, Vervielfältigungen und Weitergabe nur mit schriftlicher Genehmigung der Autoren; www.berndwkloeckner.com, www.duetting.com

„Wohn-Riester"

Zum 01.01.2008 ist rückwirkend das Eigenheimrentengesetz (Wohn-Riester) in Kraft getreten. Seit diesem Zeitpunkt erblicken weitere Gestaltungsmöglichkeiten unter dem Aspekt „Riester" das Licht der Finanzwelt. „Riestern" ist durch die erweiterten Fördermöglichkeiten jetzt auch für angehende Bauherren und Käufer von Wohneigentum eine zu prüfende Möglichkeit.

Mit der Einführung des Eigenheimrentengesetzes kommt die Riester-Förderung nun noch stärker auch der eigenen Immobilie zugute. Der Hintergrund ist, dass bei den meisten Bundesbürgern das eigene Haus weiterhin hoch im Kurs steht und mietfreies Wohnen im Alter ein maßgeblicher Bestandteil der Altersvorsorge ist und bleibt.

Eigenheimrentengesetz:

Das im Vorsorgevertrag einer Riester-Rente angesammelte Kapital kann zukünftig für den Erwerb, Bau oder Kauf einer inländischen Immobilie oder die Entschuldung von selbst genutzten Wohneigentum genutzt werden.

Gefördert werden:

- die selbstgenutzte inländische Immobilie
- eine Wohnung im eigenen Haus
- eine Eigentumswohnung
- eine Genossenschaftswohnung einer eingetragenen Genossenschaft

Änderungen Eigenheimrentengesetz:

- In der Ansparphase können Riester-Rente-Kunden künftig einen Teilbetrag bis zu 75 Prozent oder die vollen 100 Prozent des gebildeten Altersvorsorgekapitals förderunschädlich entnehmen, wenn sie das Kapital für eine unmittelbare Finanzierung eines Eigenheims im Sinne von Wohn-Riester verwenden. Es besteht keine Rückzahlungspflicht. Der Mindestentnahmebetrag im Jahr 2008/2009 ist begrenzt auf 10.000 €. Ab 2010 entfällt diese Mindestgrenze. Der maßgebliche Stichtag ist der 01.01.2008.

- Zu Beginn der Auszahlungsphase besteht die Möglichkeit zur Tilgung eines Darlehens, wenn damit eine selbstgenutzte Wohnimmobilie finanziert wurde. Es können auch bestehende Darlehen für Wohnimmobilien getilgt werden, die vor 2008 erworben oder hergestellt wurden.

Nachgelagerte Besteuerung – Wohnförderkonto

Wird aus einem Riester-Vertrag eine lebenslange Rente gezahlt, zählt diese zu den sonstigen Einkünften nach § 22 Nr. 5 EStG und ist mit dem individuellen Steuersatz zu versteuern. Dieser ist im Rentenbezug meist geringer als im Erwerbsleben.

- Kommt die Riester-Förderung dem Eigenheim im Sinne von Wohn-Riester zugute, muss auch diese Förderung im Alter versteuert werden. Dazu behilft der Staat sich mit dem sogenannten Wohnförderkonto. Dieses „fiktive Konto" hilft, alle riestergeförderten Beiträge unter einem jährlichen Zins von 2 Prozent zu erfassen, um eine Grundlage für die spätere Besteuerung zu ermöglichen. Die dann greifende, nachgelagerte Besteuerung hängt nicht von der Entwicklung des Eigenheims ab. Lediglich die geförderten Beiträge sind maßgeblich. Das Wohnförderkonto ist vom Anbieter zu führen, mit dem der Vertrag geschlossen wurde. Wenn der Vertrag beendet wird (zum Beispiel bei einer Kapitalentnahme), ist das Konto auf die ZfA zu übertragen. Für die Besteuerung des Wohnförderkontos besteht kein Wahlrecht. Die Besteuerung kann auf einen Schlag (zum Beispiel Störfall – siehe Anlagen zu Teil 2) oder gleichermaßen bis zum 85. Lebensjahr verteilt werden.

Der Kunde kann zwischen zwei Varianten wählen:
– eine jährliche Besteuerung bis zum 85. Lebensjahr über einen Zeitraum von 17 bis 25 Jahren (Besteuerungsbeginn folglich zwischen dem 60. und 68. Lebensjahr)
– eine einmalige Besteuerung des Auflösungsbetrages

Vorteil: es werden nur 70 Prozent des geförderten Kapitals besteuert.

Abbildung 26: Wohn-Riester, Flexibilität und zeitlicher Ablauf

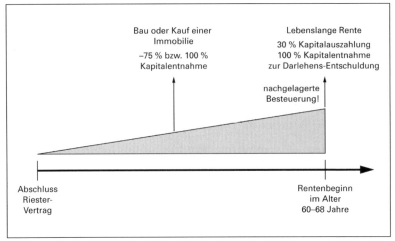

© Bernd W. Klöckner, Steffen Horn, Werner Dütting; Kopien, Vervielfältigungen und Weitergabe nur mit schriftlicher Genehmigung der Autoren; www.berndwkloeckner.com, www.duetting.com

Herr Schmidt entnimmt im Alter von 45 Jahren aus seiner Riester-Rente 15.000 €. Nach 23 Jahren (im Alter von 68 Jahren) erfolgt die Besteuerung.

1. Schritt: Summe Wohnförderkonto nach 23 Jahren, bei 2 Prozent jährlicher Verzinsung ermitteln 1. Jahr Wohnförderkonto = 15.000 €

So rechnen Sie selbst mit Ihrem Finanztaschenrechner BWK Business®
(Details unter www.FAF-Verlag.com).

Eingabe	Displayanzeigen	Erklärung
↓ C	CLEARED 0,00	Löschen etwaiger Speicherinhalte.
1 P/YR	P/YR 1,00	Wir gehen von einer jährlichen Betrachtung aus.
23 xP/YR	N 23,00	Nach 23 Jahren ist das Wohnförderkonto zu besteuern.
2 EFF%	I/YR NOM% 2,00	Das Wohnförderkonto wird „fiktiv" mit jährlich 2 Prozent vermehrt.
15.000 +/− PV	PV −15.000,00	Stand des Wohnförderkontos im 1.Jahr
0 PMT	PMT 0,00	Es werden keine weiterenZuzahlungen oder Entnahmen durch den Kunden geleistet.
FV	FV 23.653,49	Das Wohnförderkonto hat nach 23 Jahren den Stand von ca. 23.650 € erreicht.

Ergebnis: Nach 23 Jahren hat das Wohnförderkonto von Herrn Schmidt, den Stand von 23.653 € erreicht.

Er sollte zwei Varianten der Besteuerung prüfen.

Variante 1 – einmalige Besteuerung (nur 70 Prozent des Kontostands)

23.653,49 € x 70% = 16.557,44 €
unterstellter Steuersatz im Alter: 30 Prozent
16.557,44 € x 30% = **4.967,23 €**

Variante 2 – jährliche Besteuerung (Alter 68 bis 85/17 Jahre)

23.653,49 €/17 Jahre = 1.391,38 €
unterstellter Steuersatz im Alter: 25 Prozent
1.391,38 € x 25% = 347,85 €
Summe der Steuerzahlung über 17 Jahre
17 x 347,85 € = **5.913,37 €**

Vergleich:

Variante 1 – sofort	Variante 2 – verteilt	Delta
4.967,23 €	5.913,37 €	946,14 €

Fazit: In der aktuellen Finanzmarktsituation schwindet das Vertrauen einiger Bürger gegenüber bestimmten Finanzprodukten. Ein Teil der Sparer macht sich dabei Gedanken, wie es um die Sicherheit ihrer Altersvorsorge steht. Gerade in dieser Zeit besinnt man sich wieder auf die althergebrachte Anlageform, die selbst genutzte Wohnimmobilie. Das hat der Gesetzgeber erkannt und im Jahr 2008 mit dem Eigenheimrentengesetz klar geregelt und mit Beginn des letzten Jahres ermöglicht. Die oft diskutierte nachgelagerte Besteuerung ist dabei nicht so schlecht wie ihr Ruf. Wie hoch die Steuer im Alter tatsächlich ausfällt, hängt vom individuellen Steuersatz ab und dieser ist nun einmal nicht in Stein gemeißelt. Ob letztlich eine Riester-Rente (klassisch/fondsgebunden), der reine Darlehensvertrag ein Bausparvertrag, ein Bauspar-Kombikredit (vorfinanzierter Bausparvertrag) oder ein Riester-Sparplan mit einem Anbieter der Wahl geschlossen wird, bleibt am Ende dem Kunden und seinen Vorstellungen geschuldet. Die neuen Chancen und Möglichkeiten dringen aber nur langsam in das Bewusstsein der Bürger. Aufklärung und Vereinfachung dieser Materie ist deshalb notwendig.

▪ Betriebliche Altersversorgung (bAV)

Die betriebliche Altersversorgung stellt neben der Riester-Rente die zweite Form der geförderten Altersversorgung dar und wird ebenfalls der 2. Schicht zugeordnet. Nur rund 40 Prozent der Betriebsstätten und

46 Prozent der sozialversicherungspflichtigen Beschäftigten in der Privatwirtschaft in Deutschland haben überhaupt eine bAV. Gewährt der Arbeitgeber zusätzlich zum Arbeitsentgelt eine bAV, ist diese konkurrenzlos und ein entscheidender Baustein in der ganzheitlichen Vorsorgeplanung. Aber gehen wir der Reihe nach vor und betrachten einige Eckpunkte der betrieblichen Altersversorgung. Wir werden es nicht schaffen, alle Grundlagen und Highlights des breiten Spektrums der bAV zu vermitteln, jedoch zumindest einige Ideen dazu.

Entgeltumwandlungsanspruch

Seit dem 01.01.2002 hat jeder Arbeitnehmer einen Rechtsanspruch auf Entgeltumwandlung (§ 1a BetrAVG, Betriebsrentengesetz). Arbeitnehmer sind dabei Personen, die in der DRV pflichtversichert sind. Auch geringfügig beschäftigte Arbeitnehmer fallen darunter, sofern sie Pflichtbeiträge zahlen. Keinen Rechtsanspruch haben:

- Beamte
- Arbeitnehmer, die von der DRV befreit sind
- Mitglieder berufsständischer Versorgungswerke

Das Recht des Arbeitnehmers auf Entgeltumwandlung besteht bis zu einem frei wählbaren Betrag von 4 Prozent der Beitragsbemessungsgrenze (BBG $_{West}$) in der DRV.

Tabelle 24: Entgeltumwandlungsanspruch Jahr 2009

BBG$_{West}$ DRV	5.400 €/Monat	64.800 €/Jahr
Entgeltumwandlungsanspruch (4%)	216 €/Monat	2.592 €/Jahr

Sofern der Arbeitgeber bereits einen oder alle drei versicherungsförmigen Durchführungswege der bAV in seinem Unternehmen anbietet, kann der Arbeitnehmer frei wählen, ob und in welcher Höhe (Grenzen beachten) er seinen Entgeltumwandlungsanspruch realisiert. Das bedeutet, er kann sich für die Direktversicherung oder alle drei versicherungsförmigen Durchführungswege entscheiden. Sollte der Arbeitgeber nur eine Direktzusage oder Unterstützungskasse anbieten, kann der AN wählen, ob er einen dieser Wege beschreitet oder von seinem Recht Gebrauch macht, eine Direktversicherung zu nutzen. Der Arbeitgeber ist immer frei in seiner Entscheidung über den Anbieter. Das heißt, er kann, muss aber nicht einen bestimmten oder mehrere Anbieter akzeptieren.

Durchführungswege

Es gibt mehrere Möglichkeiten, aber auch Unterschiede in der Einrichtung der bAV. Die fünf Durchführungswege sind:

1. Direktversicherung	▶	versicherungsförmige bAV
2. Pensionskasse	▶	versicherungsförmige bAV
3. Pensionsfonds	▶	versicherungsförmige bAV
4. Unterstützungskasse		
5. Pensions-/Direktzusage		

Der am häufigsten genutzte Durchführungsweg ist die bekannte Direktversicherung. Zusammen mit den beiden anderen versicherungsförmigen Durchführungswegen (Pensionskasse, Pensionsfonds) gelten gemeinsame steuerliche Grundsätze für arbeitsrechtliche Vereinbarungen nach 2004. Die Direktversicherung eignet sich vor allem für kleine Betriebe mit einer Mitarbeiterzahl unter 25 Personen, die keine eigenen betrieblichen Vorsorgesysteme eingeführt haben. Bei der Direktversicherung schließt der Arbeitgeber bei einem Lebensversicherer per Einzel- oder Gruppenvertrag Lebensversicherungen für seine Arbeitnehmer ab. Versicherungsnehmer (VN) und Beitragsschuldner ist der Arbeitgeber – Begünstigter der Arbeitnehmer.

Abbildung 27: Prinzip der Direktversicherung

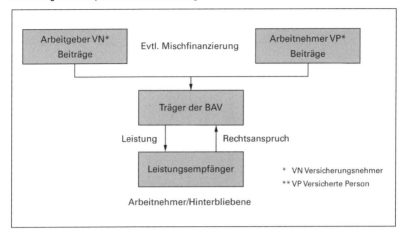

Bei allen fünf Durchführungswegen bestehen unterschiedliche Möglichkeiten für die Beitragszahlung. Es besteht auch die Möglichkeit einer Mischfinanzierung (Kombination aus AN- und AG-Beiträgen). Häufig werden die Beiträge vom Mitarbeiter allein übernommen und fließen im Rahmen der Entgeltumwandlung/Gehaltsumwandlung aus dem Bruttoeinkommen direkt in den jeweiligen Durchführungsweg. Die Beiträge werden aber immer vom Arbeitgeber an den Versicherer abgeführt. Verzichtet der AN heute auf Teile seines Einkommens und finanziert aus seinem Bruttoeinkommen zum Beispiel eine Direktversicherung, mindert er seine Steuer- und Sozialabgabenlast. An einem Beispiel kann das wie folgt aussehen.

Auswirkung einer bAV von 100 € auf das Nettogehalt
Betrachtung Steuerklasse I

Gehaltsabrechnung	Ohne bAV [€]	Mit bAV [€]
mtl. Bruttoverdienst	2.500	2.500
mtl. Beitrag zur bAV	–	100
steuerpflichtiges Gehalt – Steuern – Sozialversicherungsabgaben	2.500 446 519	2.400 412 499
mtl. Nettogehalt	1.535	1.489
Tatsächlicher Aufwand für bAV		46

© Bernd W. Klöckner, Steffen Horn, Werner Dütting; Kopien, Vervielfältigungen und Weitergabe nur mit schriftlicher Genehmigung der Autoren; www.berndwkloeckner.com, www.duetting.com

Bei einem monatlichen Beitrag von 100 € in die bAV wendet der AN lediglich 46 € bzw. 56 € (Steuerklasse III) auf, denn der Staat beteiligt sich mit 54 € bzw. 44 € an der Altersversorgung über den Betrieb. Hinzu kommen weitere Vorteile einer bAV:

- Sonderkonditionen über Gruppen- bzw. Rahmenverträge
- evtl. Zuschüsse des Arbeitgebers
- Vereinfachte Annahmekriterien für weitere Risiken (zum Beispiel HIBLI und BU)

Aufgrund dieser Vorteile ist die bAV den anderen Vorsorgeformen häufig überlegen und immer anzubieten. Das gilt auch im Bereich der reinen Risikoabsicherung! Kostet eine private Risiko-Berufsunfähigkeitsversicherung beispielsweise 100 €, so würde auch diese über die bAV in unserem Beispiel nur den halben Beitrag kosten. Hierbei gilt: Nichts geht über eine bedarfsgerechte Rentenhöhe im Bedarfsfall.

Anmerkung: Leistungen aus einer Direktversicherung, die nach § 3 Nr. 63 EStG gefördert werden, unterliegen der vollen nachgelagerten Besteuerung gemäß § 22 Nr. 5 EStG. Zu berücksichtigen ist der letztlich ermittelte Steuersatz im Leistungsfall aufgrund der zu erwartenden Gesamteinnahmen. Das heißt: Die Steuerbetrachtung sollte nicht gegen eine solche Möglichkeit sprechen. Bedenken Sie aber die Auswirkungen eines möglichen Wechsels der Arbeitsstätte!

bAV – Beitragsseite (SV-/Steuerbetrachtung)

Die Sozialversicherungsbetrachtung und die Steuerbetrachtung sind zwei völlig unterschiedliche Bereiche. Dennoch weisen beide Bereiche in der bAV teilweise Parallelen auf. So ist der zusätzlich nutzbare Aufstockungsbetrag von 1.800 € in den versicherungsförmigen Durchführungswegen zwar steuerfrei, nicht jedoch sozialabgabenfrei. Dies gilt sowohl in der Gehaltsumwandlung als auch der Arbeitgeberfinanzierung. Nachfolgende Tabelle schafft eine notwendige Übersicht für den aktuellen Berufsalltag.

Tabelle 25: SV und Steuerbetrachtung in der bAV.

Variante	Direktversicherung	Pensionskasse	Pensionsfonds	Pensions-Zusage	Unterstützungskasse
Arbeitgeber-Finanzierung	– Sozialabgabenfreiheit bis 4 % BBG – Steuerfreiheit bis 4 % BBG + 1.800 € (Achtung: wenn keine Pauschalbesteuerung)			– sozialabgabenfrei (ohne Grenze) – keine Besteuerung (ohne Grenze)	
Entgeltumwandlung	– Sozialabgabenfreiheit bis 4 % BBG – Steuerfreiheit bis 4 % BBG + 1.800 € (Achtung: wenn keine Pauschalbesteuerung)			– sozialabgabenfrei bis 4 % BBG – keine Besteuerung (ohne Grenze)	

Eine Befreiung von den SV-Abgaben wirkt sich folglich nur dann positiv aus, wenn das sozialversicherungspflichtige Entgelt vor Berücksichtigung einer arbeitgeberfinanzierten bAV bzw. nach Berücksichtigung einer Entgeltumwandlung unter der Beitragsbemessungsgrenze der gesetzlichen Rentenversicherung liegt. Wir haben im Anhang zum Teil 2 wesentliche Tabellen eingestellt, um sowohl aus Arbeitnehmer- als auch aus Arbeitgebersicht Kriterien ableiten zu können. Die Anlagen helfen in ihrer kurzen und knappen Form, Entscheidungen im alltäglichen Berufsalltag herbeizuführen.

bAV – Leistungsseite (SV-/Steuerbetrachtung)

Bei einer Direktzusage oder einer Unterstützungskasse zahlen Arbeitnehmer während der Ansparphase keine Steuern. Erst die Versorgungsleistungen sind steuerpflichtig. Beiträge zu Pensionsfonds, Pensionskassen oder für Direktversicherungen werden unterschiedlich gefördert, je nachdem, wann der Arbeitgeber die Versorgungszusage erteilt hat. Wer die Zusage nach dem 31. Dezember 2004 erhalten hat, kann Beiträge bis zu 4.392 € (2.592 € + 1.800 €) steuerfrei einzahlen. Die ausgezahlten Leistungen, die auf steuerfreien Beiträgen beruhen, werden in voller Höhe nachgelagert mit dem individuellen Steuersatz versteuert. Darüber hinaus fallen in der Regel Beiträge für die gesetzliche Kranken- und Pflegeversicherung an.

Wesentliche Tabellen zu diesem Bereich befinden sich im Anhang!

Seit dem 01.01.2004 werden die Leistungen aus der bAV wie das Arbeitseinkommen mit vollen Beiträgen zur KVdR belastet (Vergleich Teil 1). Es ist völlig egal, ob es sich um eine temporäre Rentenzahlung oder eine einmalige Kapitalzahlung handelt.

Der Beitragssatz für Leistungen aus der bAV ermittelt sich wie folgt:

allg. Beitragssatz ab 01.07.2009:	14,9 Prozent
+ Pflegeversicherung:	1,95 Prozent
+ ggf. Zuschlag für Kinderlose:	0,25 Prozent

Insgesamt zahlen KVdR-Pflichtige dann 16,85 Prozent bzw. 17,10 Prozent (Kinderlose) an Sozialabgaben auf ihre Rente bzw. Kapitalzahlung. Eine etwaige Kapitalzahlung ist durch 120 zu teilen, die KVdR-Zahlung erfolgt dann über 10 Jahre, es sei denn der Leistungsempfänger verstirbt vorher. Es ist völlig egal, wer die Leistung erbringt (Arbeitgeber- bzw. Arbeitnehmerfinanzierung). Es sind alle Durchführungswege betroffen. Auch Altverträge (Zusage vor 2004 getroffen) bleiben nicht verschont.

> Eine Nichtbelastung durch KVdR-Beiträge ist nur möglich, wenn die monatliche Betriebsrente bzw. der 120. Teil der Kapitalzahlung – ein Zwanzigstel der monatlichen Bezugsgröße des Sozialversicherungsrechts (im Jahr 2009: 2.520 €) nicht übersteigt. Wird dieser Wert überschritten, führt dies zur vollen Belastung.

Um die Vorteile der betrieblichen Altersversorgung in Zahlen darzustellen, bedienen wir uns gern eines Beispiels. Da eine Arbeitgeberfinanzierung zweifelsohne keines Vergleichs bedarf, entscheiden wir uns für die Entgeltumwandlung.

Entgeltumwandlung am Beispiel

Sie benötigen einen Gehaltsrechner (Software oder Nettoaufwandstabelle) sowie einen Finanztaschenrechner (BWK Business®).

Berechnungsfolge.

1. Bisherigen Nettolohn erfragen oder über Gehaltsrechner ermitteln.
2. Zukünftigen Nettolohn auf Basis des Umwandlungsbetrages bAV berechnen.
3. Differenz aus 1 und 2 bilden, Produkt wählen und Ergebnis berechnen.

Für den Nettoaufwand bei Entgeltumwandlung nach § 3 Nr. 63 EStG können Sie auch die nachfolgende Tabelle nutzen.

Tabelle 26: Nettoaufwand bei Entgeltumwandlung nach § 3 Nr. 63 EStG

Bruttoein-kommen in €	Brutto-Monatsbeitrag in €											
	50,00			100,00			150,00			216,00		
	Steuerklasse											
	I	III	V	I	III	V	I	III	V	I	III	V
	Nettoaufwand in €											
1.500	23	40	21	45	79	41	66	119	61	101	171	87
2.000	25	32	18	49	64	35	74	97	53	107	140	78
2.500	23	28	16	46	56	32	70	84	47	101	122	68
3.000	22	23	16	44	46	32	66	70	47	95	98	68
3.500	20	25	16	41	50	32	61	76	47	88	109	68
4.000	24	29	20	47	58	41	71	88	61	102	126	88
4.500	22	28	20	44	57	41	67	86	61	96	123	88
5.000	21	28	20	43	56	41	64	83	61	92	120	88

Vom Bedarf der Notwendigkeit

NUN ZUM BEISPIEL

Herr G. Müller hat ein Bruttoeinkommen von 2.000 €. Er ist 28 Jahre jung und ledig. Mittels der 7-Schritte-Verkaufsstrategie©® ermitteln Sie, dass der Kunde noch rund 320 € Monat für Monat sparen müsste, um mit 65 Jahren sorgenfrei in Rente gehen zu können.

Sie prüfen die Voraussetzungen und empfehlen ihm als ersten Baustein die Vorsorge über eine Entgeltumwandlung von 216 € (maximal 4 Prozent der BBG DRV). Die Rendite der fondgebundenen Direktversicherung nehmen wir mit effektiv 5 Prozent an. Gehen Sie anhand der 3-Schritte-Berechnungsfolge vor.

1. Schritt: *Bisherigen Nettolohn erfragen oder über Gehaltsrechner ermitteln.*

Herr G. Müller hat ein Bruttoeinkommen von 2.000 €/Steuerklasse I. Mit Hilfe eines Gehaltsrechners ermitteln wir ein aktuellen monatlichen Nettoverdienst von 1.326 €. Herr Müller stimmt zu. Alternativ können Sie sich eine Gehaltsabrechnung zeigen lassen oder einfach den Wert des Kunden annehmen.

2. Schritt: *Zukünftigen Nettolohn auf Basis des Umwandlungsbetrages bAV berechnen*

Wir empfehlen Herrn Müller, die vollen 4 Prozent der BBG DRV zu nutzen, da die sich draus ergebenden 216 € im Monat im Jahr 2009 sowohl Steuer- als auch SV-befreit sind. Der Kunde stimmt zu und wir rechnen. Dazu reduzieren wir den aktuellen Bruttoverdienst von 2.000 € im Monat um genau den Umwandlungsbetrag von 216 €. Es verbleibt ein monatlicher Bruttoverdienst von 1.784 €. Nach Abzug von Steuern und SV verbleibt ein Nettoverdienst von 1.213 €.

Im direkten Vergleich wird dieser Aspekt sehr deutlich!

Gehaltsabrechnung	ohne bAV	mit bAV
Monatliches Bruttogehalt	2.000 €	2.000 €
Monatlicher Beitrag bAV		216 €
Steuerpflichtiges Gehalt – Steuern – SV-Abgaben	2.000 € 267 € 407 €	1.784 € 208 € 363 €
Monatliches Nettogehalt	1.326 €	1.213 €
Nettoaufwand für bAV		110 €

Gehen wir in die vorausgehende Tabelle zurück, ist der Wert mit einer Differenz von gerade mal 3 € ableitbar. Der Wert ergibt sich aus der Schnittstelle von Bruttoeinkommen 2.000 € (Zeile) und dem Umwandlungsbetrag von 216 €/Spalte Steuerklasse 1.

Brutto-einkommen in €	Brutto-Monatsbeitrag in €											
	50,00			100,00			150,00			216,00		
	Steuerklasse											
	I	III	V	I	III	V	I	III	V	I	III	V
	Nettoaufwand in €											
1.500	23	40	21	45	79	41	66	119	61	101	171	87
2.000	25	32	18	49	64	35	74	97	53	**107**	140	78

▲

Wir wissen nun, dass 216 € in die Direktversicherung gezahlt werden, Herr Müller dafür aber nur 110 € an Aufwand tätigt. Im 3. Schritt berechnen wir das Vermögen, welches sich mit den Einzahlungen in die Direktversicherung ergibt.

Vom Bedarf der Notwendigkeit

3. Schritt: Produkt wählen (Firmendirektversicherung) und Ergebnis berechnen.

So rechnen Sie selbst mit Ihrem Finanztaschenrechner BWK Business®
(Details unter www.FAF-Verlag.com).

Eingabe	Display-anzeigen	Erklärung
↓ C	CLEARED 0,00	Löschen etwaiger Speicherinhalte.
12 P/YR	P/YR 12,00	Der Kunde spart monatlich.
37 xP/YR	N 444,00	Der Kunde ist heute 28 Jahre und möchte mit 65 Jahren in den Ruhestand übergehen.
5 EFF%	I/YR NOM% 4,89	Die angenommenes Rendite beträgt effektiv 5 Prozent
0 PV	PV 0,00	Zu Beginn wird keine Sonderzahlung geleistet.
216 +/− PMT	PMT −216,00	Die monatliche Sparleistung beträgt 216 €.
FV	FV 269.403,67	Berechnung des Endvermögens.

Werte bitte im Speicher lassen!

Ergebnis: Der Kunde Herr Müller hat über 37 Jahre ein Vermögen von rund 270.000 € aufgebaut. Da er auch im Alter gesetzlich krankenversichert ist und eine mögliche Kapitalzahlung über 10 Jahre KVdR-Beiträge abverlangt, sollten wir diesen Aspekt nicht vernachlässigen.

Vermögen vor Steuern:	270.000 €
− 25 Prozent Steuern (Annahme):	67.500 €
− 16,85 Prozent Sozialversicherung:	45.495 €
= Vermögen/„Nettokapitalwert"	**157.005 €**

Herrn Müller bleibt nach Steuern und SV-Betrachtung ein Vermögen von 157.005 €. Nun könnten wir den Effektivzins über den tatsächlichen Beitrag berechnen. Dieser liegt nicht bei 216 €, sondern – wir erinnern uns – bei effektiv 110 €.

Auch hier sollten Sie versuchen, dass Ergebnis selbst herzuleiten.

Kurze Denkpause

So rechnen Sie selbst mit Ihrem Finanztaschenrechner BWK Business®
(Details unter www.FAF-Verlag.com).

Eingabe	Display-anzeigen	Erklärung
110 +/− PMT	PMT −110,00	Effektiv zahlt der Kunde 110 €.
157.005 FV	FV 157.005,00	Nach Steuer und SV-Betrachtung erzielt der AN ein Vermögen von 157.005 €.
I/YR	I/YR NOM% 5,45	Berechnung des Nominalen Zinses.
EFF%	EFF% 5,59	Umrechnung in den Effektivzins.

Ergebnis: Auch nach Steuern und Sozialversicherungsbeiträgen, ist die bAV über Entgeltumwandlung eine lohnende Sache. Auch der Arbeitgeber profitiert finanziell von einer solchen Lösung. Ziehen wir ein Fazit, so spricht einiges für die Auseinandersetzung mit der betrieblichen Altersvorsorge.

10 gute Gründe für eine qualifizierte bAV-Beratung

aus Arbeitgebersicht (AG)

- Mitarbeitermotivation und Bindung auch in schwierigen Zeiten
- Senkung der Lohnnebenkosten
- Erhöhung der Attraktivität des Unternehmens durch individuelle und moderne Versorgungsmodelle
- Erfüllung des Rechtsanspruches auf Entgeltumwandlung
- Übernahme einer sozialen Verantwortung

aus Arbeitnehmersicht (AN)

- aus Expertensicht sinkt das Rentenniveau in den kommenden Jahren auf 52 Prozent des letzten Nettogehaltes
- Möglichkeit zum kostengünstigen, rabattierten und attraktiven Aufbau einer Vorsorge
- hohe Flexibilität (Portabilität, Beitragsgestaltung, Zusatzbausteine usw.)
- keine Anrechnung unverfallbarer Anwartschaften auf ALG II.
- steuer- und sozialversicherungsrechtliche Förderung.

Fazit: Aus Sicht des Arbeitnehmers gibt es erhebliche Unterschiede hinsichtlich der einzelnen Durchführungswege. Welchen Weg man wählen sollte, hängt von der Einkommenshöhe und der Stellung des Arbeitnehmers im Unternehmen ab. Direktzusage und Unterstützungskasse sind demnach mindestens so attraktiv wie Direktversicherung und Pensionskasse. Der Arbeitgeber bietet Direktzusage und Unterstützungskasse jedoch für die Masse der Arbeitnehmer selten an, da sie ihn regelmäßig stärker belasten als die anderen Wege. Auch aus Sicht der Arbeitnehmer wiegt die mangelnde Mitnahmefähigkeit (Portabilität) bei vorzeitigem Ausscheiden bei Direktzusage und Unterstützungskasse schwer, sodass die Wahl der Direktversicherung oder der Pensionskasse auch aus Arbeitnehmersicht sinnvoll ist. Alternative Konzepte wie bAV statt VL, Zeitkonten, Azubirente greifen jede noch so kleine Nische auf, so dass man am Ende sagen kann: bAV ist förderfähig auch durch Sie.

Schicht 3: Sonstige Versorgung (Klassik-Renten, Fonds)

☐ Kapital- und Rentenversicherungen

Bei einer bedarfsorientierten Vorsorgeberatung ist davon auszugehen, dass sich bei der Vielfalt von Kunden-Biographien auch eine Vielfalt von Anforderungen an das Produkt ergeben. Und dass sich diese Anforderungen wiederum im Laufe der Zeit ändern können ist jedem bewusst. Ist es heute noch der Wunsch nach einer lebenslangen Rente, so kann in 35 Jahren die Kapitalzahlung vordergründig und sinnvoll sein. Im Vergleich einer Alt- und Neuregelung (AltEinkG mit Stichtag 01.01.2005) wird bei einer heutigen Beratung oft der Einsatz von Vorsorgeprodukten der dritten Schicht vermieden. Im Sog der Förderprodukte lassen sich bestimmte Aspekte völlig neu definieren. Es kommt halt auf den Betrachtungswinkel an. Betrachten wir die Klassik-Kapital- und Rentenversicherung einmal im Gesamten. Wir begrenzen dabei den Rahmen auf wesentliche Punkte immer unter Berücksichtigung von steuerlichen Alt- und Neuregelungen.

Steuerliche Betrachtung in der Leistungsphase

1. Kapitalleistungen:

Vergleichen wir Alt- und Neuregelung einer späteren Kapitalzahlung, so ergeben sich folgende steuerliche Veränderungen. Für seit dem 01.01.2005 abgeschlossene Kapitallebensversicherungen, fondsgebundene Versicherungen und Rentenversicherungen, bei denen das Kapitalwahlrecht ausgeübt wird, werden die Erträge voll besteuert. Ausnahme: Läuft die Versicherung mindestens 12 Jahre und beträgt das Endalter mindestens 60, so wird nur die Hälfte der Erträge versteuert. Bei vor dem 01.01.2005 abgeschlossenen derartigen Versicherungen, bei denen das Kapitalwahlrecht ausgeübt wird, ist die Auszahlung inklusive der Erträge steuerfrei, sofern die Mindestdauern (5 Jahre Beitragszahlungsdauer und 12 Jahre Mindestlaufzeit) eingehalten wurden.

Alt-/Neuregelung bei Kapitalwahlrecht

Altregelung bis 31.12.2004		Neuregelung seit 01.01.2005
12 Jahre Laufzeit und 5 Jahre Beitragszahlung > 60% Mindesttodesfallschutz 100% des Wertzuwachses steuerfrei	Stichtrag ist der 01.01.2005	12 Jahre Laufzeit, Endalter min. 60 Jahre Mindesttodesfallschutz entfällt!! 50% des Wertzuwachses steuerfrei ▶ ansonsten 100% Steuerpflicht

Leistungen aus nach dem 31.12.2004 abgeschlossenen

- Kapitalversicherungen
- Rentenversicherungen mit Kapitalwahlrecht
- fondgebundene Lebensversicherungen

sind im Erlebensfall als auch bei (Teil)Rückkauf des Vertrages zu versteuern.

Leistungen im Todesfall unterliegen nicht der Einkommensteur. Steuerpflichtig ist der Wertzuwachs (Differenz aus Versicherungsleistung und der Summe der zu entrichteten Beiträge). Die Ermittlung des hälftigen Wertzuwachses (60Jahre Endalter/12 Jahre Laufzeit) lässt sich an einer vereinfachten Berechnung schnell aufzeigen.

 BEISPIEL KAPITALZAHLUNG

Kapitallebensversicherung, Aufschubdauer 35 Jahre, monatlicher Sparbetrag 100 € (= Gesamtsparbetrag 42.000 €).

Ablaufleistung inkl. Überschüsse:	82.000 €
Summe der Sparbeträge: ./.	42.000 €

steuerpflichtiger Wertzuwachs (hälftig) = 40.000/20.000 € *

*hälftiger Betrag

Vom ermittelten Wertzuwachs (Unterschiedsbetrag) hat das Versicherungsunternehmen die Kapitalertragsteuer (KESt) in Höhe von 25 Prozent und den Solidaritätszuschlag in Höhe von 5,5 Prozent aus der KESt an das Finanzamt abzuführen (§§ 43, 43a EStG). Für eine Abführung haftet der Versicherer bei Vorsatz bzw. grober Fahrlässigkeit. Der Versicherungsnehmer erhält eine Bescheinigung über die einbehaltene Steuer. Ein Freistellungsauftrag bzw. eine Nichtveranlagungs-Bescheinigung kann dem Versicherungsunternehmen zur Reduzierung bzw. Vermeidung des Abzugs der Kapitalertragsteuer und des Solidaritätszuschlags vorgelegt werden.

2. Rentenleistungen

Private Renten werden in Abhängigkeit des Rentenbeginnalters versteuert. Der Besteuerungsanteil liegt beim Alter von 0 Jahren bei 59 Prozent und fällt bis zum Alter von 97 auf 1 Prozent. Bei einem Rentenbeginn mit 65 Jahren liegt der Ertragsanteil einer privaten Rentenversicherung bei 18 Prozent. Vorsorgemaßnahmen mit Ertragsanteilbesteuerung werden auf das vorliegende Rentenbeginnalter berechnet.

Mit Beginn des Jahres 2005 kam es zu einer deutlichen Verbesserung in Bezug auf die Rentenleistungen. Waren bisher die regelmäßigen Rentenleistungen mit ihrem Ertragsanteil bei Renteneintritt mit 65 Jahren mit 27 Prozent zu versteuern, so sind es seit 2005 nur noch 18 Prozent. Hierunter fallen sowohl Renten aus (alten) privaten Rentenversicherungen (abgeschlossen vor dem 01.01.2005) als auch neue Lebensversicherungen. Die nachfolgende Tabelle verdeutlicht dies für das Alter von 60 bis 69 Jahren. Eine vollständige Übersicht befindet sich im Anhang zu Teil 2.

Tabelle 27: Ertragsanteilsbesteuerung Alt- und Neuregelung 60-69 Jahre; § 22 Nr. 1 Satz 3a EStG – für lebenslange Leibrenten

Renteneintritt	60	61	62	63	64	65	66	67	68	69
Altregelung [%]	32	31	29	29	28	27	26	25	23	22
Neuregelung [%]	22	22	21	20	19	18	18	17	16	16
Vorteil [%]	10	9	8	9	9	9	8	8	7	6

Achtung: Es sei an dieser Stelle daran erinnert, dass dieser Sachverhalt nicht für Riester-, Rürup- oder bAV-Rente gilt.

Beispiel – Rentenzahlung:

Bei einer Privatrente wird nur der Ertragsanteil besteuert. Dieser beträgt beim Rentenbeginnalter 65 nur 18 Prozent. Von 1.000 € möglicher Rente (Annahme) zählen dann nur 180 € als Einkommen und müssen mit dem individuellen Steuersatz versteuert werden.

Rente oder Kapital?

Die Frage ist berechtigt und Sie sollten mit Ihren Kunden nachfolgende Berechnung anstellen, um die Lösung herbeizuführen. Es bleibt letztlich ein Wahlrecht.

 BEISPIEL

Eine Rentenversicherung mit Kapitalwahlrecht prognostiziert eine Kapitalabfindung zum 60. Lebensjahr von 92.443 € oder eine monatliche Gesamtrente von 472 €, welche jährlich um 1 Prozent steigt. Wie lange müsste die Rente ausgezahlt werden, damit diese vom Vorteil gegenüber der Kapitalabfindung ist? Es soll ein Zins von 4,8 Prozent erzielt werden.

So rechnen Sie selbst mit Ihrem Finanztaschenrechner BWK Business®
(Details unter www.FAF-Verlag.com).

Eingabe	Displayanzeigen	Erklärung
↓ C	CLEARED 0,00	Löschen etwaiger Speicherinhalte.
12 P/YR	P/YR 12,00	Monatliche Auszahlung der Renten.
4,8 EFF%	I/YR NOM% 4,70	Festlegung des Effektivzinses von effektiv 4,8 Prozent in der Rentenphase.
92.443 +/– PV	PV –92.443,00	Die Kapitalhöhe zum 60. Lebensjahr beträgt 92.443 €.
472 P/D	P/D 472,00	Die Anfangsrente zum 60. Lebensjahr beträgt 472 €.

Fortsetzung:

12 ↓ %D	xD 12,00		Die Rente steigt jährlich (alle 12 Monate) um 1 Prozent.
1 %D	%D 1,00		Die dynamische Rentensteigerung beträgt 1 Prozent.
0 FV	FV 0,00		Am Ende soll das Kapital vollständig aufgebracht sein.
N	N 304,00		Ermittlung der erforderlichen monatlichen Laufzeit. Aufgrund der Dynamik kann die Berechnung einen Moment in Anspruch nehmen.
RCL xP/YR	xP/YR 25,29		Umrechnung in die jährliche Laufzeit.

Ergebnis: 304 Monate muss die Rente ausgezahlt werden. Der Kunde muss also rund bis zum 86. Lebensjahr (60+25,29) leben, damit die Rentenauszahlungen rentabler sind.

Flexibilität im Programm

Letztendlich schafft es die klassische und auch fondgebundene Lebensversicherung/Rentenversicherung, den Spagat zahlreiche Kundenwünsche mit den Produktmerkmalen souverän zu vereinen. Ein zusätzlicher Hinterbliebenenschutz, Berufsunfähigkeitszusatz und das spätere Leistungswahlrecht können stets realisiert werden. Laut Kundenumfragen ist diese Flexibilität ein maßgebliches Kriterium zur Entscheidung für oder gegen das Produkt. Ein nicht zu vernachlässigender Punkt ist, dass Ansprüche aus dem bestehenden Vertrag abgetreten, beliehen oder verpfändet werden können. Bedeutung findet dieser Sachverhalt spätestens mit Beginn der Überlegungen zu einer Finanzierung.

Die Versicherer sind gesetzlich dazu verpflichtet, bei der Anlage der Beiträge Kriterien wie Sicherheit, Rentabilität, Liquidität und den Grundsatz einer angemessenen Mischung und Streuung zu erfüllen. Dabei werden sie von der Bundesanstalt für Finanzdienstleistungsaufsicht (BaFin) überwacht. Der Ausgleich der Veränderungen des Geld- und Kapital-

marktzinses im Versichertenkollektiv und über die Zeit führt dazu, dass sich solche Schwankungen nicht abrupt auswirken.

Die klassische Lebensversicherung gehört nach wie vor zu den Vorsorgeprodukten!

Überschussbeteiligung

Alle Versicherer kalkulieren aufgrund gesetzlicher Vorschriften die Beiträge vorsichtig, das heißt mit Sicherheitszuschlägen. Wenn die Kosten geringer ausfallen als erwartet (zum Beispiel Verwaltungsapparat verkleinert sich), die Zinsen höher liegen oder – bei der Kapitallebensversicherung – weniger Todesfälle eintreten, dann erwirtschaften die Unternehmen Überschüsse. An diesen Überschüssen werden die Versicherten beteiligt. Einen Teil der erwirtschafteten Überschüsse leiten die Versicherer in Form einer Direktgutschrift an die Versicherten weiter. Der Rest fließt zunächst in die Überschussreserve, die sogenannte Rückstellung für Beitragsrückerstattung. Daraus verteilen die Versicherer die weiteren Überschussanteile an die Versicherten.

Die drei häufigsten Überschussformen sind:

1. Bonussystem: Die jährlich anfallenden Überschussanteile werden als Einmalbeitrag in eine zusätzliche, beitragsfreie Versicherung eingezahlt. Dadurch erhöht sich Jahr für Jahr die Versicherungsleistung.

2. Verzinsliche Ansammlung: Das Versicherungsunternehmen spart und verzinst die jährlichen Überschussanteile. Den angesparten Betrag bekommen die Versicherten mit den Zinsen ausgezahlt, sobald die Versicherung abläuft.

3. Beitragsverrechnung: Die Versicherer vermindern die regelmäßigen Beiträge um die prognostizierten jährlichen Überschussanteile. Das bedeutet: Die Zahlungen des Kunden sind niedriger als der eigentliche Tarifbeitrag. Erwirtschaftet das Versicherungsunternehmen weniger Überschüsse als kalkuliert, kann der reduzierte Beitrag für die Folgezeit angehoben werden – maximal bis auf die Höhe des Tarifbeitrags.

Fondspolicen

Am Ende stellt sich oft die Frage nach der Rendite. Hier ist es dienlich, gerade bei längeren Laufzeiten (> 15 Jahre) eine Fondspolice anzubieten. Die Entscheidung für eine fondsgebundene Kapital- bzw. Rentenversicherung bietet Chancen, birgt aber auch Risiken: Machen die Investmentfonds Gewinne, erhöht sich auch die Versicherungsleistung. Umgekehrt gilt: Verluste mindern den Leistungsanspruch des Versicherten. Zusätzliche Garantien kosten Rendite! Deshalb kann bei dieser Produktvariante zum Zeitpunkt des Versicherungsabschlusses noch keine Rente in absoluter Höhe garantiert werden. Wer sich trotz dieses Risikos für eine fondsgebundene Rentenversicherung entscheidet, hat bei vielen Versicherern die Wahl zwischen verschiedenen Fonds, in die der Sparbetrag fließen kann. Während der Vertragslaufzeit kann der Versicherte das Portfolio verändern und sein Kapital in andere Fonds umschichten – abgeltungsteuerfrei. Bei vielen Anbietern ist ein solcher Wechsel einmal jährlich kostenfrei möglich. Die Verwaltung von Investmentfonds übertragen die Versicherer in der Regel einer Kapitalanlagegesellschaft, die das Vermögen der Kunden in einem gesonderten Anlagestock verwahrt, also getrennt von fremden Geldern. Beiträge zu den hier beschriebenen privaten und fondsgebundenen Rentenversicherungen werden steuerlich nicht gefördert. Werden später die Rentenzahlungen gewählt, so unterliegen diese nur mit dem Ertragsanteil der Besteuerung. Für die Einmalauszahlungen bei Laufzeitende gilt: Bei Laufzeiten von mehr als 12 Jahren, einem Endalter von mindestens 60 Jahren und einem Spitzensteuersatz im Alter von 42 Prozent ist – wie schon zuvor erläutert – lediglich die Hälfte (21 Prozent) der Erträge bei Fondpolicen zu versteuern. Im Vergleich zu Investmentfonds (ohne Versicherungsmantel) sind 25 Prozent (Abgeltung-)Steuern fällig. Doch zum Thema Abgeltungsteuer später mehr. Der Vorteil von 4 Prozent gegenüber der Abgeltungsteuer ist nicht unwesentlich. Verdeutlichen möchten wir dies an einem Beispiel.

EXKURS PERFORMANCE/RENDITE

Performance

Als Performance bezeichnet man die Wertentwicklung eines Wertpapiers, Investments oder Portfolios innerhalb eines bestimmten Zeitraums und bezogen auf ein bestimmtes Risikomaß. Die Performance gibt dabei den Anlageerfolg wieder und wird in Prozent angegeben. Oft wird die Performance auch im Vergleich zum Gesamtmarkt oder zu der jeweiligen Branche dargestellt.

Rendite

Die Rendite, die man auch Effektivverzinsung nennt, setzt sich aus dem Wertzuwachs, laufenden Dividendenzahlungen und den Kosten für Verkauf, Kauf und Verwaltung zusammen. Sie dient dem Vergleich unterschiedlicher Kapitalanlageformen. Sie stellt den Gesamterfolg einer Anlage dar und wird meist in Prozent des angelegten Kapitals ausgedrückt. Die Berechnung der Rendite erfolgt mit der Methode des „Internen Zinsfußes". Die Renditeberechnung bei festverzinslichen Wertpapieren erfolgt gemäß der ISMA-Methode unter Berücksichtigung der täglichen Stückzinsen. Als Länge der Periode zwischen zwei Zinszahlungsterminen wird generell ein Jahr angenommen.

Beispiel:

Steigt der Wert eines Fondsanteils im Zeitraum von 10 Jahren von 100 auf 500 €, entspricht das einem Wertzuwachs von 400 Prozent. Bildet man den Durchschnittswert (10 Jahre), ergibt sich eine durchschnittliche Performance von 40 Prozent pro Jahr.

Betrachten wir die Rendite, muss die Anlage jährlich 40 Prozent erwirtschaften. Die Einmalanlage muss unter der Berücksichtigung des Zinseszinseffektes jährlich eine Rendite von 17,46 Prozent effektiv erbringen. Die Berechnung erfolgte mit dem BWK Business® Probieren Sie es einfach aus.

BEISPIEL FONDSPOLICEN

Herr Schneider ist 30 Jahre alt und möchte zusätzlich über einen Zeitraum von 35 Jahren 200 € monatlich in einer Fondspolice sparen (Annahme: 100 Prozent Aktienanteil). Er schätzt das Konzept und die Wahlmöglichkeit des kosten- und steuerfreien Fondswechsels während der Aufschubdauer. In Abhängigkeit des jeweiligen Unternehmens ergeben sich nachfolgende Werte entsprechend der Rendite des Fonds.

Rendite [%]	Ausgewiesenes Gesamtkapital des Unternehmens [€]	Eingezahlte Beiträge über 35 Jahre [€]	Steuer* bei 42 % [€]	tatsächliches Endvermögen [€]	Effektivzins** Nach Steuern und Kosten [%]
3	130.150,24	84.000	9.691,55	120.458,69	1,97
6	237.406,58	84.000	32.215,38	205.191,20	4,63
9	454.325,51	84.000	77.768,36	376.557,15	7,43

© Bernd W. Klöckner, Steffen Horn, Werner Dütting; Kopien, Vervielfältigungen und Weitergabe nur mit schriftlicher Genehmigung der Autoren; www.berndwkloeckner.com, www.duetting.com

* Der steuerpflichtige Ertrag ergibt sich aus dem ausgewiesenen Gesamtkapital des Unternehmens abzgl. der eingezahlten Beiträge über 35 Jahre, dividiert durch zwei (hälftige Besteuerung der Erträge).

** Der ermittelte Effektivzins ergibt sich unter Berücksichtigung der Steuern und der Kosten als nackte Rendite aus Beitrag und tatsächlichem Endvermögen über die Laufzeit von 35 Jahren. Bleibt anzumerken, dass der im Beispiel genutzte Spitzensteuersatz von 42 Prozent im Alter nicht der Regelfall sein wird. Das Produkt kann sich damit durchaus dem Vergleich mit einem Fondsparplan stellen.

Vom Bedarf der Notwendigkeit

Zur Berechnung des Effektivzinses der Zeile mit 9 Prozent Rendite
So rechnen Sie selbst mit Ihrem Finanztaschenrechner BWK Business®
(Details unter www.FAF-Verlag.com).

Eingabe	Display-anzeigen	Erklärung
↓ C	CLEARED 0,00	Löschen etwaiger Speicherinhalte.
12 P/YR	P/YR 12,00	Monatliche Zahlungsweise.
35 xP/YR	N 420,00	Beitragszahldauer von 35 Jahren oder 420 Monaten.
0 PV	PV 0,00	Kein Einmalbeitrag zu Beginn.
200 +/− PMT	PMT −200,00	Monatliche Zahlungen von 200 €, die aus der Tasche des Versicherungsnehmers fließen – daher negatives Vorzeichen.
376.557,15 FV	FV 376.557,15	Nach Steuern soll der Versicherungsnehmer rund 376.500 € am Ende erhalten.
I/YR	I/YR NOM% 7,19	Berechnung des Nominalzinses.
EFF%	EFF% 7,43	Umrechnung in den Effektivzins.

Berechnung eines Fondssparplans: *Gleiche Annahmen wie bei der vorausgehenden Fondspolice. Da wir von einem Sparplan ausgehen, wird zu Beginn ein Ausgabeaufschlag von 5 Prozent erhoben. Der Aktienanteil beträgt 100 Prozent. Das bedeutet: Bei einem monatlichen Sparbetrag von 200 € und 5 Prozent Ausgabeaufschlag gehen tatsächlich 190,48 € in den Sparprozess und 9,52 € werden als Sofortgebühr fällig. In der Berechnung wird aus Vereinfachungsgründen auf zusätzliche Gebühren verzichtet. Die folgende Tabelle geht davon aus, dass kein Fondswechsel über die Laufzeit stattfindet. Dieser in der Praxis typisch, jedoch nicht ohne Folgen.*

Berechnung Nettoanlagebetrag:

$$Nettoanlagebetrag = \frac{Bruttoeinzahlung}{1 + \frac{Ausgabeaufschlag\ in\ \%}{100}}$$

$$im\ Beispiel: 190{,}48\ € = \frac{200{,}00\ €}{1 + \frac{5}{100}}$$

Es ergibt sich folgende Berechnungstabelle zum Fondssparplan:

Rendite [%]	Ausgewiesenes Endvermögen des Sparplans [€]	Eingezahlte Beiträge über 35 Jahre [€]	Abgeltungssteuer 25 % [€]	tatsächliches Endvermögen [€]	Effektivzins** Nach Steuern und Kosten [%]
3	140.089,14	84.000	14.022,29	126.066,85	**2,21**
6	261.638,85	84.000	44.409,71	217.229,14	**4,90**
9	513.075,17	84.000	107.268,79	405.806,38	**7,76**
Spalte	1	2	3	4	5

© Bernd W. Klöckner, Steffen Horn, Werner Dütting; Kopien, Vervielfältigungen und Weitergabe nur mit schriftlicher Genehmigung der Autoren; www.berndwkloeckner.com, www.duetting.com

** Auf die Berechnung einer jährlichen Verwaltungsgebühr wurde aus Vereinfachungsgründen verzichtet. Diese minimiert den ausgewiesenen Zins zusätzlich.

Vom Bedarf der Notwendigkeit

Zur Berechnung der Spalten/Rendite 3 Prozent

Spalte 1: 140.089,14 €

So rechnen Sie selbst mit Ihrem Finanztaschenrechner BWK Business®
(Details unter www.FAF-Verlag.com).

Eingabe	Display-anzeigen	Erklärung
↓ C	CLEARED 0,00	Löschen etwaiger Speicherinhalte.
12 P/YR	P/YR 12,00	Monatliche Zahlungsweise.
35 xP/YR	N 420,00	Die Laufzeit beträgt 35 Jahre (420 Monate).
3 EFF%	I/YR NOM% 2,96	Der Effektivzins des Sparplans beträgt 3 Prozent.
200 ÷ 1,05 =	= 190,48	Ermittlung des Nettoanlagebetrag unter Berücksichtigung des 5-prozentiges Ausgabeaufschlages.
+/− PMT	PMT −190,48	Festlegung des Nettoanlagebetrages.
0 PV	PV 0,00	Zu Beginn erfolgt keine einmalige Einzahlung.
FV	FV 140.089,14	Ermittlung des Endwertes Spalte 1.

Ergebnis: Ohne Berücksichtigung der Steuern errechnet sich der Wert von 140.089,14 €. Werte nicht löschen!!

Spalte 2: 84.000 € = 35 Jahre x 12 Monate x 200 €

Spalte 3: 14.022,29 €

Berechnung BWK Business®

Eingabe	Display-anzeigen	Erklärung
140.089,14 − 84.000 =	= 56.089,14	Ermittlung des Wertzuwachses (Endvermögen − Sparleistung)
x 25 % =	= 14.022,29	Berechnung der Abgeltungsteuer.

Ergebnis: Rund 14.000 € werden bei 25 Prozent Abgeltungsteuer ohne Berücksichtigung etwaiger Freibeträge fällig.

Spalte 4: 126.066,85 € = Spalte 1 − Spalte 3

Spalte 5: Wir nutzen die bereits eingangs (für Spalte 1) noch hinterlegte Time Value of Money (TVM) − Funktion. Der Vorteil: Wir müssen nur den Wert aus Spalte 4 = 126.066,85 € auf den Endwert (FV Taste) festlegen und die Sparrate auf die vom Kunden gezahlten 200 € ändern. Daraus können wir den Wert für Spalte 5 ermitteln.

Berechnung BWK Business®

Eingabe	Display-anzeigen	Erklärung
126.066,85 FV	FV 126.066,85	Eingabe des erreichten Vermögens nach Steuern und Kosten.
200 +/− PMT	PMT −200,00	Eingabe der vor Kosten gezahlten Sparrate.
I/YR	I/YR NOM% 2,19	Berechnung des Nominalzinses.
EFF%	EFF% 2,21	Umrechnung in den Effektivzins.

Ergebnis: Der Sparplan erbringt bei einer Rendite von 3 Prozent unter Berücksichtigung von Ausgabeaufschlag und Abgeltungsteuer 2,21 Prozent effektiv.

Alle weiteren Tabellenwerte (Rendite 6 Prozent, 9 Prozent) können Sie nun selbst nachvollziehen und ermitteln.

Fazit: Der Berater hat alle Möglichkeiten an der Hand, die es sinnvoll zu nutzen gilt. Fondspolicen, Kapital- und Rentenversicherungen sind, unter dem Gesichtspunkt der Abgeltungsteuer, auch weiterhin eine gute Alternative zu Fondsparplan, Riester und Rürup. Das heißt letztendlich: Es gibt zahlreiche Produkte und auch oft längst „vergessene", deren Einsatz unter dem Gesichtspunkt der staatlichen Förderung in ihrem Rechner beinahe verkümmern. Der Kunde hat ein Recht auf gut durchdachte, individuell gestaltete und vor allem flexible Lösungen.

Die Finanzberatung von jungen Eltern/Großeltern

Die nachrückende Generation erfährt aktuell eine problematische Entwicklung, und dies sowohl im wirtschaftlichen, sozialen als auch im privaten Bereich. Ein Gefühl der Ohnmacht stellt sich auch hier ein und wird verstärkt durch die gegenwärtig stattfindende Überflutung der Menschen durch permanente Informationen aus den verschiedensten Bereichen.

Vereinfacht Zukunft darzustellen und zu planen stößt auf offene Ohren und dies bei einer Generation, die das Verständnis und vor allem die Möglichkeiten hat, der heranwachsenden Gesellschaft Zukunft zu schenken.

Ihre Aufgabe ist es nicht, die Gesellschaft und deren grundsätzliche Leitsätze zu verändern. Nutzen sie bestehende Ängste und Wünsche, visualisieren Sie diese und erarbeiten Sie verständliche Konzepte. Die Verbesserung von Lebensqualität und Chancengleichheit beginnt in der kleinsten Zelle der Gesellschaft – der Familie. Nur wenige Berater machen dem indirekten Kunden – dem Versorger, konkrete, verständliche und vor allem sinnvolle Angebote bezüglich der Zukunftsgestaltung seiner Kinder/Enkel. Dabei folgen die Beratungsgrundsätze dem Schutzbedürfnis innerhalb der Familie. Die Absicherung der elementaren Risiken steht an erster Stelle.

Abbildung 28: Beratungsgrundsätze bei Kindern

© Bernd W. Klöckner, Steffen Horn, Werner Dütting; Kopien, Vervielfältigungen und Weitergabe nur mit schriftlicher Genehmigung der Autoren; www.berndwkloeckner.com, www.duetting.com

> **Aber Achtung!** Was nützt der angedachte Sparvertrag, wenn Krankheit oder Unfall die Eltern seelisch und finanziell ruinieren oder zusätzlich belasten? Die ersten drei Punkte sollen in den nachfolgenden Ausführungen begründet werden Der 4. Punkt schließt sich dann unmittelbar an.

Warum Haftpflicht, Unfall, Krankenzusatz?

Der Staat gibt in aller Regel nur, wenn er vorher nehmen konnte. Wer also Steuern und Abgaben zahlt, ist auch einigermaßen versorgt. Kinder sind durch die staatlichen Systeme nicht oder nicht ausreichend geschützt. Hier ist Ihre Eigeninitiative gefragt.

Vom Bedarf der Notwendigkeit

1. Unfallversicherung

Kinder *genießen vom Staat keinen Schutz bei Unfällen, ausgenommen im Kindergarten oder in der Schule bzw. auf dem Weg dahin und zurück. Die meisten Unfälle aber passieren außerhalb davon. Wenn ein Kind durch einen Unfall bleibende Schäden erleidet, ist das allein schon traurig genug. Hinzu kommt aber oft eine lebenslange Benachteiligung. Ein Kind benötigt in dem Fall ein Kapital, welches sein ganzes Leben lang ausreicht. Ein möglicher Sparplan für das Kind hat oft nicht das notwendige Vermögen, um über meist viele Jahre, Monat für Monat, Sicherheit zu gewährleisten.*

2. Haftpflichtversicherung

In unserer täglichen Praxis stoßen wir auch vereinzelt auf Familien, die ihrem Auto (Haftpflicht-)Versicherungsschutz geben, die Notwendigkeit sich und auch ihre Familie gegen bestimmte Ereignisse abzusichern, jedoch nicht verstanden haben. Bei Kindern sollten Sie deshalb unbedingt darauf achten, dass eine Haftpflichtversicherung über die Eltern vorhanden ist und die Deckung ausreichend hoch ist. In der Vergangenheit kam es nämlich schon häufig vor, dass zündelnde Kinder einen Schaden in Millionenhöhe angerichtet haben.

Überprüfen Sie also die Versicherungssumme und auch deren Regelung in Bezug auf Ausbildung, Auslandsaufenthalt und Deliktfähigkeit. Die Beiträge für solche Sachverträge sind auch bei einer hohen Versicherungssumme nicht wirklich teuer und ein absolutes Muss!

Zusätzliche Krankentarife

Es kann durchaus sinnvoll sein, eine Zusatz-Krankenversicherung abzuschließen. Auf diese Weise werden die Kosten für Zahnersatz (zum Beispiel bei Unfällen)und Kieferorthopädie, Brillen, Heilpraktikerbehandlungen, Selbstbeteiligungen usw. zum hohen Teil aufgefangen. Gegen einen monatlichen Beitrag von 2,20 € bis 10,00 € im Monat hält eine private Zusatzkrankenversicherung auch für Kinder umfangreiche Ergänzungen parat. Sind Ihre Kinder dagegen über Sie privat versichert, hat sich das Thema Zusatzversicherung erledigt. Denn privat Krankenvollversicherte können sich nicht zusätzlich versichern. Falls der gewählte PKV-Tarif zu wenig Leistungen für Ihr Kind vorsieht, sollten Sie frühzei-

tig einen Tarifwechsel anstreben. Denn wenn zum Beispiel vom Zahnarzt festgestellt wurde, dass Ihr Kind demnächst eine Zahnspange braucht, wäre es für den Wechsel in einen höherwertigeren Tarif bereits zu spät.

Ausnahme

Wenn der Tarif ein Optionsrecht vorsieht, kann der Wechsel auch ohne neue Gesundheitsprüfung erfolgen.

Vorsorge ist Trumpf

Ein großer Vorteil bei der Vorsorge für Kinder ist die lange Laufzeit und der geringe Anlage-/Sparbetrag, der zu einem akzeptablen Endkapital führt. Aktivieren Sie einfach das Verantwortungsbewusstsein. Ob dabei das Kindergeld oder Schenkungen zur Geburt/zu Geburtstagen oder überschaubare monatliche Sparleistungen zum Einsatz kommen, ist völlig egal.

Kindergeld:

Für das 1. Kind 164 €/monatlich
Für das 2. Kind 164 €/monatlich
Für das 3. Kind 170 €/monatlich
Für jedes weitere Kind 195 €/monatlich

Warum nicht konsequenter auf die Zielgruppe 50plus setzen? Gerade diese Zielgruppe zeichnet sich durch ein hohes Maß an Verantwortung aus. Zudem steht der Fürsorgegedanke auch im Gleichklang mit den Möglichkeiten.

Der Grundgedanke sollte dabei immer darin bestehen, einmalige Kosten für Führerschein, Auto, Ausbildung, Studium und erste Wohnung sinnvoll anzusparen – einen Start in das Leben zu gewährleisten. Bereits heute kostet ein normales Fachhochschulstudium 25.000 €, ein Medizinstudium 50.000 €. Es kommt lediglich darauf an frühzeitig mit dem Sparen zu beginnen.

BEISPIEL – EINMALANLAGE ZUR GEBURT

Zur Geburt möchten die Großeltern einen Betrag von 3.000 € für das Kind anlegen. Die zu erwartende Rendite beträgt 8 Prozent. Welches Kapital steht in 18 Jahren zur Verfügung?

So rechnen Sie selbst mit Ihrem Finanztaschenrechner BWK Business®
(Details unter www.FAF-Verlag.com).

Eingabe	Displayanzeigen	Erklärung
↓ C	CLEARED 0,00	Löschen etwaiger Speicherinhalte.
1 P/YR	P/YR 1,00	Es erfolgt eine Einmalanlage.
18 xP/YR	N 18,00	Eingabe der Laufzeit.
8 EFF%	I/YR NOM% 8,00	Der Effektivzins des Anlage beträgt 3 Prozent.
3.000 +/– PV	PV –3.000,00	Die Einmalanlage zu Beginn beträgt 3.000 €.
0 PMT	PMT 0,00	Es werden keine weiteren Einzahlungen getätigt.
FV	FV 11.988,06	Nach 18 Jahren hat sich ein Kapital von 11.988,06 € aufgebaut.

Ergebnis: Nach 18 Jahren wird aus der einmaligen Anlage von 3.000 € unter Annahme eines 8-prozentigen Effektivzinses ein Kapital von circa 12.000 €. Werte im Speicher belassen!!!

Betrachten wir diesen Wert unter einer 2,5-prozentigen Inflation, verbleiben noch 7.686,33 €.

So rechnen Sie selbst mit Ihrem Finanztaschenrechner BWK Business®
(Details unter www.FAF-Verlag.com).

Inflationsberechnung mit dem BWK Business®

Eingabe	Display-anzeigen	Erklärung
2,5 EFF%	I/YR NOM% 2,50	Eingabe der Inflationsrate.
PV	PV -7.686,33	Berechnung des heutigen kaufkraftbereinigten Wertes.

Ergebnis: Auch nach einer Inflationsbetrachtung hat das Kapital einen Wert von 7.686,33 €.

BEISPIEL – EINMALANLAGE ERGÄNZT DURCH MONATLICHES SPAREN

Da viele Eltern ihren Kindern einen vernünftigen Start gewährleisten möchten, begleiten sie den Sparprozess sehr gern zusätzlich. Da sie klare Vorstellungen darüber haben, bitten Sie als Berater die Eltern um die Vorgabe des mit dem Endalter von 18 Jahren benötigten oder gewünschten Kapitals. Dieses sollte inflationsbereinigt werden!

Annahme: Die Eltern möchten 20.000 € in 18 Jahren in Form eines monatlichen Sparplans ansparen. Der Sparplan soll die 3.000 €, die die Großeltern als Einmalanlage beigesteuert haben, als Startkapital berücksichtigen. Die Eltern fragen Sie, wie hoch die monatliche Sparrate bei einer Wertentwicklung von 8 Prozent und einer unterstellten 2,5-prozentigen Inflation ausfällt. Sie nutzen einen Fondssparplan mit einem Ausgabeaufschlag von 3 Prozent. Weitere Kosten bleiben außen vor.

Schritt 1: Tatsächliches notwendiges Kapital ermitteln.

Auf eine Berechnung wird verzichtet. Sie sollten bei 2,5 Prozent Inflation, 18 Jahren Laufzeit und einem Ziel von 20.000 € auf ein erforderliches Kapital von 31.193,17 € kommen.

Schritt 2: Erforderlichen Monatsbetrag ermitteln

Ausgabeaufschlag berücksichtigen!

So rechnen Sie selbst mit Ihrem Finanztaschenrechner BWK Business®
(Details unter www.FAF-Verlag.com).

Berechnung BWK Business®

Eingabe	Displayanzeigen	Erklärung
↓ C	CLEARED 0,00	Löschen etwaiger Speicherinhalte.
12 P/YR	P/YR 12,00	Es wird monatlich gespart, also 12 Zahlungen pro Jahr.
18 xP/YR	N 216,00	Festlegung des Betrachtungszeitraumes von 18 Jahren (216 Monate).
8 EFF%	I/YR NOM% 7,72	Eingabe des effektiven Zinses von 8 Prozent.
3.000 ÷ 1,03 =	= 2.912,62	Ermittlung des einmaligen Nettoanlagebetrages unter Berücksichtigung des 3-prozentigen Ausgabeaufschlages.
+/− PV	PV −2.912,62	Festlegung des tatsächlichen Nettoanlagebetrages.
31.193,17 FV	FV 31.193,17	Eingabe des Sparzieles.
PMT	PMT −41,99	Berechnung des monatlichen Nettoanlagebetrages.
+ 3 % =	= −43,25	Berechnung des Bruttoanlagebetrages (Berücksichtigung des 3-prozentigen Ausgabeaufschlages

Ergebnis: Der monatliche Bruttobeitrag beträgt 43,25 €.

Fazit: Der neue „GlobalPlayer" hat nur Perspektiven, wenn Grundlagen geschaffen werden. Ausbildung, Weltoffenheit, Mobilität, Chancengleichheit sowie soziale Werte kosten heute und auch in Zukunft sehr viel Geld! Diese neue Generation hat dabei zwei wesentliche Vorteile, den Faktor Zeit und das Wissen einer modernen Generation.

Bausparen

Das Bausparen darf als Deutschlands Liebling bezeichnet werden – und das schon seit Jahrzehnten. Geschätzte rund 25 Millionen Bundesbürger besitzen einen Bausparvertrag – das ist rund jeder Dritte. Als Berater also auf einen Bausparer zu treffen, kommt sehr häufig vor. Meist schließen Jugendliche in ihrer Ausbildung einen Bausparvertrag ab, denn so haben es Eltern und Großeltern auch gemacht.

Staatliche Zuschüsse sind bei geringen Einkommen der Bausparer besonderer Anreiz. Bausparen kann als Vermögenswirksame Leistungen (VL) abgeschlossen werden, wodurch die Arbeitnehmersparzulage eingenommen wird. Auch die Wohnungsbauprämie kann bei bestimmten Einkommensgrenzen und Sparbeiträgen eingenommen werden – dazu später mehr. Zudem ist Wohn-Riester als staatliche Zulage für Bausparverträge hinzugekommen. Zu den staatlichen Prämien schauen Sie bitte in das jeweilige Kapitel (VL oder Riester) oder in die Anlage.

Wie funktioniert Bausparen? Einfach gesagt, ist eine Bausparkasse eine klassische Bank, die Geld leiht und verleiht. Durch die Vielzahl von Bausparern werden regelmäßig Sparbeiträge eingenommen, die wiederum in Bauspardarlehen ausgezahlt werden. Es entsteht ein Zinsdifferenzgeschäft für die Bausparkasse, da die Guthabenzinsen unter den Darlehenszinsen liegen. Davon „ernähren" sich Bausparkassen.

Kritik hagelt es jedoch oft an den Kosten von Bausparverträgen. Ein Prozent der Bausparsumme ist in den meisten Fällen sofort als Abschlussgebühr fällig. Bei einer Bausparsumme von 100.000 € sind es mal eben Kosten von 1.000 €. Ein Problem tritt dann auf, wenn jemand eine hohe Bausparsumme wählt oder manchmal auch „aufgeschwatzt" bekommt. Die Kosten hat der Sparer zu tragen. Als Berater sollten Sie eine angemessene Bausparsumme vermitteln – auch wenn Ihnen die Abschlussgebühr ganz oder teilweise zufließt. Das Interesse des Kunden steht hier selbstverständlich im Vordergrund. Zudem fallen regelmäßige Kontogebühren an. Auch diese vermindern die Attraktivität, aber nicht vollständig.

Wichtig ist auch anzumerken, dass die Zuteilung des Bausparvertrages bzw. -darlehens terminlich nicht garantiert werden kann. Das hängt etwa von einer Bewertungszahl ab, die das aktuelle Spar- und Tilgungsverhalten der Bausparer in einem Tarif angibt. Grob gesagt: Hat die Bausparkasse nicht genügend Spareinlagen, so kann sie auch keine Darlehen geben.

Ihre Kunden sollten Sie vor einem geplanten Immobilienkauf aufklären, dass erst notwendige Informationen über die Zuteilungsreife eingeholt werden sollten und es zu Verzögerungen bei der Darlehensvergabe kommen könnte. Zuteilungsreif sind Bausparverträge, wenn (je nach Tarif) ein bestimmter Prozentsatz, meist 30 bis 50 Prozent der Bausparsumme durch Guthaben gefüllt ist. Dann könnte ein Bausparer den eigentlichen Zweck, nämlich ein Bauspardarlehen, in Anspruch nehmen bzw. beantragen.

Weisen Sie Kunden bei Bauspardarlehen darauf hin, dass diese in der Regel eine kürzere Laufzeit haben, als gewöhnliche Annuitätendarlehen. Das bedeutet auch eine höhere monatliche Belastung in der Darlehensphase. Verbraucherzentralen weisen darauf hin, dass deshalb oft von Darlehensnehmerseite kein Bauspardarlehen in Anspruch genommen werden kann. Es fehlt an finanziellem Spielraum. Die Folge ist dann die Auszahlung des Bausparguthabens, was je nach Tarif zu Verlustgeschäften führen kann.

Grundsätzlich kann zwischen drei Arten von Bausparern unterschieden werden:

1. Bausparer A tut es, um irgendwann eine Immobilie mithilfe des Bausparens günstig zu finanzieren.
2. Bausparer B tut es, um mit staatlichen Zulagen zu sparen und vielleicht doch irgendwann eine Immobilie zu finanzieren.
3. Bausparer C tut es, um mit staatlichen Zulagen zu sparen, eine gute Rendite zu erzielen inklusive der Auszahlung des Bonus bei Nicht-Inanspruchnahme des Bauspardarlehens.

Und in der Tat bieten die meisten Bausparkassen verschiedene Tarife, zugeschnitten für obige drei Typen an. Bausparer A erhält meist einen Tarif, der einen geringen Guthabenzins verspricht. Dafür kann er später jedoch einen günstigen Darlehenszins nutzen. Bausparer C erhält das Gegenteil, sprich einen hohen Guthabenzins. Und sollte er dennoch ein Bauspardarlehen nutzen wollen, so hat er hierfür einen höheren Zins zu tragen. Bausparer B erhält aus beiden Varianten etwas. Achten Sie auf die Tarife und entscheiden Sie zusammen mit Ihrem Kunden. Weisen Sie ihn darauf hin, dass er vielleicht heute auf einen hohen Guthabenzins schaut, sich jedoch seine Einstellungen in ein paar Jahren ändern könnten, wenn er eine Immobilie erwirbt.

Sonderform: Vorausdarlehen mit Tilgungsaussetzung über Bausparvertrag

In der Praxis werden Sie als Berater jedoch auf Kunden treffen, die kurz vor dem Kauf einer Immobilie stehen und Bausparen als Finanzierungsalternative nutzen möchten. Diese haben oft einen unzureichend gefüllten oder gar keinen Bausparvertrag. Auch hier hat die Bausparwelt eine Lösung, nämlich ein Sofortdarlehen mit Tilgungsaussetzung in einen Bausparvertrag. Diese Konzepte – sofern sie strikt eingehalten werden – haben gegenüber einem gewöhnlichen Annuitätendarlehen einen genauen Zins- und Rückzahlungsplan.

Wie funktioniert es? Es wird ein Vorausdarlehen über eine von der Bausparkasse gewählte Bank abgeschlossen. Zudem wird ein Bausparvertrag über die Höhe des Vorausdarlehens vermittelt (Bausparsumme = Vorausdarlehen). Über einen bestimmten Zeitraum zahlt der Bausparer lediglich den Zins für ein Vorausdarlehen und nebenbei einen gewissen Betrag für die Auffüllung eines Bausparvertrages. Nach einem schon im Vorfeld bestimmten Termin ist der Bausparvertrag zuteilungsreif. Das Vorausdarlehen wird mit dem Bauspardarlehen und -guthaben abgelöst. Danach zahlt der Kunde lediglich das Bauspardarlehen in einem festgelegten Zeitraum ab und ist am Ende schuldenfrei.

Diese Konzepte bieten dem Kunden vor allem eines: Sicherheit. Und Sicherheit ist doch ebenso ein Lieblingswort der Deutschen. Einen Nachteil haben die meisten Konzepte: Sie sind schwer mit einem Annuitätendarlehen vergleichbar. Es wird ein Zins für das Vorausdarlehen und ein anderer für das spätere Bauspardarlehen genannt. Zudem ist noch ein

Guthabenzins angegeben. Ein Effektivzins aus Anspar- und Darlehensphase wird nur von wenigen Bausparkassen ausgegeben. Dem Kunden sollten Sie jedoch Entscheidungsalternativen aufzeigen. Das können Sie nur, wenn Sie den Effektivzins des Gesamtkonzeptes berechnen und dem derzeitigen Effektivzins eines Annuitätendarlehens gegenüberstellen. Mit dem BWK Business® ist es kein Problem, wie das nächste Beispiel zeigt.

 BEISPIEL 1:

Bausparkasse A bietet Ihrem Kunden ein Bausparvorausdarlehen für die Finanzierung von 60.000 € an. Die Konditionen lauten wie folgt:

Vorausdarlehen:	60.000 € bei 5,2 Prozent Zins nom. bis Zuteilung des BSV
Bausparsumme:	60.000,00 €
Abschlussgebühr:	600,00 €
Bauspardarlehen:	30.080,63 €
Guthabenzins p. a.:	1,0 Prozent
Darlehenszinssatz p. a.:	1,9 Prozent
Monatsbeitrag ab Beginn:	600,00 €
Davon mtl. Sparbetrag in BSV:	340,00 €
Zuteilung in:	7 Jahren und 3 Monaten (87 Raten)
Zins- und Tilgungsleistung:	600,00 €
Tilgungsdauer:	4 Jahre und 5 Monate (53 Raten)

Für den Kunden stellt sich die Frage, wie er das Angebot mit den Zinssätzen eines Annuitätendarlehens vergleichen kann. Man könnte auf die einfache Idee kommen und einen Mittelwert von Vorausdarlehenszins und Bauspardarlehenszins berechnen. Das wäre jedoch die absolut falsche Berechnung, wie wir gleich sehen werden.

So rechnen Sie selbst mit Ihrem Finanztaschenrechner BWK Business®
(Details unter www.FAF-Verlag.com).

1. Berechnung des Gesamt-Effektivzinses mit dem BWK Business®:

Eingabe	Displayanzeigen	Erklärung
↓ C	CLEARED 0,00	Löschen etwaiger Speicherinhalte.
12 P/YR	P/YR 12,00	Monatliche Zahlung von Zins- und Tilgungsbeträgen.
140 N	N 140,00	Insgesamt werden 140 Raten an Zins- und Tilgung geleistet.
60.000 PV	PV 60.000,00	Es wird ein Vorausdarlehen von 60.000 € zu Beginn gewährleistet.
600 +/- PMT	PMT −600,00	Monatlich zahlt der Kunde 600 €.
0 FV	FV 0,00	Nach 140 Raten ist die Schuld vollständig getilgt.
I/YR	I/YR NOM% 6,10	Berechnung des Nominalzinses.
EFF%	EFF% 6,27	Umrechnung in den Effektivzins.

Ergebnis: Der Kunde zahlt einen Effektivzins von 6,27 Prozent im Gesamtkonzept. Dieser Zins ist höher als der Vorausdarlehens- und Bauspardarlehenszins. Es wäre fatal, aus diesen beiden Kennziffern einen Schluss zu ziehen. Kann er ein Annuitätendarlehen mit einem Effektivzins unterhalb der 6,27 Prozent erhalten, so ist dieses günstiger. Natürlich sollte das Annuitätendarlehen die gleiche Zinsbindungsfrist haben wie die Laufzeit des Gesamtkonzepts. Es wird schwierig sein, über eine Zinsbindungsfrist von 25 Jahren ein Darlehen zu finden. Deshalb wird ein gewisses Zinsänderungsrisiko beim Annuitätendarlehen vorhanden sein.

Mehrzuteilung

Manche Konzepte bieten den Vorteil, die regelmäßig zu zahlende Rate des Bausparkonzeptes über die Gesamtlaufzeit konstant zu halten. Hierzu wird eine sogenannte „Mehrzuteilung" in Anspruch genommen. Im Vorausdarlehen wird ein im Vergleich zur Bausparsumme erhöhter Darlehensbetrag aufgenommen. Die Erhöhung (Mehrzuteilung) fließt direkt in das Bausparguthaben. Durch die Mehrzuteilung entstehen jedoch auch weitere Kosten. Das Verkaufsargument ist lediglich die konstante Rate.

Wohnungsbauprämie – staatliche Förderung des Bausparens

Neben Vermögenswirksamen Leistungen kann für Bausparen die staatliche Wohnungsbauprämie vereinnahmt werden. Diese beträgt 8,8 Prozent auf den jährlich maximalen Sparbetrag von 512 € für Alleinstehende (1.024 € für Verheiratete). Hieran sind jedoch einige Bedingungen geknüpft:

1. Prämienberechtigt sind nur Personen ab 16 Jahren.
2. Bruttojahreseinkommen maximal 25.600 € für Alleinstehende und 51.200 für Verheiratete. Dieses kann jedoch aufgrund von Freibeträgen höher liegen. Schauen Sie hierzu in die Anlagen Teil 2.
3. Die Prämie wird bei der Bausparkasse beantragt. Der Antrag liegt in der Regel dem Jahreskontoauszug bei.
4. Wird die Wohnungsbauprämie auf einen Bausparvertrag zusammen mit Vermögenswirksamen Leistungen (VL) beantragt, so wird nur der VL übersteigende Sparbetrag mit Wohnungsbauprämie prämiert. Beispiel: Fließen 600 € jährlich in einen Bausparvertrag und 470 € aus VL eines Arbeitgebers, so werden nur auf 130 € Sparbetrag 8,8 Prozent Wohnungsbauprämie, also 11,44 € gewährt.
5. Die Sparleistung muss mindestens 50 € jährlich betragen.

Wichtig ist die Unterscheidung zwischen Vertragsschluss bis 31.12.2008 und nach dem 01.01.2009, da hier der Gesetzgeber die Wohnungsbauprämie an eine „wohnwirtschaftliche Verwendung" geknüpft hat.

Vertragsschluss bis 31.12.2008: Die Wohnungsbauprämie wird jährlich beantragt und nach einer Sperrfrist von 7 Jahren in einer Summe dem Bausparguthaben gutgeschrieben. Danach erfolgt die Gutschrift der Prämie jährlich. Die Prämie wird nur vor der 7-jährigen Sperrfrist ausgezahlt, wenn die Zuteilung für eine wohnwirtschaftliche Verwendung erfolgt.

Vertragsschluss seit dem 01.01.2009: Wohnungsbauprämie muss unbefristet wohnwirtschaftlich verwendet werden.

Sprich: Die Prämie wird erst überwiesen, wenn die Prämie nachweislich für den Bau, Kauf oder die Modernisierung/Umbau einer Wohnimmobilie verwendet wird. Das gilt unbefristet. Auch wenn erst in 15 Jahren die Verwendung stattfindet, wird die „gesammelte" Prämie erst ausgezahlt. Eine Ausnahme ist gegeben, wenn der Vertragsschluss vor Vollendung des 25. Lebensjahres erfolgt. Dann ist die 7-jährige Sperrfrist gültig. Von der Ausnahme kann jedoch nur einmal Gebrauch gemacht werden.

Rechnen Sie mit dem Besten!

Kompetent. Souverän. Praxisorientier[t]
BWK Business®
Der finanzmathematische Taschenrechner

Bereits das Steuerkreuz lässt erahnen, dass es sich beim BWK Business® nicht um einen gewöhnlichen Taschenrechner handelt. Stimmt. Der BWK Business® ist einzigartig und überzeugt mit umfangreichen Leistungen:

- TVM-Berechnung (Time Value of Money)
- Dynamikberechnung
- Interner und realer Zinsfuß, Nettobarwert, Nettoendwert
- Dokumentation (EU-Pflicht)
- USB-Schnittstelle

Der BWK Business® ist ein absolutes Muss für jeden, der finanzmathematisch an die Spitze will. Entscheiden Sie sich jetzt für eine berechenbare Zukunft.

Sichern Sie sich Ihr Exemplar! Jetzt bestellen!
T +49 (261) 963 96 92-0 · Info@FAF-Verlag.com
www.FAF-Verlag.com

„Endlich! Finanztaschenrechner & einzigartige Flexibilität! X-beliebige Zahlungsströme! Berechnung dynamischer Sparprozesse! Viele weitere Neuheiten! – Dieser Rechner ist eine Revolution für Ihre Beratung! Meine Empfehlung: Klarer Kauf" – Bernd W. Klöckner® M.A.

In Kooperation mit
Bernd W. Klöckner® M.A.

www.adhoc-media.de

SONSTIGES

Vermögenswirksame Leistungen

Vermögenswirksame Leistungen kennt fast jeder. In den letzten Jahren ist jedoch eine Abnahme bei Abschluss von Neuverträgen zu verzeichnen. Das kann man wohl auf die immer bekannter werdende betriebliche Altersvorsorge zurückführen. Denn Vermögenswirksame Leistungen, die vom Arbeitgeber gezahlt werden, sind letztendlich Entgelte, auf welche Steuern und Sozialabgaben abzuführen sind. Das ist der Haken am VL-Sparen. Auch Finanzberater haben die Situation erfasst und verkaufen vermehrt die VL über betriebliche Altersvorsorgeprodukte. Hier wird vom Bruttolohn der VL-Beitrag abgezogen und keine Steuer und Sozialabgaben in der Ansparphase abgeführt. Der Haken wiederum daran: Man kommt erst bei Rentenbeginn wieder an sein Geld. Doch zurück zum VL-Sparen.

Die erste Förderung für Arbeitnehmer, die VL-Sparen nutzen, erfolgt über den Arbeitgeber. Dieser bezuschusst das Sparen oft mit 6,45 € bis 40 € monatlich. Auf diesen Beitrag werden Steuern und Sozialabgaben fällig. Wie hoch der Arbeitgeber fördert, ist entweder beim Arbeitgeber zu erfragen oder im Tarifvertrag festgelegt. Der monatliche Sparbetrag kann von Arbeitnehmerseite aus beliebig auf maximal 40 € aufgestockt werden. Wichtig ist nur, dass der Arbeitgeber in den VL-Sparvertrag überweist.

Staatlich gefördert werden lediglich Aktienfonds und Bausparverträge mit der Arbeitnehmersparzulage. Anspruch darauf haben Arbeitnehmer, bei denen das zu versteuernde Jahreseinkommen nicht höher als 20.000 € für Ledige (bis April 2009 galt: 17.900 €) und 40.000 € für Verheiratete (bis April 2009 galt 35.800 €) liegt (siehe hierzu das Material in der Anlage, da aufgrund von Freibeträgen die Grenze höher liegt). Auch die Förderung wurde im April 2009 geändert. So wird Aktienfondssparen mit 20 Prozent (zuvor 18 Prozent) auf maximal 400 € Sparbetrag gefördert. Es können also jährlich 80 € staatliche Prämie kassiert werden. Bausparen wird generell mit 9 Prozent auf einen maximalen Sparbetrag von 470 € gefördert. Also 43 € Maximalprämie im Jahr. Hier gab es keine Änderung. Jährlich beantragt der Arbeitnehmer die Sparzulage mit der Steuererklärung. Die Prämien werden jeweils gesammelt und nach der Sperrfrist von 7 Jahren in den Sparvertrag eingezahlt.

Nach 7 Jahren kann der Arbeitnehmer dann über das Vermögen plus Zulagen verfügen. Wird innerhalb von 7 Jahren über das Geld verfügt, so wird die Arbeitnehmersparzulage nicht mehr gezahlt. Eine Ausnahme gilt beim Bausparen. Hier kann der Arbeitnehmer schon eher auf das Vermögen zugreifen, wenn die Zuteilung einem wohnwirtschaftlichen Zweck dient. Zudem ist ab dem Jahr 2009 die Abgeltungsteuer bei laufenden Dividenden und Zinsen fällig. Auch auf Gewinne im Aktienfondsvermögen, welche aus Einzahlungen ab dem Jahr 2009 entstehen, ist die Abgeltungsteuer abzuführen.

Geschlossene Fonds

Geschlossene Fonds sind den spekulativeren Anlageformen zuzuordnen und meist nur vermögenden Kunden vorbehalten, was sich jedoch in den letzten Jahren mehr und mehr aufgrund der geringeren Anlagesumme geändert hat.

Und so funktioniert es: Ein geschlossener Fonds sucht zu Beginn Eigenkapital für ein umrissenes Projekt. Hier haben sich Schiffe, Immobilien, regenerative Energien (zum Beispiel Windkraft), Filme und gebrauchte Lebensversicherungen durchgesetzt. Doch auch Unternehmen, zum Beispiel aus dem Mittelstand, die nicht an der Börse gehandelt werden, oder Start-ups können als Investitionsobjekte für Private-Equity- oder Venture-Capital-Fonds dienen. Um die Investition zu tätigen, braucht der Fonds Anlegergelder – meist sind diese im Vorfeld in ihrer Höhe bestimmt. Anleger entscheiden sich dann (meist als Kommanditist) dem

Fonds beizutreten und Geschäftsanteile an dem Fonds zu kaufen. Meist müssen mindestens 5.000 bis 25.000 € investiert werden. Hat der Fonds genug Anleger gefunden, wird der Fonds geschlossen und er nimmt die Geschäftstätigkeit auf. Nicht selten wird zudem noch mit Fremdkapital aufgestockt, um einen gewissen Gewinnhebel zu nutzen. Läuft das Vorhaben wie geplant, so werden schon bald Gewinne im Fonds erzielt und Ausschüttungen an den Fondszeichner fließen – so zumindest der Optimalfall. Nach einer bestimmten Laufzeit verkauft der Fonds die Investitionsobjekte wieder und die für den Fonds gegründete Gesellschaft wird aufgelöst. Das Restkapital wird an die Anleger ausgezahlt. Bis dahin sollte der Anleger meist schon eine gute Rendite erzielt haben.

Jedoch sollten Sie einige Punkte beachten:

1. Sie sollten sich mit dem Investitionsobjekten bzw. -markt auskennen. Nur weil aktuell ein Thema sehr interessant ist, heißt es noch lange nicht, dass es auch in paar Jahren noch der Fall ist. Geschlossene Fonds sind über mehrere Jahre ausgerichtet und sollten durchgehend lukrativ sein. Gewisse Änderungen der Rahmenbedingungen können ein Konzept zerstören. Was ist etwa, wenn die Wirtschaftskrise den internationalen Handel einbrechen lässt und Containerschiffe nicht mehr gefragt sind? Was passiert, wenn der Staat den vorher subventionierten Energie-Fonds die Unterstützung streicht? Was passiert mit dem Immobilienobjekt, wenn die demografische Entwicklung den Standort unattraktiv macht und sich keine Mieter finden? Über solche und ähnliche Fragen sollten Sie sich im Vorfeld Gedanken machen, ansonsten kann es leicht zu einem Verlustgeschäft kommen.

2. BaFin-Stempel: Meist wird ein Fondsprospekt von der BaFin geprüft. Diese Prüfung ist jedoch ein rein formeller Art und hat nichts mit einer betriebswirtschaftlichen Prüfung zu tun. Als Vermittler haben Sie die Pflicht, den Prospekt dem Anleger zu übergeben und ihm Zeit für das Lesen geben. Beratung und Abschluss sollten also nicht an einem Tag stattfinden.

3. Nachschusspflichten: Achten Sie im Prospekt auf eventuelle Regelungen zu Nachschusspflichten. Der Anleger könnte nachträglich die Pflicht haben, einen gewissen Anlagebetrag in den Fonds „nachzuschießen". Diese Fondskonzepte sind mit Vorsicht zu genießen. Meist sind die Fondsprojekte jedoch als GmbH & Co.KG gegründet

und der Anleger lediglich als Kommanditist in die Gesellschaft eingetreten. Kommanditisten haften lediglich mit ihrer Einlage in den Fonds. Hingegen gibt es jedoch auch Formen, die als Gesellschaft bürgerlichen Rechts (GbR) gegründet wurden. Hier haftet der Anleger auch vollständig mit seinem Privatvermögen.

4. Geschlossene Fonds können Totalverlust erleiden.

5. Renditefonds vs. Steuersparfonds: Seit Ende 2005 und der Streichung steuerlicher Vorteile gelten geschlossene Fonds lediglich als Renditeobjekte. Auf Seiten der Anleger kann deshalb keine Verlustverrechnung mit anderen Einkommensarten mehr geltend gemacht werden. Ein Fonds muss also eine gute Nach-Steuer-Rendite erzielen.

6. Eingeschränkte Fungibilität: Anteile an geschlossenen Fonds können normalerweise nicht verkauft werden. Es hat sich jedoch ein Zweitmarkt an der Börse Hamburg gebildet, bei dem es aufgrund von Nachfrage und Angebot auch möglich ist, seinen Anteil dort zu verkaufen. Ein Anleger sollte jedoch nur einen geschlossenen Fonds zeichnen, wenn er langfristig auf das Geld verzichten kann.

7. Als Kosten wird bei Zeichnung ein Agio verlangt. Dieses sollte nicht höher als 5 Prozent der Anlagesumme sein.

Abgeltungsteuer

Die Abgeltungsteuer – jeder dürfte diese Steuer nun kennen – trat im Jahr 2009 in Kraft. Bei ihr handelt es sich um eine grundlegende Änderung der Besteuerung von Kapitaleinkünften. Gab es bis 2008 noch steuerliche Berechnungen wie das Halbeinkünfteverfahren, die Zinsabschlagsteuer oder Spekulationsfristen, so wird seit dem Jahr 2009 nur noch mit der Abgeltungsteuer versteuert. Nur noch? Nein, genau genommen, müssen noch einige Punkte beachtet werden. Sie werden über diese einiges gelesen haben und werden bereits informiert sein. Doch vielleicht haben Sie noch die ein oder andere Frage, die wir versuchen, in diesem Abschnitt stichwortartig zu beantworten.

Grundsätzlich: Was gibt es zur Abgeltungsteuer zu sagen?

- Kapitalerträge unter dem Freibetrag von 801 € für Ledige und 1.602 € für Verheiratete bleiben steuerfrei.
- 25 Prozent Abgeltungsteuer zzgl. 5,5 Prozent Solidaritätszuschlag, insgesamt also 26,375 Prozent behält die Bank von den Kapitalerträgen direkt ein.
- Wird Kirchensteuerpflicht bei der Bank angegeben, so werden bei 9 Prozent Kirchensteuer 27,99 Prozent und bei 8 Prozent insgesamt 27,82 Prozent von der Bank einbehalten.

Aus Produktsicht. Was unterliegt der Abgeltungsteuer?

- Gewinne aus Wertpapierveräußerungen, zum Beispiel aus Aktien oder Fonds, bei denen die Anschaffung der Papiere nach dem 01.01.2009 liegt. Die Spekulationsfrist von einem Jahr fällt weg.
- Dividenden und Zinsen, auch von thesaurierenden/ausschüttenden Investmentfonds. Eine Anschaffung der jeweiligen Papiere vor oder nach dem 01.01.2009 spielt hier keine Rolle. Seit 2009 wird von den Ausschüttungen/Thesaurierungen die Abgeltungsteuer einbehalten. Das Halbeinkünfteverfahren wird grundsätzlich abgeschafft.
- Zinsen, generell von Bausparverträgen, Spareinlagen, festverzinslichen Wertpapieren, Sparbüchern etc. Diese Anlagen sind die Gewinner und werden geringer verzinst als zuvor.
- Lebensversicherungen mit Abschluss seit dem Jahr 2005. Auf die Differenz von Verkaufspreis und der Summe der eingezahlten Beiträge wird die Abgeltungsteuer fällig und wird direkt vom Versicherungsunternehmen abgeführt. Beträgt die Laufzeit 12 Jahre und ist der Auszahlungszeitpunkt nach dem 60. Lebensjahr des Versicherungsnehmers, so kann dieser die Differenz von Abgeltungsteuer und hälftiger Besteuerung in der jährlichen Steuererklärung zurückerstatten lassen – sofern er eine Steuererklärung abgibt.
- Lebensversicherungen mit Abschluss vor dem Jahr 2005. Bei steuerschädlicher Verwendung (Laufzeit unter 12 Jahre und/oder Auszahlungszeitpunkt vor dem 60. Lebensjahr) wird ebenso die Abgel-

tungsteuer auf die Differenz von Verkaufspreis und Summe der eingezahlten Beiträge fällig.

- Gewinne aus Anlagezertifikaten, die nach dem 14.03.2007 angeschafft wurden und nach dem 01.07.2009 verkauft werden.
- Offene und geschlossene Immobilienfonds. Mieteinkünfte abzgl. Abschreibungen werden der Abgeltungsteuer unterworfen. Die Spekulationsfrist bei Immobilien von 10 Jahren bleibt jedoch, sodass ein Verkauf nach der Frist steuerfrei bleibt. Das gilt auch bei privaten Immobilien (fremdgenutzt). Bei Erträgen aus Auslandsimmobilien wird sogar der Progressionsvorbehalt gestrichen.
- Containerfonds: Die Spekulationsfrist wird auf 10 Jahre verlängert. Die Gewinne aus dem Verkauf sind abgeltungsteuerpflichtig, sofern sie innerhalb der Frist anfallen.
- Private Equity Fonds: Sind es Konzeptionen, die über Zertifikate Gewinne erwirtschaften, so sind diese meist der Abgeltungsteuer unterworfen. Inwieweit diese Fondskategorie bei der Konzeption über Dachfonds der Abgeltungsteuer betroffen ist, sollte beim Anbieter erfragt werden. So gelten natürlich innerhalb des Fonds die Kaufzeitpunkte der Fonds oder Unternehmensbeteiligungen.

Weitere Details:

- Durch den Freibetrag von 801 € bzw. 1.602 € sind schon alle Werbungskosten abgegolten. Bis 2009 waren zum Beispiel Fahrtkosten zu Hauptversammlungen, Depotgebühren, Fachliteratur etc. absetzbar, was nun nicht mehr möglich ist.
- Ist der persönliche Einkommensteuersatz, genauer genommen der Grenzsteuersatz, geringer als 25 Prozent, so können die Kapitalerträge in der Einkommensteuer angegeben werden, sodass eine Rückerstattung erfolgt. Das wird jedoch nur in den wenigsten Fällen vorkommen, da der Grenzsteuersatz bei einem Einkommen von 20.000 € schon 27 Prozent beträgt.
- Bei ausländischen thesaurierenden Fonds muss der Anleger jährlich in seiner Steuererklärung die Besteuerung angeben, um einer späteren Doppelbesteuerung beim Verkauf zu entgehen. Bei deutschen

Fonds werden von der Fondsgesellschaft die bereits versteuerten Dividenden beim Verkauf aus dem Veräußerungsgewinn heraus gerechnet. Banken und Fondsgesellschaften sind gezwungen, die jährlichen Thesaurierungsbeträge über Jahre vorzuhalten. Zur Sicherheit sollten jedoch weiterhin die Bescheinigungen gesammelt werden.

- Verrechnungsverbot von Aktienverlusten, zum Beispiel mit Zinseinnahmen. Aktienverluste können nur mit Aktiengewinnen ausgeglichen werden.
- Spekulationsverluste aus den Jahren vor 2009 können noch bis zum 31.12.2013 verrechnet werden, danach lediglich mit privaten Veräußerungsgeschäften, wie privaten Immobiliengeschäften oder dem Verkauf von Münzsammlungen.
- Ausländische Einkünfte müssen erst in der Steuererklärung deklariert werden. Sofern das ausländische Institut Steuern berechnet hat, sind diese anzurechnen.
- Es gilt das Prinzip „First-in-First-out": Wer Anteile an Fonds oder Aktien in einem Depot vor 2009 angeschafft hat, sollte nach 2009 gleiche Anteile (gleiche Wertpapierkennnummer) in einem anderen Depot kaufen. Die meisten Anbieter haben hierzu Zweitdepots im Angebot. Würden gleichartige Anteile in einem Depot vor und nach 2009 gekauft und somit vermischt werden, besagt das Prinzip, dass erst die abgeltungsteuerfreien Anteile vor 2009 verkauft werden müssen. Das ist in den meisten Fällen nicht wünschenswert.

Welche Produkte sind nicht von der Abgeltungsteuer betroffen?

- Schiffe und Schifffonds: geringe Tonnagebesteuerung
- Riester, bAV, Basisrenten: nachgelagerte Besteuerung
- Immobilien, offene und geschlossene Immobilienfonds: 10-jährige Spekulationsfrist
- eigengenutzte Immobilie: ohne Frist immer steuerfrei
- Kunstgegenstände (Gemälde, Oldtimer, Münzen etc.): einjährige Spekulationsfrist

- private Rentenversicherungen: Ertragsanteilsbesteuerung
- Lebensversicherungen: hälftige Besteuerung von 12/60-Verträgen; ansonsten Abgeltungsteuer, was wohl als Verbesserung zu heute zu werten ist

Fazit: Das waren die Punkte, die Sie zur Abgeltungsteuer wissen sollten. Es führte wohl bei dem einen oder anderen Kunden dazu, dass nun ein großer Teil des Vermögens in Dachfonds steckt. Achten Sie also bei Kundendepots genau darauf, ob eine Anlage vor 2009 gekauft wurde und ob nachgekauft wird – dies sollte in einem anderen Depot erfolgen. Auch Sparpläne sollten nach 2009 in Zweitdepots weitergeführt werden.

Als klare Gewinner sind wohl Bausparverträge, Sparbriefe, festverzinsliche Wertpapiere und Festgeldanlagen zu nennen. Diese werden geringer verzinst, als zuvor. Zudem wurden fondsgebundene Lebensversicherungen nun attraktiver, da unter dem Versicherungsmantel alle Erträge steuerfrei vereinnahmt werden. Nur bei Verkauf oder Ablauf wird versteuert. Verlierer sind Direktanlagen, wie Aktien oder Investmentfonds. Gerade Langfristanlagen sind sehr betroffen.

Temporäre Beitragszahlung

Vorab: Das Thema ist ideal, um Ihre Kompetenz und Ihr „Service-Level" als Finanzberater gegenüber Ihren Kunden und deren Familienangehörigen darzustellen. Und zugleich fördern Sie den Vorsorgegedanken und punkten mit hoher Beratungsqualität. Wir glauben, jeder von Ihnen wurde bereits mehr als einmal auf den Sachverhalt der Beitragserstattung bei Wehr- und Zivildienstleistenden angesprochen und um fachkundige Hilfe gebeten.

Mit dem Arbeitsplatzschutzgesetz erhalten Wehr- und Zivildienstleistende über den Sold hinaus, neben den Beiträgen zur gesetzlichen Rentenversicherung, auch Beiträge zur privaten Altersvorsorge erstattet (Bedingungen beachten). Hierfür sind, wie sollte es anders sein, klar definierte Rahmenbedingungen einzuhalten.

Die maßgeblichen Rechtsvorschriften sind:

- § 14a Arbeitsplatzschutzgesetz (Arbeitnehmer) und
- § 14b Arbeitsplatzschutzgesetz (Nicht Arbeitnehmer, Selbstständige)

Berechtigt sind sowohl Wehr- als auch Zivildienstleistende während ihrer gesamten Dienstzeit von aktuell noch 9 Monaten (Jahr 2009).

Voraussetzungen für die Beitragsübernahme zur privaten Vorsorge sind:

> 1. Versicherungsnehmer (VN) muss der versicherten Person (VP) entsprechen.
> 2. Bezugsberechtigung des VN für den Erlebensfall (Ablauf).
> 3. Frühster Beginn der Renten- oder Kapitalzahlung ist das 60. Lebensjahr.
> **Ausnahme** bei tariflicher Regelung: Bei mindestens 30-jähriger Laufzeit kann der Beginn der Renten- oder Kapitalzahlung vor dem 60. Lebensjahr liegen.
> 4. Laufende Beitragszahlung vorausgesetzt (keine Einmalbeitragszahlung).
> 5. Bei Bausteinkombinationen mindestens ein Baustein zur Alters- und Hinterbliebenenvorsorge.
>
> Nichterstattung
> – VL (vermögenswirksame Leistungen)
> – Verträge mit Mehrfachauszahlungen (zum Beispiel Zeitrente)
> – Risikolebensversicherungen als Einzelversicherung

Für Sie als Berater ist es zudem sehr wichtig zu wissen, dass ein Vertrag mindestens zwölf Monate vor dem Einberufungstag bestanden haben muss. Als maßgebliches Datum für den Streitfall gilt das Policierungsdatum oder die vor diesem Datum erteilte Annahmeerklärung des entsprechenden Unternehmens. Eine Rückdatierung von Verträgen (12 Monatsfrist) bewirkt keinen Erstattungsanspruch! Sind die Bedingungen erfüllt, stellt sich die Frage nach der Höhe.

Bedenken Sie, dass der Gesetzgeber nur solche Verträge als erstattungsfähig ansieht, auf die innerhalb der vorausgehenden 12 Monate Beiträge aus eigenem Arbeitseinkommen eingezahlt wurden. Wehr- und Zivildienstleistende, die in den letzten 12 Monaten vor Antritt der Dienstzeit kein eigenes Einkommen erzielten, um daraus wiederum Beiträge zu entrichten, erhalten folglich auch keine Erstattung. Das ist hart für viele Schüler und Studenten.

Höhe der Erstattung

Maßgeblich für die Berechnung der Beitragserstattung sind immer die entrichteten Beiträge der letzten 12 Monate vor Antritt der Wehr- bzw. Ersatzzeit. Ist der Wehr- oder Zivildienstleistende rentenversichert, werden die Beiträge zur privaten Vorsorge auf maximal 40 Prozent der entsprechenden BBG West/Ost begrenzt. Die Höchstbeiträge berechnen sich nach folgender Formel:

BBG_{West} = 5.400 € x 19,9% x 40% = max. Erstattungsbetrag
= 429,84 €/mtl. (Betrachtung Jahr 2009)
BBG_{Ost} = 4.550 € x 19,9% x 40% = max. Erstattungsbetrag
= 362,18 €/mtl. (Betrachtung Jahr 2009)

Bei dynamisierten Verträgen, wird ein Mischbeitrag berechnet, welcher in seiner fortlaufenden Zahlung (minimiert gegenüber dem Zeitraum von 9 Monaten) als Differenzbetrag ausgeglichen oder durch die Gesellschaft entsprechend zeitlich gestundet werden kann. Eine Fortführung der Dynamisierung in voller Höhe durch die Wehrbereichsverwaltung oder das Zivildienstamt ist nicht gewollt!

Auch Selbstständige werden für die Dauer des Wehrdienstes im Regelfall versicherungspflichtig. Das bedeutet, dass der Bund Beiträge an die gesetzliche Rentenversicherung zahlt. Hier ist der volle Beitragssatz von 19,9 Prozent entsprechend der Beitragsbemessungsgrenze ($BBG_{West/Ost}$) anzusetzen.

Zuständigkeit und Beantragung

- Wehrdienstleistende erhalten entweder bei der Wehrbereichsverwaltung oder dem zuständigen Truppenteil die hierfür erforderlichen Formulare.
- Zivildienstleistende müssen sich an das Bundesamt für Zivildienst, Postfach, 50964 Köln wenden.

Der Wehr- bzw. Zivildienstleistende erhält einen Antrag in dreifacher Ausfertigung, der zur Bestätigung der Versicherungsdaten an die entsprechende Gesellschaft gesendet werden muss. Vom Truppenteil bzw. der Zivildienststelle ist eine Bestätigung des Wehr-/Zivildienstverhältnisses erforderlich. Der Antrag und die Bestätigung müssen spätestens ein Jahr nach Beendigung bei der zuständigen Behörde eingegangen sein. Die Erstattungsbeträge werden direkt an die jeweilige Gesellschaft überwiesen.

Änderungen am Vertrag während des Erstattungszeitraumes sind der zuständigen Stelle immer mitzuteilen.

Fazit: Auch wenn der Ableistungszeitraum mittlerweile auf ein Dreivierteljahr reduziert wurde (siehe Abbildung), ist es durchaus sinnvoll, den geringen Aufwand als Stärke Ihrer Dienstleistung zu vermarkten. Ein erhöhter Aufwand findet seine ihm angedachte Wertschätzung in einer langfristigen Beziehung zum Kunden.

Abbildung 29: Zeitraum für Wehr-/Zivildienste

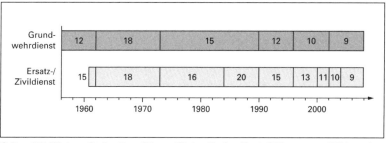

© Bernd W. Klöckner, Steffen Horn, Werner Dütting; Kopien, Vervielfältigungen und Weitergabe nur mit schriftlicher Genehmigung der Autoren; www.berndwkloeckner.com, www.duetting.com

Versicherungsvertragsgesetz/VVG-Reform

Kurz gesagt ist das Versicherungsvertragsgesetz (VVG) die wichtigste rechtliche Grundlage für Versicherungsverträge.

Das alte VVG stammte in seiner Grundform aus dem Jahr 1908. Folglich standen die Grundsätze des Gesetzes und die Bedürfnisse der modernen Gesellschaft nicht mehr im Gleichklang. Außerdem gab das alte VVG die Rechtslage nur unvollständig wieder, umfangreiche Rechtsprechungen waren im Gesetz zum großen Teil nicht abgebildet.

Das neue VVG gilt seit dem 01.01.2008 für alle seit diesem Zeitpunkt abgeschlossenen Versicherungsverträge. Für Altverträge, die bis zum 31.12.2007 geschlossen wurden, fand bis zum 31.12.2008 grundsätzlich noch das alte Recht Anwendung.

Mit Beginn des Jahres 2009 gilt das VVG für alle Vertragsarten. Wir wollen das VVG in kurzer und verständlicher Form auf den Bereich der Vorsorgeverträge beschränken.

Es gibt 4 wesentliche Punkte im Bereich der Lebensversicherung

■ Änderungen des neuen VVG in der Berufsunfähigkeitsversicherung

Das alte VVG enthielt keine rechtlichen Rahmenbedingungen zur Berufsunfähigkeitsversicherung. Der Inhalt von Berufsunfähigkeitsversicherungen war bisher allein durch die entsprechenden Versicherungsbedingungen geregelt. Aufgrund der praktischen Bedeutung dieser Versicherungsart hat der Gesetzgeber nun gesetzliche Mindeststandards geschaffen.

1. Gesetzliche Definition Berufsunfähigkeit

Neu ist, dass das Gesetz den Begriff der Berufsunfähigkeit definiert: „Berufsunfähig ist, wer seinen zuletzt ausgeübten Beruf, so wie er ohne gesundheitliche Beeinträchtigung ausgestaltet war, infolge Krankheit, Körperverletzung oder mehr als altersentsprechendem Kräfteverfall ganz oder teilweise voraussichtlich auf Dauer nicht mehr ausüben kann".

2. Ausschluss der Leistungspflicht

… *für den Fall, dass die versicherte Person in einem anderen als dem zuletzt ausgeübten Beruf weiterhin einer Tätigkeit nachgeht/nachgehen kann (Verweisung).*

Wie bisher kann eine sogenannte Verweisungsmöglichkeit vereinbart werden. Möglich ist sowohl die Vereinbarung einer „konkreten" wie einer „abstrakten Verweisungsmöglichkeit". Bei einer konkreten Verweisungsmöglichkeit soll eine Leistung nur erfolgen, wenn die versicherte Person auch keine andere als die zuletzt ausgeübte Tätigkeit ausübt.

Bei einer abstrakten Verweisungsmöglichkeit muss der Versicherer nicht leisten, wenn die versicherte Person eine Tätigkeit ausüben könnte, die zu übernehmen sie aufgrund ihrer Ausbildung und Fähigkeiten in der Lage ist. Sowohl im Fall der konkreten wie der abstrakten Verweisung muss die alternative Tätigkeit der bisherigen Lebensstellung entsprechen.

3. Anerkenntnis über die Leistungspflicht

Leistungen aus der Berufsunfähigkeitsversicherung haben für die betroffenen Personen eine Lohnersatzfunktion. Es ist daher wichtig, dass der Kunde möglichst bald Klarheit über seinen Leistungsanspruch erhält. Aus diesem Grund muss das Versicherungsunternehmen gegenüber dem Kunden erklären, ob es seine Leistungspflicht anerkennt. Die Erklärung muss erfolgen, sobald alle notwendigen Erhebungen zur Feststellung des Versicherungsfalles und des Umfangs der Leistungspflicht abgeschlossen sind. In Fällen, in denen die Leistungspflicht zweifelhaft ist, kann das Versicherungsunternehmen einmalig ein zeitlich begrenztes Anerkenntnis abgeben. Ein solches Anerkenntnis ist bis zum Ablauf der Frist bindend.

▪ Auswirkungen auf den zukünftigen Rückkaufswert

Mit dem neuen VVG wurde auch neu geregelt, welche Leistung die Kunden bei Kündigung einer kapitalbildenden Lebensversicherung erhalten (Rückkaufswert).

1. Ermittlung des Rückkaufswerts seit dem 01.01.2008

Nach dem alten VVG zahlte der Versicherer bei Kündigung den sogenannten „Zeitwert" der Versicherung. Seit dem 01.01.2008 bestimmt das neue VVG, dass für die Berechnung des Rückkaufwerts bei klassischen Lebensversicherungen nicht mehr der Zeitwert, sondern das „Deckungskapital" maßgeblich ist.

Grundlage des Deckungskapitals ist die Summe der gezahlten Beiträge, soweit diese nicht zur Deckung von Risiken und Kosten vorgesehen sind. Diese Summe wird mit dem garantierten Zins der Versicherung verzinst. Das so ermittelte Kapital erhöht sich noch um die jährlich zugeteilte Beteiligung am Überschuss.

2. Mindestzahlung – Rückkaufswert bei Kündigung

Nach dem neuen VVG ist bei Kündigung mindestens der Betrag des Deckungskapitals zu zahlen, der sich bei einer Verteilung der Abschluss- und Vertriebskosten auf die ersten fünf Vertragsjahre ergibt. Damit ist sichergestellt, dass auch im Falle einer frühen Beendigung des Vertrags ein Mindestrückkaufswert gezahlt wird. Zusätzlich zu diesem Rückkaufswert wird der Versicherungsnehmer bei Kündigung an den Bewertungsreserven seines Vertrages beteiligt. Vom Rückkaufswert kann ein angemessener Stornoabzug einbehalten werden, wenn dieser vereinbart und beziffert ist.

3. Geltungsbereich dieser Neuregelung

Die Neuregelung gilt nur für kapitalbildende Lebensversicherungen, die seit dem 01.01.2008 abgeschlossen worden sind. Der Gesetzgeber hat die Regelung nicht rückwirkend auf ältere Lebensversicherungen erstreckt, weil dies in die Kalkulation dieser Verträge eingegriffen hätte. Auch gilt diese Regelung nicht für fonds- und indexgebundene Lebensversicherungen. Hier ist nach dem neuen VVG bei Kündigung weiterhin der Zeitwert der Versicherung auszuzahlen.

▪ Beteiligung an den Bewertungsreserven

Grundlage der Versicherungsleistungen sind auch künftig die vertraglich zugesagten Garantien. Schon vor Inkrafttreten des neuen VVG wurden diese Garantieleistungen um die Beteiligung am Überschuss erhöht. Das neue VVG sieht darüber hinaus eine neue Form der Beteiligung der Versicherungsnehmer an den Bewertungsreserven vor.

1. Entstehung von Bewertungsreserven

Bewertungsreserven entstehen, wenn der Marktwert von Kapitalanlagen über dem Wert liegt, mit dem die Kapitalanlagen in der Bilanz ausgewiesen sind. Bewertungsreserven resultieren beispielsweise bei Aktienanlagen (Kursgewinne) oder Immobilien (Wertsteigerungen, laufende Abschreibung). Die Versicherungsnehmer wurden auch in der Vergangenheit an den Bewertungsreserven beteiligt. Die Beteiligung erfolgte immer dann, wenn Kapitalanlagen veräußert und Gewinne realisiert wurden. Diese Gewinne flossen zum überwiegenden Teil in die Überschussbeteiligung ein.

2. Zuordnung der Bewertungsreserven

Zunächst werden die Bewertungsreserven aller anspruchsberechtigten Verträge ermittelt. Sodann wird der Anteil ermittelt, der auf den einzelnen Vertrag entfällt. Dabei wird berücksichtigt, in welchem Maß der einzelne Vertrag zur Entstehung der Bewertungsreserven beigetragen hat (verursachungsorientiertes Verfahren). Die Bewertungsreserven werden auf diese Weise monatlich ermittelt und den einzelnen Verträgen rechnerisch zugeordnet.

3. Auszahlung der Bewertungsreserven

Die Beteiligung an den Bewertungsreserven wird erst bei Ablauf des Vertrages (Kapitallebensversicherung) bzw. bei Beendigung der Ansparphase (Rentenversicherung) finanziell wirksam. Eine Beteiligung erfolgt auch, wenn der Vertrag durch Kündigung der Versicherung, Ausübung eines Kapitalwahlrechts oder Tod der versicherten Person beendet wird. In diesen Fällen wird nach dem neuen VVG die Hälfte des für diesen Zeitpunkt ermittelten Betrags ausgezahlt. Handelt es sich um eine Rentenversicherung, erfolgt keine Auszahlung in bar. Vielmehr erhöht sich durch den zur Verfügung stehenden Betrag die garantierte lebenslange Rente. Diese Beteiligung an den Bewertungsreserven erfolgt unabhängig davon, ob die Bewertungsreserven tatsächlich vom Versicherer (zum Beispiel durch eine Veräußerung von Kapitalanlagen) realisiert wurden.

Grundsätzlich werden alle Lebensversicherungen an den Bewertungsreserven beteiligt, bei denen Teile des Beitrags zur Kapitalbildung vorgesehen sind.

▪ Informationspflichten des Versicherers

Schon vor Einführung des neuen VVG mussten bei Abschluss einer Versicherung umfangreiche Verbraucherinformationen erteilt werden. Diese waren nicht im alten VVG, sondern im Versicherungsaufsichtsgesetz (VAG) geregelt. Mit dem neuen VVG und der VVG-Informationspflichtenverordnung (VVG-InfoV) wurden die Informationspflichten der Versicherer neu geregelt und zum Teil erweitert.

1. Angaben zu den Kosten

Nach der VVG-InfoV muss der Versicherungsnehmer vor Abschluss seines Vertrages genaue Angaben vom Versicherer über die einkalkulierten Abschluss- und Vertriebskosten sowie über die übrigen einkalkulierten Kosten erhalten. Vorgeschrieben sind auch Angaben über mögliche sonstige Kosten, die einmalig oder aus besonderem Anlass (wie zum Beispiel Lastschriftrückläufer oder Ersatzurkunde) entstehen können. Der Versicherungsnehmer kann so bereits vor Vertragsschluss beurteilen, welche potenzielle Kostenbelastung auf ihn zukommen kann.

2. normierte Modellrechnung

Zusätzlich zu den vertraglich garantierten Leistungen erhält der Versicherungsnehmer bei klassischen kapitalbildenden Lebensversicherungen Leistungen aus der Überschussbeteiligung. Diese Leistungen können nicht garantiert werden, da die Höhe der erwirtschafteten Überschüsse nicht vorhergesagt werden kann. Der Versicherungsnehmer hat jedoch ein Interesse daran, bei Abschluss des Vertrages zu erfahren, wie hoch die möglichen Gesamtleistungen aus dem Vertrag werden können. Teilt der Versicherer Gesamtleistungen mit, hat er dem Versicherungsnehmer zusätzlich eine normierte Modellrechnung auszuhändigen. In dieser Modellrechnung wird die für den Ablauftermin mögliche Kapitalleistung mit drei verschiedenen Zinssätzen ermittelt. Bei der Modellrechnung handelt es sich aber nur um ein Rechenbeispiel, aus dem vertragliche Ansprüche nicht abgeleitet werden können.

EU-Vermittlerrichtlinie

Es ist viel Zeit vergangen, bis zum 01.01.2007 die Umsetzung der EU-Vermittlerrichtlinie in unseren Alltag Einzug nahm. Heute sind Ihre Systeme darauf vollständig eingerichtet und die Startprobleme scheinen längst vergessen. Noch immer gibt es jedoch viel Unsicherheit und viele Fragen, welche wir alltagsgerecht beantworten möchten. Die einen sehen in ihrer Einführung eine echte Chance für ernst zu nehmende Beratungen, die anderen noch immer eine zusätzliche Einschränkung im Vertrieb. Wir wollen Ihnen dabei helfen, die Chancen für Ihre Beratung, mit dem BWK Business in Einklang zu bringen, um letztlich auch die Beratung rundum sicher zu gestalten. Die Möglichkeit, mit einen Taschenrechner„ einen Punkt der Vermittlerrichtline, nämlich die „Beratungs- und Dokumentationspflicht", umzusetzen, ist bisher einmalig.

Wesentliche Punkte der Vermittlerrichtlinie

Auskunftspflicht des Vermittlers (Erstinformationen)

Der Versicherungsvermittler ist nach § 11 VersVermV verpflichtet, beim ersten Geschäftskontakt folgende Angaben klar und verständlich in Textform mitzuteilen:

- Familiennamen und Vornamen sowie die Firma/betriebliche. Anschrift

- ob er:
  - als Versicherungsmakler mit einer Erlaubnis nach § 34d Abs. 1 der Gewerbeordnung oder:
  - als Versicherungsvertreter mit einer Erlaubnis nach § 34d Abs. 1 der Gewerbeordnung, nach § 34d Abs. 4 der Gewerbeordnung als gebundener Versicherungsvertreter mit Erlaubnisbefreiung nach § 34d Abs. 3 der Gewerbeordnung als produktakzessorischer Versicherungsvertreter oder als Versicherungsberater mit Erlaubnis nach § 34e Abs. 1 der Gewerbeordnung bei der zuständigen Behörde gemeldet und in das Register nach § 34d Abs. 7

der Gewerbeordnung eingetragen ist und wie sich diese Eintragung überprüfen lässt,

- Anschrift, Telefonnummer sowie Internetadresse der gemeinsamen Stelle im Sinne des § 11a Abs. 1 der Gewerbeordnung und die Registrierungsnummer, unter der er im Register eingetragen ist,

- die direkten oder indirekten Beteiligungen von über 10 Prozent, die er an den Stimmrechten oder am Kapital eines Versicherungsunternehmens besitzt,

- die Versicherungsunternehmen oder Mutterunternehmen eines Versicherungsunternehmens, die eine direkte oder indirekte Beteiligung von über 10 Prozent an den Stimmrechten oder am Kapital des Informationspflichtigen besitzen,

- die Anschrift der Schlichtungsstelle, die bei Streitigkeiten zwischen Versicherungsvermittlern oder Versicherungsberatern und Versicherungsnehmern angerufen werden kann.

Eine Informationspflicht hat sicherzustellen, dass auch die Mitarbeiter diese Mitteilungspflichten erfüllen. Die Informationen dürfen mündlich übermittelt werden, wenn der Versicherungsnehmer dies wünscht oder wenn und soweit das Versicherungsunternehmen vorläufige Deckung gewährt. In diesen Fällen sind die Informationen unverzüglich nach Vertragsschluss, spätestens mit dem Versicherungsschein, dem Versicherungsnehmer in Textform zur Verfügung zu stellen; dies gilt nicht für Verträge über die vorläufige Deckung bei Pflichtversicherungen.

Erlaubniserteilung für Versicherungsmakler

Eine gewerbsmäßige Versicherungsvermittlung ist nach § 34d GewO erlaubnispflichtig. Eine Erlaubnis wird von der zuständigen IHK erteilt.

Eine Erlaubnis kann unter bestimmten Aspekten versagt werden.

- **Unzuverlässigkeit:** *Die erforderliche Zuverlässigkeit besitzt in der Regel nicht, wer in den letzten fünf Jahren vor Stellung des Antrages wegen eines Verbrechens oder wegen Diebstahls, Unterschlagung,*

Erpressung, Betruges, Untreue, Geldwäsche, Urkundenfälschung, Hehlerei, Wuchers oder einer Insolvenzstraftat rechtskräftig verurteilt worden ist.

- Ungeordnete Vermögensverhältnisse: *Ungeordnete Vermögensverhältnisse liegen vor, wenn über das Vermögen das Insolvenzverfahren eröffnet wurde oder das vom Insolvenzgericht oder vom Vollstreckungsgericht zu führende Verzeichnis (§ 26 Abs. 2 der Insolvenzordnung, § 915 der Zivilprozessordnung) eine Eintragung enthält*

- Fehlende Berufshaftpflichtversicherung: *Der Umfang der für die Versicherungsvermittler grundsätzlich für die Erlaubniserteilung vorausgesetzten Haftpflichtversicherung ist hiernach auf eine Mindestversicherungssumme von 1.130.000 € für jeden Versicherungsfall (bislang 1 Million €) und 1.700.000 € für alle Versicherungsfälle eines Jahres (bislang 1,5 Millionen €) festgesetzt.*

Sachkundenachweis des Vermittlers

Dieser für die Erlaubniserteilung grundsätzlich notwendige Nachweis erfolgt durch eine vor der IHK erfolgreich abgelegte Prüfung, die beweist, dass er die für die Versicherungsvermittlung notwendige Sachkunde über die versicherungsfachlichen (insbesondere hinsichtlich Bedarf, Angebotsformen und Leistungsumfang) und rechtlichen Grundlagen sowie die Kundenberatung besitzt; es ist ausreichend, wenn der Nachweis durch eine angemessene Zahl von beim Antragsteller beschäftigten natürlichen Personen erbracht wird, denen die Aufsicht über die unmittelbar mit der Vermittlung von Versicherungen befassten Personen übertragen ist und die den Antragsteller vertreten dürfen.

Durch eine IHK-Prüfung zum Versicherungsfachmann (IHK) kann die im Rahmen der Erlaubnispflicht geforderte Sachkunde nachgewiesen werden.

Neben der Sachkundeprüfung werden gemäß § 4 VersVermV auch die folgenden Qualifikationen als Nachweis der Sachkunde anerkannt:

1. Abschlusszeugnis

- eines Studiums der Rechtswissenschaft,
- eines betriebswirtschaftlichen Studienganges der Fachrichtung Versicherungen (Hochschulabschluss oder gleichwertiger Abschluss),
- als Versicherungskaufmann oder -frau oder Kaufmann oder -frau für Versicherungen und Finanzen,
- als Versicherungsfachwirt oder -wirtin oder
- als Fachwirt oder -wirtin für Finanzberatung (IHK);

2. Abschlusszeugnis

- als Fachberater oder -beraterin für Finanzdienstleistungen (IHK), wenn eine abgeschlossene Ausbildung als Bank- oder Sparkassenkaufmann oder -frau,
- als Fachberater oder -beraterin für Finanzdienstleistungen (IHK), wenn eine abgeschlossene allgemeine kaufmännische Ausbildung oder
- als Finanzfachwirt (FH), wenn ein abgeschlossenes weiterbildendes Zertifikatsstudium an einer Hochschule und eine mindestens einjährige Berufserfahrung im Bereich Versicherungsvermittlung oder -beratung vorliegt.

3. Abschlusszeugnis

- als Bank- oder Sparkassenkaufmann oder -frau,
- als Investmentfondskaufmann oder -frau oder
- als Fachberater oder -beraterin für Finanzdienstleistungen (IHK), wenn zusätzlich eine mindestens zweijährige Berufserfahrung im Bereich Versicherungsvermittlung oder -beratung vorliegt.

Ein erfolgreich abgeschlossenes Studium an einer Hochschule oder Berufsakademie mit abschließender Prüfung wird ebenfalls als Nachweis anerkannt, wenn die erforderliche Sachkunde beim Antragsteller vorliegt. Dies setzt in der Regel voraus, dass zusätzlich eine mindestens dreijährige Berufserfahrung im Bereich Versicherungsvermittlung oder -beratung nachgewiesen wird.

Eintragungspflicht

Versicherungsvermittler müssen sich gemäß § 11a GewO im Vermittlerregister eingetragen lassen. Die Führung des Registers obliegt der Industrie- und Handelskammer. Der Zweck des Registers liegt darin, den Versicherungsnehmern und Versicherern die Überprüfung der Zulassung von Versicherungsvermittlern zu ermöglichen. Auskünfte aus dem Vermittlerregister können im Wege eines automatisierten Abrufs über das Internet oder schriftlich erfolgen (§ 11a Abs. 2 GewO).

Zum Register gelangt man über das Internet unter www.vermittlerregister.info.

Beschwerde- und Schlichtungsstellen

Mit der Vermittlerrichtlinie wurde eine Beschwerde- und Schlichtungsstelle zur außerordentlichen Beilegung von Streitigkeiten zwischen Versicherungsvermittlern und Versicherungsnehmern geschaffen. Der Ombudsmann für Versicherungen ist eine unabhängige und für Verbraucher kostenfrei arbeitende Schlichtungsstelle. Liegen Meinungsverschiedenheiten mit einem Versicherungsunternehmen vor, dann können sich Verbraucher an den Ombudsmann wenden. Er überprüft neutral, schnell und unbürokratisch die Entscheidungen der Versicherer.

Mehr Infos unter:

Versicherungsombudsmann e. V.
Postfach 08 06 32
10006 Berlin
Tel. 0 18 04 - 22 44 24
Fax 0 18 04 - 22 44 25
www.versicherungsombudsmann.de

Beratungs- und Dokumentationspflicht

Der Versicherungsvermittler hat den Versicherungsnehmer nach § 61 VVG, soweit nach der Schwierigkeit, die angebotene Versicherung zu beurteilen, oder der Person des Versicherungsnehmers und dessen Situation hierfür Anlass besteht, nach seinen Wünschen und Bedürfnissen zu befragen und, auch unter Berücksichtigung eines angemessenen Verhältnisses zwischen Beratungsaufwand und der vom Versicherungsnehmer zu zahlenden Prämien, zu beraten sowie die Gründe für jeden zu einer bestimmten Versicherung erteilten Rat anzugeben. Er hat dies unter Berücksichtigung der Komplexität des angebotenen Versicherungsvertrags zu dokumentieren.

Der Versicherungsmakler ist nach § 60 VVG verpflichtet, seinem Rat eine hinreichende Zahl von auf dem Markt angebotenen Versicherungsverträgen und von Versicherern zu Grunde zu legen, so dass er nach fachlichen Kriterien eine Empfehlung dahin abgeben kann, welcher Versicherungsvertrag geeignet ist, die Bedürfnisse des Versicherungsnehmers zu erfüllen. Dies gilt nicht, soweit er im Einzelfall vor Abgabe der Vertragserklärung des Versicherungsnehmers diesen ausdrücklich auf eine eingeschränkte Versicherer- und Vertragsauswahl hinweist.

Auf diese Beratung oder Dokumentation kann der Versicherungsnehmer durch eine gesonderte schriftliche Erklärung verzichten, in der er vom Versicherungsvermittler ausdrücklich darauf hingewiesen wird, dass sich ein Verzicht nachteilig auf die Möglichkeit des Versicherungsnehmers auswirken kann, gegen den Versicherungsvermittler einen Schadensersatzanspruch nach § 63 VVG geltend zu machen.

Hinweis: *Der BWK Business® unterstützt Sie bei Erfüllung der Beratungs- und Dokumentationspflicht exzellent! Wir werden anhand eines vereinfachten Beispiels den Sachverhalt von der Beratung bis zur Dokumentation in der technischen Abwicklung aufzeigen, um die Möglichkeiten des BWK Business® auch in diesem Bereich sinnvoll einzusetzen. Sie können jeden Beratungsprozess in Anlehnung an das Beispiel stets aufs Neue anpassen und wiederholen und auf einen Verzicht getrost verzichten.*

BEISPIEL

Unser Kunde Herr Schulze verfügt zum 65. Lebensjahr über ein angespartes Vermögen von 850.000 €. Er stellt fest, dass die gesetzliche Rente und die Anwartschaften aus einem Versorgungswerk höher ausfallen als erwartet. Sie sind Berater des Kunden und machen den Vorschlag der „ewigen Rente". Das bedeutet er lässt sich nur die Zinsen auf das bereitgestellte Kapital auszahlen, ohne das Vermögen zu reduzieren. Wir gehen von einem effektiven Zins von 5 Prozent aus.

So rechnen Sie selbst mit Ihrem Finanztaschenrechner BWK Business®
(Details unter www.FAF-Verlag.com).

Eingabe	Displayanzeigen	Erklärung
↓ C	CLEARED 0,00	Löschen etwaiger Speicherinhalte.
12 P/YR	P/YR 12,00	Der Kunde möchte die Rente – wie sein Gehalt – monatlich erhalten.
1 xP/YR	N 12,00	Sie brauchen nur ein Jahr berechnen, denn das Kapital gleich, egal ob Sie ein oder zehn Jahre eingeben.
5 EFF%	I/YR NOM% 4,89	Wir nehmen einen effektiven Zins von 5 Prozent während der Entnahmezeit an.
850.000 +/– PV	PV –850.000,00	Der Kunde zahlt zu Beginn den ersparten Betrag in das entsprechende Anlageprodukt ein.
850.000 FV	FV 850.000,00	Nach den Entnahmen soll zum Ende eines jeden Jahres der gleiche Betrag zur Verfügung stehen wie zu Beginn des Jahres.
PMT	PMT 3.463,01	Berechnung der ewigen Rente.

Ergebnis: Der Kunde kann sich unter den entsprechenden Rahmenbedingungen eine ewige monatliche Rente von 3.463,01 € auszahlen lassen.

Von der Berechnung zur Dokumentation sind es nur wenige Schritte. Wir nutzen hierfür die YOERS® Funktion des BWK Business®

Technischer Sachverhalt

Der YOERS®-Modus wurde von dem Begriff JOERS® abgeleitet. Dieser heißt: Ja. OK. Einverstanden. Richtig. Stimmt. YOERS® ist die englische Übersetzung und bedeutet: Yes. OK. Exactly. Right. Sure. Dieser Modus soll helfen, dass Sie und der Kunde alle Eingaben nochmals sehen und er Ihrem finanziellen Konzept zustimmt.

Alle Angaben, die in einer TVM-Berechnung gemacht wurden, können hier nochmal nachgesehen werden. Zudem können bis zu 40 YOERS®-Berechnungen mit individuellen Namen gespeichert und diese Werte auch wieder auf die TVM-Berechnungstasten zurückgerufen werden.

Vorgehensweise: Sie führen eine TVM-Rechnung durch (vorausgehendes Beispiel), belegen also die Tasten P/YR, N, I/YR usw. Jetzt haben Sie zwei Möglichkeiten:

1. Drücken der Modus-Taste YOERS®. Hier wird dann „ACTUAL VAL" angezeigt. Es ist der aktuelle Speicher der TVM-Rechnung, also alle Tasten P/YR, N, I/YR usw. werden angezeigt.

2. Drücken von SHIFT und nachfolgend der Taste YOERS®. Hier werden die aktuellen Daten im YOERS®-Speicher gespeichert. Das ist auch außerhalb des YOERS®-Modus möglich. Als Speicherplatz wird jeweils der nächstmögliche freie zugeordnet – beginnend bei YOERS®_01 bis YOERS®_40. Diesen Speicherplätzen können auch individuelle Namen zugeordnet werden („NAME" steht in der Moduszeile oben rechts). Hierzu stehen die Buchstaben der Zifferntasten (analog zum Telefon) zur Verfügung.

Nach dem Start des YOERS®-Modus gibt es mehrere Möglichkeiten:
1. Drücken Sie im Steuerkreuz nach rechts (▶), so wird Ihnen der Speicher, angefangen von P/YR, angezeigt. Der zuletzt berechnete Wert wir mit einem Gleichheitszeichen „=" angezeigt.

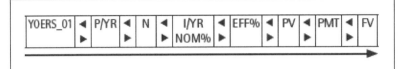

2. Drücken Sie im Steuerkreuz nach oben (▲) oder unten (▼), so wird Ihnen jeweils der andere YOERS®-Block angezeigt.

Zurück zum Beispiel der „ewigen Rente"

Wir haben die TVM-Berechnung durchgeführt, und können diesen in YOERS® speichern. Da am Tag mehrere Beratungen stattfinden, verfügt der BWK Business® über 40 Speicherplätze, welche mit individuellen Namen vergeben werden können. Zum Speichern des aktuellen Datensatzes gehen Sie wie folgt vor.

So bedienen Sie selbst mit Ihrem Finanztaschenrechner BWK Business® den YOERS®-Modus (Details unter www.FAF-Verlag.com).

Eingabe	Displayanzeigen	Erklärung
↓ YOERS	YOERS NAME YOERS 01 1	Speicherung der aktuellen TVM Berechnung. Der Rechner zeigt den aktuellen Namen an, den Sie nun ändern können, da „NAME" im Display erscheint.
C	YOERS NAME – 1	Löschen des aktuellen Namens „YOERS 01"
7777 222 44 88 555 9999 33	YOERS NAME SCHULZE 1	Durch entsprechenden drücken der Zifferntasten (7777 = 4-mal) ergibt sich der Buchstabe S. In Fortsetzung der Zahlenfolge ergibt sich der Name Schulze.
YOERS	0,00	Beenden des YOERS®-Modus – der aktuelle YOERS®-Block wurde damit auch gleichzeitig gespeichert.

Sonstiges

Über den FAF Verlag erhalten Sie eine Software, um die gespeicherten Blöcke im BWK-Business® auf Ihren Arbeitsrechner/Laptop zu übertragen und der Dokumentationspflicht nachzukommen.

Die Software ist kostenlos und über www.FAF-Verlag.com abrufbar. Registrieren Sie sich hier mit Ihrer BWK Business®-Seriennummer, wenn Sie dies noch nicht getan haben, und laden Sie sich die BWK-Business® Desktop-Software herunter. Der Vorteil: Die Software verfügt über eine Kundendatenbank, unter der Sie die durchgeführten YOERS® Berechnungen Ihren jeweiligen Kunden zuordnen können. Die Berechnungen können Sie in die modifizierte Dokumentationstabelle oder in eine Excel-Tabelle übertragen und anschließend ausdrucken. Damit haben Sie die Sicherheit der Dokumentation Ihrer durchgeführten Berechnungen, die Sie auch vom Kunden bestätigen (unterschreiben) lassen können.

Importieren von Datensätzen

Die Berechnung wurde durchgeführt und der YOERS®-Block gespeichert. Die Registrierung unter www.FAF-Verlag.com vorgenommen und die BWK-Business® Desktop-Software installiert.

Schließen Sie nun den BWK Business® mit dem mitgelieferten USB-Kabel an Ihren Computer an. Im Infobereich der Taskleiste (rechts unten neben der Uhr) erscheint ein Symbol des FAF-Logos, welches bedeutet, dass der BWK-Business® angeschlossen ist. Sollte dieses nicht erscheinen, so sollten Sie den Treiber neu installieren. Das tun Sie in der Software in der Karteikarte Optionen.

Nachdem Sie den BWK Business® an Ihren Computer angeschlossen haben, drücken Sie folgende Tasten.

↓ CALC (SEND)	SENDING ... 0,00	Übertragen der daten auf den Computer.

Im Display des BWK Business® erscheint der Hinweistext „Sending ...". Im Infobereich der Taskleiste sehen Sie im FAF-Logo einen kleinen bewegten Pfeil. Je nachdem, wie viele YOERS®-Blöcke im BWK Business® gespeichert sind, desto länger dauert die Übertragung der Daten. Sind alle Daten übertragen, so sind die Datensätze in der Karteikarte Import der Software erschienen.

Nun können Sie den BWK Business® wieder vom Computer trennen und mit den Daten der BWK-Business® Desktop-Software arbeiten.

Datensätze in PDF- oder Excel-Format darstellen

Haben Sie die Daten des BWK Business® auf dem Computer, besteht nun die Möglichkeit (nach Zuordnung zu einem Kunden), einzelne oder mehrere Datensätze in die EU-Vermittlerrichtlinien-Tabelle zu übertragen.

Technische Vorgehensweise:

1. Wählen Sie in der Karteikarte Import einen oder mehrere Datensätze eines Kunden aus. Mehrere Datensätze können Sie mit der Taste Strg + Klick auf die mehrfachen Datensätze auswählen. Diese müssen jedoch alle einem Kunden zugeordnet sein. Tipp: Sortieren Sie bei vielen Datensätzen die Kundenspalte.
2. Gehen Sie nach der Auswahl in die Karteikarte Export.
3. Klicken Sie auf das gewünschte Datei-Format:
   - Excel: Übertragung der Daten in eine Excel-Tabelle, um noch Werte zu ändern.
   - EU-Vermittlerrichtlinie: Übertragung der Daten in ein vorgefertigtes pdf- oder Excel-Dokument, welches dem des Arbeitskreises Vermittlerrichtlinie entspricht.
   - Text (CSV): Ausgabe der Daten als Text-Datei.

Hinweis: Um die Daten in Excel wiederzugeben, wird mindestens die Version Excel 2003 benötigt.

Fazit: Der BWK Business® wird den aktuellen Anforderungen der Dokumentationspflicht eines Beratungsgespräches gerecht. Mit ein wenig Übung und einer widerkehrenden Anwendung wird eine solche Funktion in dem Zusammenspiel aus Daten, Dokumentation zum Vorteil einer vernünftigen und verständlichen Beratungskette. Bei Unklarheiten und Fragen nutzen Sie bitte das umfassende Handbuch zum Rechner (pdf-Datei).

STOP
Hier Finanz-kontrolle!

Werden Sie Ihr eigener Finanzberater:

Mit dem BWK miniMAX® können Sie selbstständig z. B. Kredite und Leasingverträge prüfen oder Ihre Altersversorgung berechnen. Der BWK miniMAX® ermittelt exakt was Ihr Geld wirklich wert ist!

- Zinseszinsberechnung leicht gemacht
- Finanziell sicher im Alter – rechnen Sie selbst!
- Kontrolle von Finanzanlagen und Krediten

BWK miniMAX®
Einfach rechnen und clever sparen!

Fachverlag für angewandte
Finanzmathematik GmbH & Co. KG
David-Roentgen-Strasse 2-4 · D-56073 Koblenz
T +49 (261) 963 96 92-0
Info@FAF-Verlag.com · www.FAF-Verlag.com

www.Volksrechner.com

Persönlicher Abschlusstest

Sie haben das Buch gelesen. Sie haben viele Seiten mit neuen und wichtigen Details gelesen. Sie werden Dinge gelesen haben, die Sie teils kannten und Sie werden Dinge und Details gelesen haben, die neu und wichtig für Sie sind. Dazu kommen die Berechnungen in diesem Buch, die Sie mit Ihrem Finanztaschenrechner BWK Business® gelöst haben. Der BWK Business® ist das Kompetenztool für qualifizierte Finanzdienstleister und Finanzverkäufer. Nun ein kleiner Test. Im Folgenden erwarten Sie 10 Fragen, passend zu den Themen dieses Buches. Sie haben 30 Minuten Zeit zur Beantwortung dieser 10 Fragen. Nehmen Sie jetzt Ihren BWK Business®, trainieren Sie jetzt Ihre rechnerische Kompetenz anhand dieser 10 Testfragen. Wenn Sie die Aufgaben in diesem Buch verstanden und nachgerechnet haben, werden Sie diesen Test locker bestehen. Und wir gratulieren Ihnen. Wenn es Ihnen noch leichte Mühe bereitet, dann gilt: Ändern Sie diesen Zustand. Lesen Sie noch einmal die entsprechenden Seiten in diesem Buch. Bereiten Sie sich noch einmal vor. Dann absolvieren Sie nochmals diesen Test. Ihr Ziel muss sein: Unbewusste finanzmathematische Kompetenz. Oder mit den Worten aus den Bernd W. Klöckner® Seminaren und Trainings zur Klöckner® Methode: Sie müssen Ihren Kunden sagen können „Alle Deine Fragen, die Du jemals zum Thema Geld hast, Schwerpunkt Sparen, Investieren, Vorsorge, Risiko, kann, werde und will ich Dir beantworten Das ist alles. Viel Spaß mit dem folgenden Test. Viel Erfolg!

FRAGE 1

Ihr Kunde ist sich nicht sicher bei der Frage der Besteuerung seiner gerade bei Ihnen abgeschlossenen Rentenversicherung mit Kapitalwahlrecht. In den Medien hat er von sehr vielen Veränderungen und viele Ge-

rüchte gehört und gelesen. Der Kunde nimmt mit dem 65. Lebensjahr das Kapitalwahrecht in Anspruch. Welche Voraussetzungen müssen für die hälftige Besteuerung der Erträge vorliegen?
☐ Mindestens 5 Jahre Laufzeit der Versicherung.
☐ Mindestens 5 Jahre laufende Beitragszahlungen.
☐ Mindestens 12 Jahre Laufzeit der Versicherung.
☐ Vollendung des 60. Lebensjahrs bei Fälligkeit.
☐ Vollendung des 65. Lebensjahrs bei Fälligkeit.

FRAGE 2

Thema Riester-Rente: In welchen Fällen liegt eine schädliche Verwendung vor mit der Folge, die Zulagen zurückzuzahlen?
☐ In der Rentenphase: Verlegung des Wohnsitzes ins Ausland.
☐ Beitragsfreistellung.
☐ Beitragsreduzierung.
☐ Vertragskündigung.
☐ Tod des Versicherungsnehmers und Übertragung des Altersvorsorgekapitals auf den Vertrag des Ehepartners.

FRAGE 3

Frage zur Rentenformel
– Herr E. Eck ist 65 Jahre alt.
– Er hat entsprechende Beiträge zur DRV gezahlt.
– Er hat durchgängig 45 Jahre gearbeitet und stets ein durchschnittliches Einkommen erzielt.

Die Betrachtung erfolgt für die alten Bundesländer.

Hinweis:
Ab dem 1.Juli 2009 beträgt der aktuelle Rentenwert
– ABL: 27,20 €
– NBL: 24,13 €

Mit welcher Rente, kann Herr E. Eck zum Renteneintritt im Jahr 2009 rechnen?

Die Antwort lautet: _____

FRAGE 4

Welche Voraussetzungen müssen mindestens für den Anspruch auf eine kleine/große Witwen- und Witwerrente erfüllt sein?

Kleine Witwen-/Witwerrente:
- ☐ Witwe(r) erzieht Kind bis 18 Jahre.
- ☐ Witwe(r) sorgt in häuslicher Gemeinschaft für ein behindertes Kind.
- ☐ Zum Zeitpunkt des Todes bestand ein Eheverhältnis.
- ☐ Witwe(r) hat nicht wieder geheiratet.
- ☐ Witwe(r) ist 45 Jahre alt.
- ☐ Witwe(r) ist erwerbsgemindert.
- ☐ Verstorbene(r) hat allgemeine Wartezeit erfüllt.
- ☐ keine der Antwortmöglichkeiten.

Große Witwen-/Witwerrente:
- ☐ Bedingungen für die kleine Witwenrente erfüllt sind und ...

... Witwe(r) ...
- ☐ ... Kind bis 18 Jahre erzieht oder
- ☐ ... in häuslicher Gemeinschaft für ein behindertes Kind sorgt oder
- ☐ ... 45 Jahre alt ist oder
- ☐ ... erwerbsgemindert ist.

Hinweis: Berechnung mit dem BWK Business®.

FRAGE 5

Der Kunde investierte 50.000 € im Jahr 2008 in einen Dachfonds, der eine prognostizierte Rendite von 6 Prozent erzielt. Es fiel ein Ausgabeaufschlag von 5 Prozent an. Zudem fallen jährliche Verwaltungskosten von 1,5 Prozent an, die der Einfachheit halber lediglich von der Rendite abgezogen werden. Der Kunde möchte den Fonds bis zu seinem Rentenbeginn in 23 Jahren halten und dann verkaufen. Zusammen mit dem Kunden gehen Sie davon aus, dass der Dachfonds rund die Hälfte der Rendite (6 Prozent) aus jährlichen Dividenden und Zinsen erzielt. Er ist ebenso Kirchensteuerpflichtig mit 9 Prozent.

a) Der Kunde fragt Sie, welches Vermögen er in 23 Jahren nach Abgeltungsteuer und Kosten erwarten kann.

b) Zudem sollten Sie zum Interesse des Kunden ebenso den Effektivzins berechnen.

FRAGE 6

Ein Kunde möchte für sich und seine Ehefrau keine private Pflegeversicherung abschließen. Der Grund: Seine eigene Immobilie im Wert von 200.000 € würde ihn doch schützen. Zeigen Sie ihm auf, wie eine schon heute vorhandene monatliche Pflegelücke von rund 900 € bei einer Pflegeinflation von 4 Prozent anwächst. Der Kunde ist heute 40 Jahre jung und seine Ehefrau zwei Jahre jünger. Ein Pflegefall von mindestens einem der beiden könnte in 40 Jahren eintreten.

a) Zeigen Sie dem Kunden auf, welchen Wert seine Immobilie bei einer Wertsteigerung von einem Prozent in 40 Jahren hat.

b) Welchen Betrag muss der andere Ehepartner aufbringen, um den anderen bei den obigen Angaben über 5 Jahre zu pflegen? Angenommener Entnahmezins: effektiv 4,5 Prozent.

FRAGE 7

Ein junges Ehepaar möchte für die gerade geborene Tochter ansparen. Sie bieten eine Kinderfondspolice an, die die Tochter mit 18 Jahren fortführen oder aus der sie Rentenzahlungen für ein eventuelles Studium entnehmen kann. Nach Kosten rechnen Sie mit 5 Prozent Rendite in einem ausgewogenen Portfolio. Die Eltern haben vor einigen Jahren selbst ein Studium abgeschlossen und kamen mit 600 € monatlich aus. Sie weisen auf die durchschnittliche Inflation von 3 Prozent hin, sodass die Tochter in 18 Jahren sicherlich mehr benötigt. Die Eltern möchten wissen, wie viel sie für die Tochter mindestens monatlich sparen müssen, damit die Tochter mit 18 einen 4-jährigen Studiengang ohne Geldsorgen abschließen kann.

a) Wie hoch ist der regelmäßige monatliche Sparbetrag?

b) Dieser ist zu hoch für die gerade gewordenen Eltern. Wie hoch ist der anfängliche Sparbetrag bei einer Dynamik von 5 Prozent im Vertrag?

FRAGE 8

Ein junger Kunde (28 Jahre) ist bei Ihnen zur Beratung im Büro. Er hat jedoch wieder mal seine Renteninformation vergessen, kann sich jedoch an den 2 Prozent Rentensteigerungswert erinnern. Hier lag die Rente bei rund 2.800 €, was ihn verwundert. Sie fragen ihn, welche Rentensteigerungen er persönlich in den nächsten Jahren eher für möglich hält. Er meint: „Keine Steigerungen." Berechnen Sie ihm seine DRV-Rente unter Berücksichtigung von 2,5 Prozent Inflation.

Hinweis: Renteneintritt laut Renteninformation mit 67!

FRAGE 9

Riester-Sparen vs. Privatvertrag: Kunde Jürgen T. hat ein Jahresbruttoeinkommen von 35.000 €. Er ist 38 Jahre jung, Single und möchte mit 67 Jahren in den Ruhestand eintreten. Er möchte die volle Riester-Zulage erhalten und eine Riester-Rentenversicherung abschließen. Die Kosten hierfür betragen 16 Prozent Jahr für Jahr, abzuziehen von den Beiträgen und Zulagen. Sie schlagen ihm den Vergleich mit einer privaten Rentenversicherung vor, welche ein wenig geringere Kosten von 14 Prozent verursacht. Beides gerechnet mit einem effektiven Sparzins von 5 Prozent nach Kosten und Steuern.

Zusätzliche Hinweise:
- In beiden Verträgen soll eine jährliche Dynamik von 2 Prozent eingebaut werden.
- Es wird von einem Grenzsteuersatz von 25 Prozent in der Rentenphase ausgegangen.

a) Welche Einzahlungen muss Jürgen T. in den Riester-Vertrag tätigen, um die Gesamtzulage zu erhalten?

b) Welches Vermögen wird zu Rentenbeginn im Riester-Vertrag erreicht (eventuelle. Steuererstattungen bleiben unberücksichtigt)?

c) Wie hoch ist das Riester-Vermögen nach Steuern, wenn das Kapital einmalig versteuert werden würde?

d) Wie hoch ist das Kapital aus der privaten Rentenversicherung (auch nach Steuern gerechnet)?

FRAGE 10

7-Schritte-Verkaufsstrategie©®

1. Wann möchten Sie aufhören zu arbeiten?
   – Mit 65 Jahren.

2. Über welchen Betrag möchten Sie dann monatlich verfügen?
   – 1.500 €.

3. Wie jung sind Sie heute?
   – 30 Jahre.

4. Wie alt möchten Sie werden – bis wann soll die Rente gezahlt werden?
   – Bis zum 90. Lebensjahr.

5. Wie haben Sie bereits vorgesorgt?
   – DRV-Rente etwa 700 €.
   – LV mit Auszahlung von 120.000 €

6. Mit welchem Zins rechnen Sie in der Rentenphase?
   – Vorsichtige 3,5 Prozent effektiv.

7. Mit welchem Zins rechnen Sie in der Ansparphase?
   – Nach allen Kosten mit 6 Prozent effektiv.

Beachten Sie die Inflation von durchschnittlich 3 Prozent.

Viel Spaß beim Rechnen!

Lösungen

FRAGE 1

- Mindestens 12 Jahre Laufzeit der Versicherung.
- Vollendung des 60. Lebensjahrs bei Fälligkeit.

FRAGE 2

- In der Rentenphase: Verlegung des Wohnsitzes ins Ausland.
- Vertragskündigung.

FRAGE 3

45 Jahre durchgängig Durchschnittseinkommen erzielt, ergibt 45 Entgeltpunkte. Zudem kann er im Jahr 2009 mit 65 in Rente gehen ohne Abzüge. Zugangs- und Rentenartfaktor betragen 1,0. Die Berechnung erfolgt mit folgender Formel:

Monatsrente =

Entgeltpunkte x Zugangsfaktor x Rentenartfaktor x Aktueller Rentenwert

Monatsrente = 45,0 x 1,0 x 1,0 x 27,2

Monatsrente = 1.224 €

FRAGE 4

Kleine Witwer-/Witwenrente:
- Zum Zeitpunkt des Todes bestand ein Eheverhältnis.
- Witwe(r) hat nicht wieder geheiratet.
- Verstorbene(r) hat allgemeine Wartezeit erfüllt.

Große Witwer-/Witwenrente:
- Bedingungen für die kleine Witwenrente erfüllt sind und ...

... Witwe(r) ...

☐ ... Kind bis 18 Jahre erzieht oder
☐ ... in häuslicher Gemeinschaft für ein behindertes Kind sorgt oder
☐ ... 45 Jahre alt ist oder
☐ ... erwerbsgemindert ist.

FRAGE 5

a) Berechnung des Endvermögens nach Steuern und Kosten:

Formel des Nettoanlagebetrags:

$$Nettoanlagebetrag = \frac{Bruttoeinzahlung}{1 + \frac{Ausgabeaufschlag\ in\ \%}{100}}$$

Reduzierung der Rendite durch jährlichen Abgeltungsteuerabzug:

Die Hälfte der 6 Prozent Rendite, also 3 Prozent, sind der Abgeltungsteuer zu unterwerfen.

3 – 27,99 Prozent = 2,16 Prozent Rendite bleiben somit von den jährlichen Dividenden und Zinseinnahmen übrig. Zusammen also 5,16 Prozent Gesamtrendite im Durchschnitt.

Zur Vereinfachung werden von dieser Rendite noch die jährlichen Verwaltungskosten des Dachfonds von 1,5 Prozent abgezogen. Was bleibt sind 3,66 Prozent Rendite.

Eingabe	Displayanzeigen	Erklärung
↓ C	CLEARED 0,00	Löschen etwaiger Speicherinhalte.
1 P/YR	P/YR 1,00	Es erfolgt eine jährliche Betrachtung – da nur Einmalanlage.
23 xP/YR	N 23,00	Anlagedauer beträgt 23 Jahre.
3,66 EFF%	I/YR NOM% 3,66	Die Rendite nach Abgeltungsteuer und Kosten beträgt 3,66 Prozent.

Fortsetzung		
50.000 ÷ 1,05 =	= 47.619,05	Berechnung des Nettoanlagebetrages nach 5 Prozent Ausgabeaufschlag.
+/– PV	PV –47.619,05	Speichern des Nettoanlagebetrages zu Beginn der Anlageperiode.
0 PMT	PMT 0,00	Keine regelmäßigen Einzahlungen.
FV	FV 108.852,50	Berechnung des Endvermögens.

Ergebnis: Nach 23 Jahren stehen dem Anleger 108.852,50 € zur Verfügung. Dieses Vermögen streicht er steuerfrei ein, da er den Dachfonds noch im Jahr 2008 – vor der Einführung der Abgeltungsteuer – gekauft hat.

b) Berechnung des Effektivzinses nach Steuern und Kosten:

Eingabe	Displayanzeigen	Erklärung
50.000 +/– PV	PV –50.000,00	Zu Beginn hat der Anleger 50.000 € eingezahlt.
I/YR	I/YR NOM% 3,44	Berechnung des Nominalzinses.
EFF%	EFF% 3,44	Umrechnung in den Effektivzins. Aufgrund von P/YR = 1 sind beide Zinssätze gleich hoch.

Ergebnis: Der Effektivzins der Anlage beträgt 3,44 Prozent.

FRAGE 6

a) Wert der Immobilie

Eingabe	Display-anzeigen	Erklärung
↓ C	CLEARED 0,00	Löschen etwaiger Speicherinhalte.
1 P/YR	P/YR 1,00	Es erfolgt jährliche Betrachtung – da jährliche Wertsteigerung.
40 xP/YR	N 40,00	Betrachtungsweise in 40 Jahren.
1 EFF%	I/YR NOM% 1,00	Wertsteigerung der Immobilie von einem Prozent jährlich.
200.000 +/– PV	PV –200.000,00	Der heutige Immobilienwert wird auf 200.000 € geschätzt.
0 PMT	PMT 0,00	Keine regelmäßigen Ein-/Auszahlungen.
FV	FV 297.772,75	Berechnung des zukünftigen Immobilienwerts.

Ergebnis: Nach 40 Jahren hat die Immobilie einen voraussichtlichen Wert von rund 298.000 €.

b) Berechnung des Barwerts beim Pflegefall

1. Berechnung der monatlichen Pflegelücke nach Inflation:

Eingabe	Display-anzeigen	Erklärung
↓ C	CLEARED 0,00	Löschen etwaiger Speicherinhalte.
1 P/YR	P/YR 1,00	Es erfolgt jährliche Inflationsbetrachtung.
40 xP/YR	N 40,00	Betrachtungsweise in 40 Jahren.

Fortsetzung		
4 EFF%	I/YR NOM% 4,00	Die Pflegeinflation wird mit 4 Prozent angenommen.
900 +/- PV	PV -900,00	Heute beträgt die Pfleglücke 900 €.
0 PMT	PMT 0,00	Keine regelmäßigen Ein-/Auszahlungen.
FV	FV 4.320,92	Die Pflegelücke könnte in 40 Jahren auf 4.300 € anschwillen.

2. Berechnung des Pflegebarwerts:

Eingabe	Display-anzeigen	Erklärung
↓ C	CLEARED 0,00	Löschen etwaiger Speicherinhalte.
12 P/YR	P/YR 12,00	Monatliche Pflegezahlungen.
5 xP/YR	N 60,00	Ein Pflegefall beträgt im Durchschnitt 5 Jahre.
4,5 EFF%	I/YR NOM% 4,41	Der Entnahmezins entspricht 4,5 Prozent effektiv.
4.320,92 PMT	PMT 4.320,92	In 40 Jahren muss wahrscheinlich eine Pflegelücke von 4.320,92 € geschlossen werden.
0 FV	FV 0,00	Nach 5 Jahren sollen keine weiteren Zahlungen erfolgen.
PV	PV -232.282,31	Berechnung des Pflegebarwerts.

Ergebnis: Der Pflegebarwert beträgt rund 232.000 €. Tritt die Wertsteigerung der Immobilie ein, so könnte daraus ein Pflegefall bezahlt werden. Es gilt zu hoffen, dass maximal nur einer der beiden ein Pflegefall wird, die Immobilie weiter im Wert steigt und dass die Pflege nicht länger als 5 Jahre andauern wird.

FRAGE 7

a) Berechnung der regelmäßigen Sparrate – ohne Dynamik:

1. Inflationsberechnung der Lebenshaltungskosten von 600 € in 18 Jahren.

Eingabe	Display-anzeigen	Erklärung
↓ C	CLEARED 0,00	Löschen etwaiger Speicherinhalte.
1 P/YR	P/YR 1,00	Es erfolgt jährliche Inflationsbetrachtung.
18 xP/YR	N 18,00	Betrachtungsweise in 18 Jahren.
3 EFF%	I/YR NOM% 3,00	Die Inflation wird mit 3 Prozent angenommen.
600 +/– PV	PV –600,00	Heute betragen die Lebenshaltungskosten rund 600 €.
0 PMT	PMT 0,00	Keine regelmäßigen Ein-/Auszahlungen.
FV	FV 1.021,46	Berechnung der zukünftigen Lebenshaltungskosten.

2. Berechnung des Barwerts für das Studium:

Eingabe	Display-anzeigen	Erklärung
↓ C	CLEARED 0,00	Löschen etwaiger Speicherinhalte.
12 P/YR	P/YR 12,00	Monatliche Lebenshaltungskosten.
4 xP/YR	N 48,00	Studiendauer von 4 Jahren.
5 EFF%	I/YR NOM% 4,89	Die Rendite wird mit 5 Prozent effektiv angenommen.
1.021,46 PMT	PMT 1.021,46	Monatliche Studienrente von rund 1020,00 €.
0 FV	FV 0,00	Nach 4 Jahren soll das Vermögen aufgebraucht sein.
PV	PV −44.451,85	Berechnung des benötigten Vermögens zu Studienbeginn.

Lassen Sie alle Werte im Speicher!

3. Berechnung der notwendigen Sparrate

Eingabe	Display-anzeigen	Erklärung
18 xP/YR	N 216,00	Spardauer von 18 Jahren.
RCL PV +/− FV	FV 44.451,85	Abrufen des benötigten Vermögens und speichern als zu erreichenden Endwert.
0 PV	PV 0,00	Keine Einmalanlage zu Beginn.
PMT	PMT −128,75	Berechnung der notwendigen Sparrate.

Lassen Sie auch hier erst einmal die Angaben im BWK Business® gespeichert.

Persönlicher Abschlusstest

Ergebnis: Die Eltern müssen mindestens rund 130 € sparen, damit das Kind ohne finanzielle Sorgen in 18 Jahren studieren kann.

b) Berechnung der Sparrate – mit Dynamik:

Eingabe	Display-anzeigen	Erklärung
5 %D	%D 5,00	5 Prozent Dynamik.
12 ↓ %D	xD 12,00	Jährliche Dynamik – also alle 12 Monate eine Erhöhung.
P/D	P/D –87,79	Berechnung der dynamischen Sparrate zu Beginn des Sparplans.
↓ P/D	P/DE –201,22	Berechnung der dynamischen Sparrate zum Ende des Sparplans.

Ergebnis: Durch eine Dynamik von 5 Prozent verringert sich die anfängliche Sparrate auf rund 90 € und die Sparrate zum Ende steigt auf rund 200 €.

FRAGE 8

1. Berechnen der Rente bei keinen Rentensteigerungen.

Eingabe	Displayanzeige	Erklärung
↓ C	CLEARED 0,00	Löschen etwaiger Speicherinhalte.
1 P/YR	P/YR 1,00	Es erfolgen jährliche Rentensteigerungen.
39 xP/YR	N 39,00	Er bekommt die Rente mit 67, also in 39 Jahren.
2 EFF%	I/YR NOM% 2,00	Er kennt den Rentenbetrag mit 2 Prozent Steigerung.
0 PMT	PMT 0,00	Keine regelmäßigen Ein-/Auszahlungen.
2.800 FV	FV 2.800,00	Die Rente nach 2 Prozent Steigerung beträgt 2.800 €.
PV	PV −1.293,46	Berechnung der Rente bei keiner Rentensteigerung.

Alle Angaben gespeichert lassen!

2. Berechnung der Rente nach Inflation

Eingabe	Displayanzeigen	Erklärung
2,5 EFF%	I/YR NOM% 2,50	Inflation von 2,5 Prozent.
RCL PV +/− FV	FV 1.293,46	Übertragen der eben berechneten Rente bei keiner Steigerung und speichern als zukünftige Rente.
PV	PV −493,77	Berechnung der Rente nach Inflation.

Ergebnis: Die DRV-Rente bei keiner Steigerung beträgt nach heutiger Kaufkraft lediglich rund 500 €.

Persönlicher Abschlusstest

FRAGE 9

a) Berechnung der notwendigen Einzahlungen für die volle Zulage
4 Prozent von 35.000 € = 1.400 €
abzgl. Grundzulage in Höhe von 154 €
Mindestsparrate: 1.246 € p. a.
mtl. Mindestsparrate: 103,83 € (104 €)

> *Ergebnis:* Er muss mindestens rund 104 € sparen, um die volle Zulage zu erhalten.

b) Berechnung des Endvermögens mit Riester:

1. Verzinsung eigener Beiträge:

Eingabe	Displayanzeige	Erklärung
↓ C	CLEARED 0,00	Löschen etwaiger Speicherinhalte.
12 P/YR	P/YR 12,00	Monatliche Einzahlungen.
29 xP/YR	N 348,00	Bis zum 67. Lebensjahr sind es noch 29 Einzahlungsjahre.
5 EFF%	I/YR NOM% 4,89	Der Sparzins wird mit 5 Prozent effektiv angenommen.
0 PV	PV 0,00	Keine Einmalanlage zu Beginn.
104 − 16 % =	= 87,36	Monatliche Sparrate abzgl. Kosten.
+/− P/D	P/D −87,36	Speichern als monatliche Dynamik-Sparrate.
2 %D	%D 2,00	Dynamik von zwei Prozent soll vereinbart werden.
12 ↓ %D	xD 12,00	Die Dynamik erfolgt jährlich, also alle 12 Monate.
FV	FV 83.636,72	Berechnung des Endvermögens aus Eigenleistungen.

2. Verzinsung Riester-Zulagen:

Eingabe	Display-anzeigen	Erklärung
↓ C	CLEARED 0,00	Löschen etwaiger Speicherinhalte.
1 P/YR	P/YR 1,00	Jährliche Zahlung der Zulagen.
29 xP/YR	N 29,00	Riester-Zulage über 29 Jahre.
5 EFF%	I/YR NOM% 5,00	Sparzins beträgt 5 Prozent.
0 PV	PV 0,00	Keine Anfangszulage.
154 − 16 % =	= 129,36	Zulage abzgl. Kosten.
+/− PMT	PMT −129,36	Speichern als jährliche Zulage.
FV	FV 8.062,07	Berechnung des Endkapitals aus Zulagen.

Summe aus Eigenbeiträgen und Zulagen=

83.636,72 € + 8.062,07 € = 91.698,79 €

Ergebnis: Jürgen T. erreicht ein Endvermögen von 91.700 € aus dem Riester-Vertrag.

c) Riester-Vermögen nach Steuern

Riester wird zu 100 Prozent nachgelagert versteuert. 91.700 abzgl. 25 Prozent Steuern (22.925 €), verbleiben noch 68.775 €.

Ergebnis: Nach Steuern bleibt im Riester-Vertrag noch 68.775 €.

d) Berechnung des Endvermögens der privaten Rentenversicherung:

Eingabe	Displayanzeigen	Erklärung
↓ C	CLEARED 0,00	Löschen etwaiger Speicherinhalte.
12 P/YR	P/YR 12,00	Monatliche Einzahlungen.
29 xP/YR	N 348,00	Bis zum 67. Lebensjahr sind es noch 29 Einzahlungsjahre.
5 EFF%	I/YR NOM% 4,89	Der Sparzins wird mit 5 Prozent effektiv angenommen.
0 PV	PV 0,00	Keine Einmalanlage zu Beginn.
104 − 14 % =	= 89,44	Monatliche Sparrate abzgl. Kosten.
+/− P/D	P/D −89,44	Speichern als monatliche Dynamik-Sparrate.
2 %D	%D 2,00	Dynamik von zwei Prozent soll vereinbart werden.
12 ↓ %D	xD 12,00	Die Dynamik erfolgt jährlich, also alle 12 Monate.
FV	FV 85.628,07	Berechnung des Endvermögens.

Speicher nicht löschen!

Im Privatvertrag erreicht er ein Vermögen von 85.628,07 €. Bei Einmalauszahlung erfolgt die Hälftige Besteuerung der Erträge. Um die Beitragssumme zu ermitteln, erfolgt ein kleiner Trick im BWK Business®.

Eingabe	Display-anzeige	Erklärung
0 EFF%	I/YR NOM% 0,00	Wird kein Zins angenommen, werden nur die Beiträge gezählt.
104 +/− P/D	P/D −104,00	Vor Kosten zahlt er 104 €.
FV	FV 48.412,71	Berechnung der Beitragssumme.

Erreichtes Vermögen abzgl. der Summe der Beiträge von 48.412,71 € ergibt Erträge von 37.215,36 €, welche zur Hälfte, also 18.607,68 €, zu versteuern sind.

18.607,68 € x 25 Prozent = 4.651,92 € Steuern

Es bleibt ein Vermögen von 80.976,15 €.

Ergebnis: In diesem Beispielfall liegt das Endvermögen des Privatvertrags rund 12.000 € höher als das vom Riester-Vertrag.

FRAGE 10

7-Schritte-Verkaufsstrategie©®

1. Wann möchten Sie aufhören zu arbeiten? – Mit 65 Jahren.
2. Über welchen Betrag möchten Sie dann monatlich verfügen? – 1.500 €.
3. Wie jung sind Sie heute? – 30 Jahre.
4. Wie alt möchten Sie werden – bis wann soll die Rente gezahlt werden? – Bis zum 90. Lebensjahr.
5. Wie haben Sie bereits vorgesorgt?
   – DRV-Rente etwa 700 €.
   – LV mit Auszahlung von 120.000 €

6. Mit welchem Zins rechnen Sie in der Rentenphase? – Vorsichtige 3,5 Prozent effektiv.
7. Mit welchem Zins rechnen Sie in der Ansparphase? – Nach allen Kosten mit 6 Prozent effektiv.

Beachten Sie die Inflation von durchschnittlich 3 Prozent.

1. Berechnung der Rente nach Inflation

Eingabe	Displayanzeigen	Erklärung
↓ C	CLEARED 0,00	Löschen etwaiger Speicherinhalte.
1 P/YR	P/YR 1,00	Jährliche Inflation.
35 xP/YR	N 35,00	Bis zum Rentenantritt sind es noch 35 Jahre.
3 EFF%	I/YR NOM% 3,00	Inflation von 3 Prozent.
1.500 PV	PV 1.500,00	Nach heutiger Kaufkraft soll die Rente 1.500 € lauten.
0 PMT	PMT 0,00	Keine regelmäßigen Ein-/Auszahlungen.
FV	FV –4.220,79	Berechnung der notwendigen zukünftigen Rente.

2. Berechnung des notwendigen Kapitals zu Rentenbeginn

Die Rente von 4.220 € kann um die DRV-Rente von 700 € gekürzt werden. Es muss lediglich nur noch eine Rente von 3.520 € erreicht werden.

Eingabe	Displayanzeigen	Erklärung
↓ C	CLEARED 0,00	Löschen etwaiger Speicherinhalte.
12 P/YR	P/YR 12,00	Monatliche Rentenauszahlung.

Fortsetzung			
25 xP/YR		N 300,00	Rentenauszahlung vom 65.–90. Lebensjahr, also über 25 Jahre.
3,5 EFF%		I/YR NOM% 3,45	Rentenauszahlungszins von 3,5 Prozent.
3.520 PMT		PMT 3.520,00	Rentenauszahlung von 3.520 €.
0 FV		FV 0,00	Nach 25 Jahren soll das Vermögen aufgebraucht sein.
PV		PV –707.277,68	Berechnung des benötigten Vermögens zu Rentenbeginn.

Werte im Speicher des BWK Business® belassen.

Von diesem Vermögen wird die Lebensversicherung über 120.000 € abgezogen. Es muss lediglich nur noch ein Kapital von 587.000 € angespart werden.

3. Berechnung der monatlichen Sparleistung:

Eingabe	Displayanzeigen	Erklärung
35 xP/YR	N 420,00	Spardauer vom 30.–65. Lebensjahr, also 35 Jahre.
6 EFF%	I/YR NOM% 5,84	Ansparzins wird mit 6 Prozent effektiv angenommen.
587.000 FV	FV 587.000,00	Es muss ein Vermögen von 587.000 € erreicht werden.
0 PV	PV 0,00	Keine Einmalanlage zu Beginn.
PMT	PMT –427,34	Berechnung der notwendigen Sparrate.

Ergebnis: Der Kunde muss von nun an beginnend 428 € monatlich sparen, um seine Rentenwünsche zu erfüllen.

Wichtig

Hier noch einmal der Rechenweg im EINSeitenplaner des Dr. Kriebel Beratungsrechners.
Mehr Informationen unter www.beratungsrechner.com.

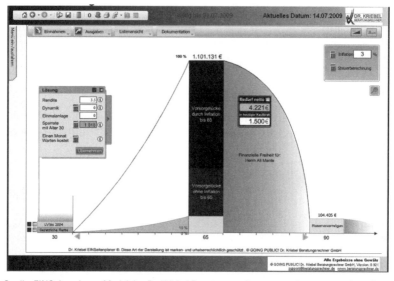

Quelle: EINSeitenplaner, Modul des Dr. Kriebel Beratungsrechners, www.beratungsrechner.de

Schluss

Das waren rund 300 Seiten Produkt-Know-how und Detailwissen. Wir hoffen, Sie werden das gewonnene Wissen in der Beratung Ihrer Kunden einsetzen. Vergessen Sie nie: Der Kunde hat ein Recht auf Abschluss. Der Kunde hat jedoch genauso ein Recht auf wertvolle Information zu den vermittelten Produkten. Beachten Sie die Rahmenbedingungen für die Produkte und stimmen Sie die Produkte auf die Individualität des Kunden ab.

In diesem ersten Schritt haben Sie nun dieses Buch kennen gelernt. Sie wissen nun, welche Informationen wo zu finden sind. In den nächsten Schritten werden Sie noch die eine oder andere Information aus dem Buch ziehen müssen. Das wird in der täglichen Praxis sicherlich einmal mehr der Fall sein. Behalten Sie dieses Buch also in Ihrer Nähe. Nehmen Sie es mit zu Beratungen oder lassen Sie es im Büro. Behandeln Sie dieses Buch als Ihr persönliches Nachschlagewerk, als zusätzliche Informationsquelle. Fügen Sie zusätzliche Informationen im Anhang unter dem Punkt Notizen hinzu.

Wichtig ist ebenso ist die Dokumentation bei Kundengesprächen. Einerseits sollten Sie die Berechnungen des BWK Business® im YOERS®-Modus speichern oder notieren. Andererseits beachten Sie das Produktwissen. Notieren Sie, warum eine Riester-Rente für den Kunden (nicht) als geeignet erscheint, warum eine Basis-Rente (nicht) vorzuziehen ist oder warum Schuldentilgung vor Altersvorsorgesparen besser/schlechter ist.

Vielleicht werden Sie den ersten Teil des Buches zur Deutschen Rentenversicherung als trockenes Thema empfunden haben. Doch genau diese Detailinformationen sind später Gold wert. Hat ein Kunde eine Frage zur gesetzlichen Rente, können Sie hier gezielt nachschlagen. Zudem ist das System der gesetzlichen Rentenversicherung einige Jahrzehnte alt.

Durch viele Rentenreformen sind auch viele Detailinformationen notwendig. Nutzen Sie diese als gesetzlicher Rentenexperte genauso, wie Sie vielleicht die Informationen aus Teil 2 und 3 direkt anwenden können.

Eins noch zu guter letzt: Der Kunde ist König – der Kunde ist Experte. In Anlehung an die Bernd W. Klöckner Maxime „Experte ist der Kunde". Es ist der eingetragene Slogan aller Trainings und Seminare zur Klöckner® Methode: „Experte ist der Kunde". Die letztendliche Entscheidung zum Abschluss liegt beim Kunden. Haben Sie alle notwendigen Informationen und Berechnungen mit dem BWK Business® als Entscheidungshilfe gegeben, so ist Ihre Arbeit erledigt. Gleichauf, ob Sie den Abschluss in der Tasche haben und Ihre Arbeit erfolgreich getan haben oder ob der Kunde das Konzept ablehnt: Dokumentieren Sie! So haben Sie Ihre Arbeit auch mit Sicherheit erledigt. Denn eine Kundenbeziehung lebt nicht vom hier und jetzt. Oft sind mehrere Anläufe notwendig, frei nach der Devise:

Steter Tropfen höhlt den Stein.

Danksagung Bernd W. Klöckner

Lieber Steffen! Lieber Werner! Mit diesem Buch habt Ihr etwas Großartiges geleistet. Ich habe meines dazu beigetragen, in dem der BWK Business® als Finanztaschenrechner und Kompetenztool heute bekannt und fast legendär ist. Dazu kommt die Klöckner® Methode. Eines der wohl erfolgreichsten Trainings in der Verkaufs- und Finanzbranche. Dann kamst Du, Steffen, auf mich zu wegen dieser Buchidee. Es ist Dein erstes Buch. Mit Werner Dütting hattest Du einen erfahrenen und erfolgreichen, mehrfachen Buch- und Bestsellerautor an Deiner Seite. Ich empfinde das Buch als gelungen, zweifelsohne sehr, sehr wertvoll. Und eine exzellente Kompetenzhilfe für jeden Finanzverkäufer und Finanzberater, der sich bei seinen Kunden als Ansprechpartner Nr. 1 in allen Geldfragen etablieren will. Ich bedanke mich für die Ehre, dass ich in bescheidenem Maße an diesem Buch mitarbeiten durfte. Und wenn ich „bescheiden" schreibe, dann meine ich es genauso, liebe Leserin, lieber Leser. Die Ehre gebührt im wesentlichen Steffen Horn und Werner Dütting. Ich bedanke mich für die Ehre, Steffen, dass Du mich gefragt hast, ob wir dieses Buch, ob wir diese Deine Buchidee gemeinsam „stemmen" können. Nun ist es gestemmt. Gemeinsam mit dem Gabler Verlag. Und es ist ein Juwel geworden. Mit dem Zeug zu einem weiteren Bestseller im Rahmen der Buchreihe zum Finanztaschenrechner BWK Business®. Meine größte Freude ist, dass mit diesem Buch offensichtlich die Idee des „Rechen-Training" erwachsen geworden ist. Wenn nun bereits erfolgreiche Praktiker wie Du, Steffen, Bücher zum BWK Business® schreiben wollen und dann gemeinsam mit Werner Dütting – und mir zum kleinsten Teil – auch vollenden, bedeutet es für mich: Die Klöckner® Methode, die einfach wirkungsvolle Kombination aus Fachwissen, praxisorientierter Finanzmathematik und emotionaler Kompetenz hat sich etabliert. Danke Steffen! Danke Werner! – Besonders wichtig ist mir der Danke an die heute vielen zehntausend Freunde und Fans des Finanztaschenrechner BWK Business® wie der Klöckner® Methode. Sie alle haben die letzten Jahre der Bernd W. Klöckner® Seminare und Training zu einem großen und großartigen Erfolg gemacht. Mit diesem Buch geben Steffen Horn, Werner Dütting und ich etwas zurück: Auf den Punkt gebrachte, sofort umsetzbare Beratungskompetenz. Als Urheber der Klöckner® Methode danke ich für die vielen Jahre des treuen Miteinander. Alle bisherigen Kunden von BWK Bernd W. Klöckner® (www.berndwkloeckner.com) wurden im Laufe der Jahre zu treuen Freunden und Fans. Das macht mich stolz. Es zeigt mir, dass die Richtung stimmt. Ich freue mich, wenn wir alle gemeinsam weiter dazu beitragen, dass der Beruf des Finanzverkäufers, des Finanzberaters immer mehr geachtet und geschätzt wird. Dieses Buch soll dazu beitragen, liebe Leserinnen, liebe Leser, liebe Freunde und Fans, dass Sie noch mehr wie bislang eine empfehlenswerte Leistung bieten. Und sich so auf diese Weise als Ansprechpartner Nr. 1 bei allen Geldfragen Ihrer Kunden etablieren.

Berlin Wannsee im Juli 2009

Bernd W. Klöckner

Danksagung Steffen Horn

Ein Buch hat viele Gesichter! Das gilt sowohl für den Inhalt als auch die Personen, welche ein solches Projekt erst ermöglicht und kontinuierlich von Anfang an unterstützen. Es ist mir von daher sehr wichtig, einmal mehr, nachfolgenden Personen Danke zu sagen!

Lieber Bernd W. Klöckner, lieber Werner Dütting, Ihr habt diese Idee verwirklicht und von Anfang an unterstützt. Dieser Moment ist einmalig und beschreibt ein wunderschönes Gefühl. Ich weiß Eure Zuverlässigkeit und ein einfaches „Ja" in jeder Hinsicht zu schätzen. Welche Bedeutung doch eine E-Mail hat!

Liebe Lena, Du bedeutest mir sehr viel, habe ich Dir das auch in der Vergangenheit nicht immer gezeigt. Mit Deiner Geburt begann ein sehr schöner Moment der Freude und Liebe zu Dir. Du bist eine Bereicherung und eine meiner größten Freuden. Danke für Dein Verständnis, Deine Art. In den letzten Wochen hast Du mir mit Deiner Schlagfertigkeit sehr geholfen. Ich habe Dich sehr lieb und kann hoffentlich noch viel von Dir lernen.

Danke Sibylle Hillner, die als Trainerin und Expertin in dem Bereich der gesetzlichen und privaten Vorsorge einmalig ist. Sie haben stets fachliche Unterstützung gewährt und viele wertvolle Hinweise beigesteuert. Ich hoffe, ich darf auch in Zukunft von Ihnen lernen.

Hagen Röhricht, auch Ihnen möchte ich an dieser Stelle danken. Ich kenne keinen Menschen, der in einer solch ruhigen und fachlich souveränen Art und Weise berät wie Sie. Jede Auskunft von Ihnen ist 100-prozentig und eine reine Unterhaltung oder ein Telefonat genauso lehrreich und informativ wie eine Schulung. Danke!!

Aschersleben, Juli 2009

Danksagung Werner Dütting

Auch dieses Buch hat viele Väter des Erfolges. Allen voran gilt mein Dank Steffen Horn. Mit seinem Praxiswissen im täglichem Verkauf und dem grandiosen Hintergrundwissen entstand dieses Buch. Er lieferte den Großteil dieses Buches in einer wahnsinnigen Schnelligkeit. Kurzum: Steffen, ich danke Dir für das tolle Miteinander und die fantastische Arbeit.

Weiter gilt mein Dank wie immer meinem Freund, Mentor und Coach Bernd W. Klöckner seit nunmehr 10 Jahren in denen wir uns kennen. Projekte – wie dieses Buch – mit Herz und Erfolg zu erledigen sind seine Handschrift, die mich prägt. Waren es damals noch 500 km Entfernung, die uns innerhalb Deutschlands trennten, sind es nunmehr 10.000 km von China nach Deutschland. Doch auch diese Entfernung ist kein Hindernis zwischen einer guten Mentor-Schüler-Beziehung.

Ein herzliches Dankeschön gilt auch dem gesamten Gabler-Verlag – allen voran Guido Notthoff. Auch in diesem dritten Buchprojekt für mich als offizieller Autor gab er uns volle Unterstützung. Herr Notthoff, ich danke Ihnen und freue mich auf weitere gemeinsame Projekte mit Ihnen.

Letztendlich gilt all denen mein Dank, die mir das Leben in China nicht nur als Erlebnis bereiten, sondern auch bei meinem weiteren Lebensaufbau helfen. Hier gilt es den FAF-Verlag zu nennen, welcher mich nach China für die Weiterentwicklung des BWK Business® sandte. Es ist oft nicht einfach, neben täglicher Arbeit und dem chinesischen Studium ein Buch zu schreiben. Diese Möglichkeit ist nur gegeben, wenn einem jemand den Rücken frei hält. Hier sind insbesondere Freundin, Freunde und Bekannte in China zu nennen. 谢谢罗婧和我的中国朋友们。

Ganz klar auch meine Familie und Freunde als „Wurzeln" in Deutschland, die stets Kontakt zu mir halten und auch in weiter Entfernung gedanklich bei mir sind.

Last but not least, gilt mein Dank all den Lesern unserer Gabler-Bücher. Es ist mir jedes Mal eine Freude, Rückmeldungen zu erhalten. Sei es als Lob, Kritik, Fragen oder auch Anregungen. Es zeigt uns Autoren, dass Sie unsere Bücher nicht nur lesen, sondern vielmehr durcharbeiten. Sie stehen quasi für unseren Erfolg. Vielen Dank hierzu, liebe Leserin, lieber Leser.

Shenzhen/China, Juli 2009

Werner Dütting

Anhang Teil I

Informationsquellen Deutsche Rentenversicherung (DRV)

- kostenloses Servicetelefon Unter 0800 10004800 erreichen Sie unsere Experten. Wir sind für Sie da: Montag bis Donnerstag von 7.30 bis 19.30 Uhr, Freitag von 7.30 bis 15.30 Uhr.
- Rund um die Uhr Unter www.deutsche-rentenversicherung.de können sie Vordrucke und zusätzliche Informationen herunterladen, bequem eine Renteninformation anfordern und sich über weitere Themen in der Rentenversicherung informieren.
- Die Träger der Deutschen Rentenversicherung

Deutsche Rentenversicherung
Baden-Württemberg
Gartenstraße 105
76135 Karlsruhe
Telefon 0721 825-0

Deutsche Rentenversicherung
Bayern Süd
Am Alten Viehmarkt 2
84028 Landshut
Telefon 0871 81-0

Deutsche Rentenversicherung
Berlin-Brandenburg
Bertha-von-Suttner-Straße 1
15236 Frankfurt/Oder
Telefon 0335 551-0

Deutsche Rentenversicherung
Braunschweig-Hannover
Lange Weihe 2
30880 Laatzen
Telefon 0511 829-0

Deutsche Rentenversicherung
Hessen
Städelstraße 28
60596 Frankfurt/Main
Telefon 069 6052-0

Deutsche Rentenversicherung
Mitteldeutschland
Georg-Schumann-Straße 146
04159 Leipzig
Telefon 0341 550-55

Deutsche Rentenversicherung
Nord
Ziegelstraße 150
23556 Lübeck
Telefon 0451 485-0

Deutsche Rentenversicherung
Nordbayern
Wittelsbacherring 11
95444 Bayreuth
Telefon 0921 607-0

Deutsche Rentenversicherung
Oldenburg-Bremen
Huntestraße 112
6135 Oldenburg
Telefon 0441 927-0

Deutsche Rentenversicherung
Rheinland
Königsallee 71
40215 Düsseldorf
Telefon 0211 937-0

Deutsche Rentenversicherung
Rheinland-Pfalz
Eichendorffstraße 4-6
67346 Speyer
Telefon 06232 17-0

Deutsche Rentenversicherung
Saarland
Martin-Luther-Straße 2-4
66111 Saarbrücken
Telefon 0681 3093-0

Deutsche Rentenversicherung
Schwaben
Dieselstraße 9
86154 Augsburg
Telefon 0821 500-0

Deutsche Rentenversicherung
Westfalen
Gartenstraße 194
48147 Münster
Telefon 0251 238-0

Deutsche Rentenversicherung
Bund
Ruhrstraße 2
10709 Berlin
Telefon 030 865-0

Deutsche Rentenversicherung
Knappschaft-Bahn-See
Pieperstraße 14-28
44789 Bochum
Telefon 0234 304-0

Wesentliche Formularnummern:

abrufbar unter: www.deutsche-rentenversicherung.de

Formular-nummer	Titel/Inhalt
Handwerker	
V010	Fragebogen zur Feststellung der Versicherungspflicht oder Versicherungsfreiheit selbstständig tätiger Handwerker
V015	Merkblatt zur Versicherungspflicht der Gewerbetreibenden in Handwerksbetrieben
Pflicht und freiwillige Versicherung	
V020	Fragenbogen zur Feststellung der Pflichtversicherung kraft Gesetz als selbstständig Tätiger/Antrag auf Pflichtversicherung
V021	Erläuterungen zum Fragebogen zur Feststellung der Pflichtversicherung kraft Gesetzes als selbständig Tätiger beziehungsweise zum Antrag auf Pflichtversicherung als selbständig Tätiger
V023	Fragebogen zur Feststellung der Versicherungspflicht in der Rentenversicherung für Selbständige
V024	Erläuterungen zum Fragebogen zur Versicherungspflicht in der Rentenversicherung für Selbständige
V030	Antrag auf Versicherungspflicht nach § 4 Abs. 3 SGB VI
V031	Merkblatt zur Versicherungspflicht auf Antrag für Bezieher von Entgeltersatzleistungen, Arbeitsunfähige und Rehabilitanden (§ 4 Absatz 3 SGB VI)
V060	Antrag auf Beitragszahlung für eine freiwillige Versicherung
V061	Erläuterungen zum Antrag auf Beitragszahlung für die freiwillige Versicherung in der Rentenversicherung (Vordruck V060)
V070	Fragebogen zur Feststellung der Versicherungspflicht aufgrund des Bezuges eines Existenzgründungszuschusses nach § 421 I SGB III
V071	Erläuterungen zum Fragebogen zur Feststellung der Versicherungspflicht aufgrund des Bezuges eines Existenzgründungszuschusses nach § 421 I SGB III
V090	Hinweis zur Aufrechterhaltung des weiteren Versicherungsschutzes
V091	Beitragstafel für Pflichtversicherung und freiwillige Versicherung

Formular-nummer	Titel/Inhalt
Statuts	
V027	Antrag auf Feststellung des sozialversicherungsrechtlichen Status
V028	Erläuterungen zum Antrag auf Feststellung des sozialversicherungsrechtlichen Status
C3003	Feststellungsbogen zur versicherungsrechtlichen Beurteilung eines Gesellschafters/Geschäftsführers einer GmbH
C3004	Kurzantrag auf Feststellung des sozialversicherungsrechtlichen Status
Befreiung von der Versicherungspflicht	
V029	Bestätigung eines Versicherungsunternehmens über einen Versicherungsvertrag
V050	Antrag auf Befreiung von der Versicherungspflicht in der Rentenversicherung für Selbständige mit einem Auftraggeber
V051	Informationen und Erläuterungen zum Antrag auf Befreiung von der Versicherungspflicht in der Rentenversicherung für Selbständige mit einem Auftraggeber
V054	Antrag auf Befreiung von der Versicherungspflicht in der Rentenversicherung für den Bezug von Arbeitslosengeld II wegen einer ausgeübten selbständigen Tätigkeit und Vorliegens einer anderweitigen Altersvorsorge
Erstattung von Beiträgen	
V900	Antrag auf Beitragserstattung
Nachversicherung	
V4105	Vordrucksatz „Bescheinigung über die echte Nachversicherung"
V4116	Bescheinigung über den Aufschub der Nachversicherung (Beitragszahlung) in der Deutschen Rentenversicherung – § 184 Abs. 4 SGB VI
Erwerbsminderung	
R100	Antrag auf Versichertenrente
R101	Erläuterungen zum Antrag auf Versichertenrente
R210	Anlage zum Rentenantrag zur Feststellung der Erwerbsminderung bzw. Berufs- oder Erwerbsunfähigkeit

Formular-nummer	Titel/Inhalt
R211	Ergänzungsblatt zur Anlage zum Rentenantrag zur Feststellung der Erwerbsminderung bzw. Berufs- oder Erwerbsunfähigkeit
R810	Meldung zu Krankenversicherung der Rentner (KVdR)
R811	Ergänzungsblatt zur Meldung zur Krankenversicherung der Rentner (KVdR)
R815	Merkblatt über die Krankenversicherung der Rentner und Pflegeversicherung
R820	Antrag auf Zuschuss zur Krankenversicherung nach § 106 SGB VI
R821	Bescheinigung des privaten Krankenversicherungsunternehmens
R870	Ermittlungsfragebogen als Anlage zum Leistungsantrag
R990	Aufstellung der Unterlagen
Renten wegen Todes	
Witwen- und Witwerrente, Waisenrente	
R500	Antrag auf Hinterbliebenenrente
R501	Erläuterungen zum Antrag auf Hinterbliebenenrente
R510	Anlage zum Antrag auf Witwenrente/Witwerrente, wenn die Ehe nach dem 31.12.2001 geschlossen wurde und nicht mindestens ein Jahr gedauert hat
R650	Anlage zum Antrag auf Hinterbliebenenrente – Prüfung des erhöhten Freibetrags
R665	Bescheinigung des Bruttoarbeitsentgelts/der Ausbildungsvergütung für Anträge auf Hinterbliebenenrente
R673	Bescheinigung von Erwerbsersatzeinkommen nach § 18a Abs. 3 Satz 1 Nr. 3 bis 8 SGB IV
R674	Bescheinigung von Erwerbsersatzeinkommen nach § 18a Abs. 3 Satz 1 Nr. 9 bis 10 SGB IV
R990	Aufstellung der Anlagen
Versichertenrente einschließlich KVdR	
R100	Antrag auf Versichertenrente
R101	Erläuterungen zum Antrag auf Versichertenrente

Formular-nummer	Titel/Inhalt
R230	Bescheinigung/Erklärung zum Antrag auf Altersrente
R240	Fragebogen zur Prüfung der Vertrauensschutzregelungen
R250	Aufforderung zur Abgabe einer Gesonderten Meldung durch den Arbeitgeber
R810	Meldung zu Krankenversicherung der Rentner (KVdR)
R811	Ergänzungsblatt zur Meldung zur Krankenversicherung der Rentner (KVdR)
R815	Merkblatt über die Krankenversicherung der Rentner und Pflegeversicherung
R820	Antrag auf Zuschuss zur Krankenversicherung nach § 106 SGB VI
R821	Bescheinigung des privaten Krankenversicherungsunternehmens
R870	Ermittlungsfragebogen als Anlage zum Leistungsantrag
R990	Aufstellung der Unterlagen

Tabelle: „9/10-Ermittlung" nach § 5 Absatz 1 Nr. 11 SGB V

Jahre Vers.-zeit		9/10		Monate Vers.-zeit		9/10		Tage Vers.-zeit	9/10
1 J	0 J	10 M	29 T	1 M	0 M	27 T		1 T	1 T
2 J	1 J	9 M	22 T	2 M	1 M	24 T		2 T	2 T
3 J	2 J	8 M	16 T	3 M	2 M	21 T		3 T	3 T
4 J	3 J	7 M	9 T	4 M	3 M	18 T		4 T	4 T
5 J	4 J	6 M	3 T	5 M	4 M	15 T		5 T	5 T
6 J	5 J	4 M	26 T	6 M	5 M	12 T		6 T	6 T
7 J	6 J	3 M	20 T	7 M	6 M	9 T		7 T	7 T
8 J	7 J	2 M	13 T	8 M	7 M	6 T		8 T	8 T
9 J	8 J	1 M	7 T	9 M	8 M	3 T		9 T	9 T
10 J	9 J	0 M	0 T	10 M	9 M	0 T		10 T	9 T
11 J	9 J	10 M	29 T	11 M	9 M	27 T		11 T	10 T
12 J	10 J	9 M	22 T	12 M	10 M	24 T		12 T	11 T
13 J	11 J	8 M	16 T					13 T	12 T
14 J	12 J	7 M	9 T					14 T	13 T
15 J	13 J	6 M	3 T					15 T	14 T
16 J	14 J	4 M	26 T					16 T	15 T
17 J	15 J	3 M	20 T					17 T	16 T
18 J	16 J	2 M	13 T					18 T	17 T
19 J	17 J	1 M	7 T					19 T	18 T
20 J	18 J	0 M	0 T					20 T	18 T
21 J	18 J	10 M	29 T					21 T	19 T
22 J	19 J	9 M	22 T					22 T	20 T
23 J	20 J	8 M	16 T					23 T	21 T
24 J	21 J	7 M	9 T					24 T	22 T
25 J	22 J	6 M	3 T					25 T	23 T
								26 T	24 T
								27 T	25 T
								28 T	26 T
								29 T	27 T
								30 T	27 T

(J = Jahre/M = Monate/T = Tage)

Anlage: Handwerker

Zulassungspflichtige Handwerksbetriebe sind:

Maurer und Betonbauer, Ofen- und Luftheizungsbauer, Zimmerer, Dachdecker, Straßenbauer, Wärme-, Kälte und Schallschutzisolierer, Brunnenbauer, Steinmetze und Bildhauer, Stuckateure, Maler und Lackierer, Gerüstbauer,

Schornsteinfeger, Metallbauer, Chirurgiemechaniker, Karosserie- und Fahrzeugbauer, Feinwerkmechaniker, Zweiradmechaniker, Kälteanlagenbauer,

Informationstechniker, Kraftfahrzeugtechniker, Landmaschinenmechaniker, Büchsenmacher, Klempner, Installateure und Heizungsbauer, Elektrotechniker, Elektromaschinenbauer, Tischler, Boots- und Schiffbauer, Seiler, Bäcker, Konditoren, Fleischer, Augenoptiker, Hörgeräteakustiker, Orthopädietechniker, Orthopädieschuhmacher, Zahntechniker, Friseure, Glaser, Glasbläser und Glasapparatebauer, Vulkaniseure und Reifenmechaniker.

Zulassungsfreie und nicht versicherungspflichtige Handwerke sind:

Fliesen-, Platten- und Mosaikleger, Betonstein- und Terrazzohersteller, Estrichleger, Behälter- und Apparatebauer, Uhrmacher, Graveure, Metallbildner, Galvaniseure, Metall- und Glockengießer, Schneidwerkzeugmechaniker,

Gold- und Silberschmiede, Parkettleger, Rollladen- und Jalousiebauer, Modellbauer, Drechsler und Holzspielzeugmacher, Holzbildhauer, Böttcher,

Korbmacher, Damen- und Herrenschneider, Sticker, Modisten, Weber, Segelmacher, Kürschner, Schuhmacher, Sattler und Feintäschner, Raumausstatter, Müller, Brauer und Mälzer, Weinküfer, Textilreiniger, Wachszieher,

Gebäudereiniger, Glasveredler, Feinoptiker, Glas und Porzellanmaler, Edelsteinschleifer und -graveure, Fotografen, Buchbinder und andere.

Ausnahme

Wer bereits vor dem 31.12.2003 der Versicherungspflicht im Rahmen der Handwerksrolle unterlag und durch die Novellierung der HwO per 01.01.2004 in die Anlage B1 überführt worden ist, unterliegt weiterhin der Pflichtversicherung in der HwO.

Anlage A HwO zulassungspflichtiges Handwerk

Anlage B1 HwO zulassungsfreies Handwerk

Anlage B2 HwO handwerkähnliches Gewerbe

Anhang Teil II

Wichtige Adressen und Beratungsstellen:

Arbeitsgemeinschaft Für Betriebliche Altersversorgung (Aba) E. V.
Rohrbacher Straße 12
69115 Heidelberg
Tel.: 0 62 21/13 7178-0
Fax: 0 62 21/2 42 10
info@aba-online.de
www.aba-online.de

Bundesministerium Der Finanzen
Wilhelmstraße 97
10017 Berlin
Tel.: 0 30/186 82-0
Fax: 0 30/186 82-32 60
poststelle@bmf.bund.de
www.bundesfinanz
ministerium.de

Bundesministerium Für Arbeit Und Soziales
Wilhelmstraße 49
10117 Berlin
Tel.: 0 30/185 27-0
Fax: 0 30/185 27-18 30
info@bmas.bund.de
www.bmas.bund.de

Bundesanstalt Für Finanzdienstleistungsaufsicht (Bafin)
Graurheindorfer Straße 108
53117 Bonn
Tel.: 02 28/4108-0
Fax: 02 28/4108-15 50
poststelle@bafin.de
www.bafin.de

Gdv Gesamtverband Der Deutschen Versicherungswirtschaft E. V.
Wilhelmstraße 43/43 G
10117 Berlin
Tel.: 0 30/20 20 50 00
Fax: 0 30/20 20 60 00
berlin@gdv.de
www.gdv.de

Versicherungsombudsmann E. V.
Postfach 08 06 32
10006 Berlin
Tel.: 018 04/22 44 24
Fax: 018 04/22 44 25
info@versicherungs
ombudsmann.de
www.versicherungs
ombudsmann.de

FAF · Fachverlag Für Angewandte Finanzmathematik Gmbh & Co. Kg
David-Roentgen-Str. 2–4
D-56073 Koblenz
T +49 (0) 261 96 39 692 – 0 ·
F +49 (0) 261 96 39 692 – 5
Info@FAF-Verlag.com
www.FAF-Verlag.com

7-Schritte-Verkaufsstrategie ©®

Folgende 7-Fragen sollten dem Rechenvorgang voraus gehen.

- Frage 1 Wann möchten Sie aufhören zu arbeiten? [1]
- Frage 2 Über welchen Betrag möchten Sie monatlich verfügen? [2]

Inflation berücksichtigen!

- Frage 3 Wie alt sind Sie heute? [3]
- Frage 4 Wie lang soll die Rentenzahlung erfolgen? Oder alternativ Wie alt möchten Sie werden! [4]
- Frage 5 Wie haben Sie bereits vorgesorgt? [5]
- Frage 6 Mit welchem Zins rechnen Sie in der Rentenphase? [6] Berater gibt Ansätze vor (sicher (3 Prozent) bis risikoreich (15 Prozent))
- Frage 7 Mit welchem Zins rechnen Sie in der Ansparphase? [7] Berater gibt Ansätze vor (sicher (3 Prozent) bis risikoreich (15 Prozent))

Rechenvorgang am Schaubild

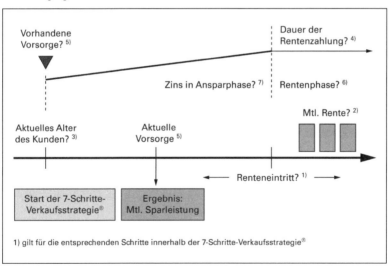

1) gilt für die entsprechenden Schritte innerhalb der 7-Schritte-Verkaufsstrategie®

▪ **Lohnsteuerklassen/-wahl:**

Steuerklasse I

Ledige, beschränkt steuerpflichtige AN mit min. 1 Kind, Verwitwete, Verheiratete oder Geschiedene, bei denen die Voraussetzungen für die Steuerklasse III oder IV nicht erfüllt sind

Steuerklasse II

Diese Steuerklasse II gilt für Alleinerziehende, bei denen die Voraussetzungen der Steuerklasse I vorliegen. Ein Anspruch auf den Entlastungsbetrag für Alleinerziehende muss nachgewiesen werden.

Es gelten die folgenden vereinfacht dargestellten Voraussetzungen:

- kein Ehegattensplitting
- mindestens ein im Haushalt gemeldetes minderjähriges Kind mit Anspruch auf Kindergeld
- keine weitere erwachsene Person im Haushalt gemeldet, mit Ausnahme von:
  – erwachsenen Kindern mit Anspruch auf Kindergeld
  – erwachsenen Kindern im Wehr- oder Zivildienst

Verwitwete mit mindestens einem Kind fallen in diese Steuerklasse ab dem Monat, der auf den Monat des Todes des Ehegatten folgt.

Steuerklasse III

Verheiratete, deren Ehegatte auf Antrag beider Ehegatten in die Steuerklasse V eingereiht ist. Dies ist nicht möglich, wenn die Ehegatten dauernd getrennt leben. Dies ist ebenfalls nicht möglich, wenn der Ehegatte des Arbeitnehmers keinen Arbeitslohn bezieht.

Arbeitnehmer, deren Partner selbstständig ist.

Verwitwete bis zum Ende des auf den Tod des Ehegatten folgenden Kalenderjahres. Der verstorbene Ehegatte muss zum Zeitpunkt seines Todes unbeschränkt einkommensteuerpflichtig gewesen sein. Das Ehepaar darf bis zum Zeitpunkt des Todes nicht dauernd getrennt gelebt haben.

Steuerklasse IV

In Steuerklasse IV fallen verheiratete Arbeitnehmer, die beide unbeschränkt einkommensteuerpflichtig sind. Dies gilt nicht für dauernd getrennt Lebende Dies gilt ebenfalls nicht, wenn der Ehegatte keinen Arbeitslohn bezieht. Wenn für einen Ehegatten eine Lohnsteuerkarte mit der Steuerklasse V ausgeschrieben wurde, kann der andere nicht in die Steuerklasse IV fallen. **Die Lohnsteuerklassen IV/IV (im Gegensatz zu III/V) sollten grundsätzlich von Ehegatten gewählt werden, bei denen beide ungefähr gleichviel verdienen.**

Steuerklasse V

Diese Lohnsteuerklasse wird nur verwendet, wenn die Ehegatten die Kombination III/V (anstelle IV/IV) wählen. Dies wird meistens gemacht, wenn die Ehegatten unterschiedlich hohe Einkommen haben. Wird dann der Besserverdienende in die Steuerklasse III eingereiht und der Schlechterverdienende in die Steuerklasse V, so wird regelmäßig zu wenig Steuer einbehalten (höhere Liquidität unter dem Jahr). Die Abgabe einer Steuererklärung zum Jahresende ist dann zwingend.

Steuerklasse VI

Hat ein Arbeitnehmer mehrere (nicht geringfügige) Arbeitsverhältnisse, so wird für das erste Arbeitsverhältnis eine Steuerkarte in den Klasse I bis V ausgestellt, für jedes weitere dagegen eine Steuerkarte mit der Steuerklasse VI.

Einkommensteuertabelle 2009 – Grundtabelle für **Alleinstehende** bis 49.000 €

zu versteu. Einkommen [€]	Einkommensteuer [€]	SolZ [€]	Einkommensteuer+SolZ [€]	Steuerbeastung [%]	Grenzsteuerbelastung [%]
7.834	0	0	0	0	0
8.000	23	0	23	0,3	14,31
9.000	176	0	176	2	16,19
10.000	347	0	347	3,5	18,07
11.000	537	0	537	4,9	19,95
12.000	746	0	746	6,2	21,83
13.000	974	0,4	974,4	7,5	23,71
14.000	1.215	48,6	1.263,60	9	24,36
15.000	1.461	80,35	1.541,35	10,3	24,82
16.000	1.711	94,1	1.805,10	11,3	25,28
17.000	1.966	108,13	2.074,13	12,2	25,74
18.000	2.226	122,43	2.348,43	13	26,19
19.000	2.490	136,95	2.626,95	13,8	26,65
20.000	2.759	151,74	2.910,74	14,6	27,11
21.000	3.032	166,76	3.198,76	15,2	27,57
22.000	3.310	182,05	3.492,05	15,9	28,02
23.000	3.593	197,61	3.790,61	16,5	28,48
24.000	3.880	213,4	4.093,40	17,1	28,94
25.000	4.171	229,4	4.400,40	17,6	29,4
26.000	4.468	245,74	4.713,74	18,1	29,85
27.000	4.768	262,24	5.030,24	18,6	30,31
28.000	5.074	279,07	5.353,07	19,1	30,77
29.000	5.384	296,12	5.680,12	19,6	31,23

Einkommensteuertabelle 2009 – Grundtabelle für **Alleinstehende** ab 30.000 €

zu versteu. Einkommen [€]	Einkommensteuer [€]	SolZ [€]	Einkommensteuer+SolZ [€]	Steuerbeastung [%]	Grenzsteuerbelastung [%]
30.000	5.698	313,39	6.011,39	20	31,68
31.000	6.017	330,93	6.347,93	20,5	32,14
32.000	6.341	348,75	6.689,75	20,9	32,6
33.000	6.669	366,79	7.035,79	21,3	33,06
34.000	7.002	385,11	7.387,11	21,7	33,51
35.000	7.340	403,7	7.743,70	22,1	33,97
36.000	7.682	422,51	8.104,51	22,5	34,43
37.000	8.028	441,54	8.469,54	22,9	34,89
38.000	8.379	460,84	8.839,84	23,3	35,34
39.000	8.735	480,42	9.215,42	23,6	35,8
40.000	9.095	500,22	9.595,22	24	36,26
41.000	9.460	520,3	9.980,30	24,3	36,72
42.000	9.830	540,65	10.370,65	24,7	37,17
43.000	10.204	561,22	10.765,22	25	37,63
44.000	10.582	582,01	11.164,01	25,4	38,09
45.000	10.966	603,13	11.569,13	25,7	38,55
46.000	11.353	624,41	11.977,41	26	39
47.000	11.746	646,03	12.392,03	26,4	39,46
48.000	12.143	667,86	12.810,86	26,7	39,92
49.000	12.544	689,92	13.233,92	27	40,38

Anhang

Einkommensteuertabelle 2009 – Grundtabelle für **Alleinstehende** ab 50.000 €

zu versteu. Einkommen [€]	Einkommensteuer [€]	SolZ [€]	Einkommenssteuer+SolZ [€]	Steuerbeastung [%]	Grenzsteuerbelastung [%]
50.000	12.950	712,25	13.662,25	27,3	40,83
51.000	13.361	734,85	14.095,85	27,6	41,29
52.000	13.776	757,68	14.533,68	27,9	41,98
53.000	14.196	780,78	14.976,78	28,3	42
54.000	14.616	803,88	15.419,88	28,6	42
55.000	15.036	826,98	15.862,98	28,8	42
56.000	15.456	850,08	16.306,08	29,1	42
57.000	15.876	873,18	16.749,18	29,4	42
58.000	16.296	896,28	17.192,28	29,6	42
59.000	16.716	919,38	17.635,38	29,9	42
60.000	17.136	942,48	18.078,48	30,1	42
65.000	19.236	1057,98	20.293,98	31,2	42
70.000	21.336	1173,48	22.509,48	32,2	42
75.000	23.436	1288,98	24.724,98	33	42
100.000	33.936	1866,48	35.802,48	35,8	42

Splittingtabelle 2009 – für Verheiratete bis 38.000 €

zu versteu. Einkommen [€]	Einkommensteuer [€]	SolZ [€]	Einkommensteuer+SolZ [€]	Steuerbeastung [%]	Grenzsteuerbelastung [%]
15.838	0	0	0,00	0	0
16.000	46	0	46,00	0,3	14,31
18.000	352	0	352,00	2	16,19
20.000	694	0	694,00	3,5	18,07
22.000	1.074	0	1.074,00	4,9	19,95
24.000	1.492	0	1.492,00	6,2	21,83
26.000	1.948	0,8	1.948,80	7,5	23,71
28.000	2.430	97,2	2.527,20	9	24,36
30.000	2.922	160,71	3.082,71	10,3	24,82
32.000	3.422	188,21	3.610,21	11,3	25,28
34.000	3.932	216,26	4.148,26	12,2	25,74
36.000	4.452	244,86	4.696,86	13	26,19
38.000	4.980	273,9	5.253,90	13,8	26,65

Irrtümer vorbehalten!

* SolZ – Solidaritätszuschlag

Anhang

Splittingtabelle 2009 – für Verheiratete ab 40.000 €

zu versteu. Einkommen [€]	Einkommensteuer [€]	SolZ [€]	Einkommensteuer+SolZ [€]	Steuerbeastung [%]	Grenzsteuerbelastung [%]
40.000	5.518	303,49	5.821,49	14,6	27,11
42.000	6.064	333,52	6.397,52	15,2	27,57
44.000	6.620	364,1	6.984,10	15,9	28,02
46.000	7.186	395,23	7.581,23	16,5	28,48
48.000	7.760	426,8	8.186,80	17,1	28,94
50.000	8.342	458,81	8.800,81	17,6	29,4
52.000	8.936	491,48	9.427,48	18,1	29;85
54.000	9.536	524,48	10.060,48	18,6	30,31
56.000	10.148	558,14	10.706,14	19,1	30,77
58.000	10.768	592,24	11.360,24	19,6	31,23
60.000	11.396	626,78	12.022,78	20	31,68
62.000	12.034	661,87	12.695,87	20,5	32,14
64.000	12.682	697,51	13.379,51	20,9	32,6
66.000	13.338	733,59	14.071,59	21,3	33,06
68.000	14.004	770,22	14.774,22	21,7	33,51
70.000	14.680	807,4	15.487,40	22,1	33,97
72.000	15.364	845,02	16.209,02	22,5	34,43
74.000	16.056	883,08	16.939,08	22,9	34,89
76.000	16.758	921,69	17.679,69	23,3	35,34
78.000	17.470	960,85	18.430,85	23,6	35,8

Splittingtabelle 2009 – für Verheiratete ab 80.000 €

zu versteu. Einkommen [€]	Einkommensteuer [€]	SolZ [€]	Einkommensteuer+SolZ [€]	Steuerbeastung [%]	Grenzsteuerbelastung [%]
80.000	18.190	1000,45	19.190,45	24	36,26
82.000	18.920	1040,6	19.960,60	24,3	36,72
84.000	19.660	1081,3	20.741,30	24,7	37,17
86.000	20.408	1122,44	21.530,44	25	37,63
88.000	21.164	1164,02	22.328,02	25,4	38,09
90.000	21.932	1206,26	23.138,26	25,7	38,55
92.000	22.706	1248,83	23.954,83	26	39
94.000	23.492	1292,06	24.784,06	26,4	39,46
96.000	24.286	1335,73	25.621,73	26,7	39,92
98.000	25.088	1379,84	26.467,84	27	40,38
100.000	25.900	1424,5	27.324,50	27,3	40,83
102.000	26.722	1469,71	28.191,71	27,6	41,29
104.000	27.552	1515,36	29.067,36	27,9	41,75
106.000	28.392	1561,56	29.953,56	28,3	42
108.000	29.232	1607,76	30.839,76	28,6	42
110.000	30.072	1653,96	31.725,96	28,8	42
115.000	32.172	1769,46	33.941,46	29,5	42
120.000	34.272	1884,96	36.156,96	30,1	42
125.000	36.372	2000,46	38.372,46	30,7	42
130.000	38.472	2115,96	40.587,96	31,2	42
135.000	40.572	2231,46	42.803,46	31,7	42
140.000	42.672	2346,96	45.018,96	32,2	42
145.000	44.772	2462,46	47.234,46	32,6	42
150.000	46.872	2577,96	49.449,96	33	42

Störfälle Wohn-Riester

Vermietung oder Verkauf

Zieht der Geförderte während der Kreditlaufzeit aus seiner Immobilie aus, kann der Vertrag aufgelöst werden. *Die gesamte auf dem Wohnförderkonto befindliche Summe muss dann mit dem individuellen Satz versteuert werden.* Dazu wird der Betrag zum Jahreseinkommen dazugerechnet, was den Steuersatz empfindlich steigen lassen kann. Vermeiden lässt sich das, wenn der geförderte Betrag innerhalb von vier Jahren in eine neue selbstgenutzte Immobilie fließt. Auch Rentner, die das Darlehen bereits getilgt haben und nun sukzessive Steuern zahlen, sind noch nicht freier Herr über Haus oder Wohnung. Bei Verkauf oder Vermietung droht die sofortige Ablösung der verbliebenen Steuerschuld. Bei Einmalversteuerung zu Rentenbeginn wird sogar eine Strafsteuer auf den 30-Prozent-Rabatt erhoben. Auch, wenn der Geförderte frühzeitig ins Pflegeheim ziehen muss, kann es Sanktionen geben, es sei denn, der Ehe- oder Lebenspartner wohnt noch dort.

Scheidung

Wer sich scheiden lässt, kann das Förderdarlehen innerhalb von vier Jahren in eine andere selbstgenutzte Immobilie investieren. Wehe jedoch, die Frist wird nicht eingehalten. Das fiktive Guthaben wird in dem Fall zum versteuernden Jahreseinkommen addiert, was die Steuerschuld leicht um fünfstellige Beträge erhöhen kann.

Jobwechsel

Wer wegen einer beruflichen Veränderung umziehen muss, hat es etwas besser. Er darf die Immobilie befristet vermieten, leer stehen lassen oder jemandem unentgeltlich überlassen. Die Förderung wird weiter gezahlt. Bedingung ist, dass der Geförderte zum 67. Lebensjahr wieder einzieht.

Tod

Bei Tod des Geförderten während der Ansparphase müssen die Erben die auf dem Wohnförderkonto angesparte Summe versteuern. Diese Sanktion entfällt, wenn Ehegatten die Immobilie und den Riester-Vertrag innerhalb eines Jahres übernehmen. Stirbt der Sparer nach Tilgung des Darlehens, kommen auf die Erben die verbliebenen Steuerforderungen zu. Völlig lastfrei sind die Erben, wenn der Riester-Sparer die Einmalversteuerung zu Rentenbeginn gewählt hat. In diesem Fall können sie frei über die Wohnung oder das Haus verfügen.

Besteuerung und Beträge die auf ein Wonförderkonto eingestellt werden

Besteuerung:

Produkt	Art der Leistung	Steuerliche Grundlage
Riester-Rente	– lebenslage Rente – Entnahme für Eigenheim	– gezahlte Rente – Betrag des Wohnförderkontos
Riester-Darlehen	– Darlehen für ein Eigenheim	– Betrag des Wohnförderkontos
Riester-Bausparvertrag	– Lebenslage Altersvorsorge – Entnahme und Darlehen für ein Eigenheim	– Gezahlte Leistungen – Betrag des Wohnförderkontos

Einstellung Wohnförderkonto:

Produkt	
Riester-Rente	Entnahmebetrag (ggf. mehrere Entnahmebeträge)
Riester-Darlehen	Geförderte Tilgungsleistungen und gutgeschriebene Zulagen während der Darlehenszeit (max. 2.100 € /Jahr)
Riester-Bausparvertrag	Entnahme des geförderten Bausparguthabens Geförderte Tilgungsleistungen und gutgeschriebene Zulagen während der Darlehenszeit (max. 2.100 € /Jahr)

Zulagen/Gesamtübersicht

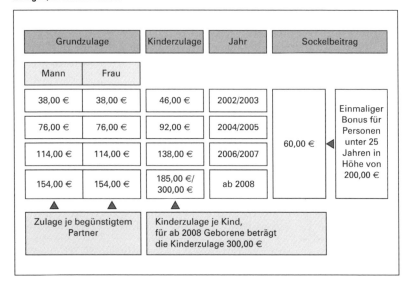

Allgemeine Informationen zu den Durchführungswegen in der bAV

Merkmal	Direktversicherung und Pensionskasse	Pensionsfonds	Pensionszusage	U-Kasse
Einrichtung	Nur im ersten Dienstverhältnis möglich, also nicht bei Steuerklasse VI		in allen	In allen
Träger der Versorgung	Versicher/ PensionsKasse	Pensionsfonds	Arbeitgeber	Unterstützungskasse
Verpflichtung des Arbeitgebers	mittelbar	mittelbar	mittelbar	mittelbar
Rechtsanspruch der Versorgungsberechtigten	Rechtsanspruch	Rechtsanspruch	Rechtsanspruch	Quasi-Rechtsanspruch

Zusagen-gestaltung	Leistungszusage, beitragsorientierte Leistungszusage, Beitragszusage mit Mindestleistung	Leistungszusage, beitragsorientierte Leistungszusage, Beitragszusage mit Mindestleistung	Leistungszusage, beitragsorientierte Leistungszusage	Leistungszusage, beitragsorientierte Leistungszusage
Finanzierung	Laufende, abgekürzte oder variable Beitragszahlung sowie Einmalzahlung	Laufende (variable) Beitragszahlung sowie Einmalbeitrag	Indem durch Pensionsrückstellungen (§6a EStG), ggf. Hinzunahme von Rückdeckungsversicherungen mit laufender, abgekürzter oder variabler Beitragszahlung sowie Einmalbeitrag	pauschale Dotierung, alternativ kongruente Rückdeckung mit laufender gleich bleibender oder steigender Beitragszahlung (§4d EStG)

Übersicht: Steuerliche Behandlung einer bAV beim Arbeitgeber

Durchführungsweg	Ansparphase	Leistungsphase
Direktversicherung	Beiträge an die Direktversicherung und ggf. Pauschalsteuer sind Betriebsausgaben	steuerneutral
Pensionskasse	Beiträge an die Pensionskasse und ggf. Pauschalsteuer sind Betriebsausgaben	steuerneutral
Pensionsfonds	Beiträge an den Pensionsfonds sind Betriebsausgaben	steuerneutral
Pensionszusage	gewinnmindernde Rückstellungsbildung, Beiträge zur Rückdeckungsversicherung sind Betriebsausgaben Wert der Rückdeckungsversicherung ist aktivierungspflichtig (gewinnerhöhend)	gewinnerhöhende Auflösung der Rückstellungen. Versorungsleistungen sind Betriebsausgaben (gewinnmindernd). Auflösung des Aktivwertes des Rückdeckungsversicherung (gewinnmindernd)
Unterstützungskasse	Beiträge an die U-Kasse sind Betriebsausgaben	steuerneutral

Übersicht: Steuerliche Behandlung einer bAV beim Arbeitnehmer

Durchführungsweg	Ansparphase	Leistungsphase
Direktversicherung und Pensionskasse	bis 4% der BBG + 1.800 € (Erhöhungsbetrag) steuerfrei	Sonstige EK (voll steuerpflichtig) §22 Nr. 5 EStG
	Sonderausgabenabzug oder Zulage	Sonstige EK (voll steuerpflichtig) §22 Nr. 5 EStG
	Pauschalsteuer	Ertragsanteilbesteuerung, Kapitalzahlung steuerfrei bzw. 12/60er Regelung*
Pensionsfonds	bis 4% der BBG + 1.800 € (Erhöhungsbetrag) steuerfrei	Sonstige EK (voll steuerpflichtig) §22 Nr. 5 EStG
	Sonderausgabenabzug oder Zulage	Sonstige EK (voll steuerpflichtig) §22 Nr. 5 EStG
Pensionszusage	steuerfrei	als Einkünfte aus nicht-Selbstständiger Arbeit voll steuerpflichtig §19 EStG
Unterstützungskasse	steuerfrei	als Einkünfte aus nicht-Selbstständiger Arbeit voll steuerpflichtig §19 EStG

*12/60er Regelung: 12 Jahre Vertragslaufzeit, 5 Jahre (60 Monate) Beitragszahlung

Übersicht: Sozialversicherungsrechtliche Auswirkung der Durchführungswege arbeitgeberfinanzierte bAV

Durchführungsweg	Sozialversicherungsrechtliche Behandlung
Direktversicherung u. Pensionskasse §3 Nr.63 EStG § 10a EStG pauschal	bis maximal 4% der BBG/DRV sozialversicherungsfrei sozialversicherungspflichtig sozialversicherungsfrei bis Obergrenze Pauschalierung
Pensionsfonds §3 Nr.63 EStG § 10a EStG	bis maximal 4% der BBG/DRV sozialversicherungsfrei sozialversicherungspflichtig
Pensionszusage	sozialversicherungsfrei in unbegrenzter Höhe
Unterstützungskasse	sozialversicherungsfrei in unbegrenzter Höhe

Übersicht: Sozialversicherungsrechtliche Auswirkung der Durchführungswege arbeitnehmerfinanzierte bAV

Durchführungsweg	Sozialversicherungsrechtliche Behandlung
Direktversicherung u. Pensionskasse §3 Nr.63 EStG § 10a EStG pauschal	bis maximal 4% der BBG/DRV sozialversicherungsfrei sozialversicherungspflichtig sozialversicherungsfrei bis 1.752 € bzw. 2.148 €, wenn aus Sonderzahlung
Pensionsfonds §3 Nr.63 EStG § 10a EStG	bis maximal 4% der BBG/DRV sozialversicherungsfrei sozialversicherungspflichtig
Pensionszusage	sozialversicherungsfrei bis 4% BBG/DRV
Unterstützungskasse	sozialversicherungsfrei bis 4% BBG/DRV

Ertragsanteilstabelle § 22 Nr. 1 Satz 3a EStG – für lebenslange Leibrenten

Bei Beginn der Rente vollend. Lj. des Rentenberechtigten	Ertragsanteil in [%]	Bei Beginn der Rente vollend. Lj. des Rentenberechtigten	Ertragsanteil in [%]	Bei Beginn der Rente vollend. Lj. des Rentenberechtigten	Ertragsanteil in [%]
0–1	59	38	39	64	19
2–3	58	39–40	38	65–66	18
4–5	57	41	37	67	17
6–8	56	42	36	68	16
9–10	55	43–44	35	69–70	15
11–12	54	45	34	71	14
13–14	53	46–47	33	72–73	13
15–16	52	48	32	74	12
17–18	51	49	31	75	11
19–20	50	50	30	76–77	10
21–22	49	51–52	29	78–79	9
23–24	48	53	28	80	8
25–26	47	54	27	81–82	7
27	46	55–56	26	83–84	6
28–29	45	57	25	85–87	5
30–31	44	58	24	88–91	4
32	43	59	23	92–93	3
33–34	42	60–61	22	94–96	2
35	41	62	21	ab 97	1
36–37	40	63	20		

Ertragsanteilstabelle § 55 II EStDV – für temporäre Leibrenten

Laufzeit der Rente in Jahren	Ertragsanteil in [%]	Für die Anwendung der Tabelle zu §22 EStG maßgeblich vollendetes Lj.	Laufzeit der Rente in Jahren	Ertragsanteil in [%]	Für die Anwendung der Tabelle zu §22 EStG maßgeblich vollendetes Lj.
1	0	entfällt	16	18	67
2	1	entfällt	17	18	67
3	2	97	18	19	65
4	4	92	19	20	64
5	5	88	20	21	63
6	7	83	21	22	62
7	8	81	22	23	60
8	9	80	23	24	59
9	10	79	24	25	58
10	12	75	25	26	57
11	13	74	26	27	55
12	14	72	27	28	54
13	15	71	28	29	53
14	16	69	29	30	51
15	16	69	30	30	51

■ **Daten zur Sozialversicherung in den neuen Bundesländern**

1. Deutsche Rentenversicherung

	Jahr 2009	Jahr 2010/11
Bezugsgröße monatlich	2.135 €	
Bezugsgröße jährlich	25.620 €	
Beitragsbemessungsgrenze monatlich	4.550 €	
Beitragsbemessungsgrenze jährlich	54.600 €	
Beitragssatz	19,9 %	
mtl. Mindestbeitrag für freiwillig Versicherte	79,60 €	
mtl. Regelbeitrag für versicherungspflichtige Selbstständige	424,87 €	
Geringfügige Beschäftigung ohne Versicherungspflicht	400 €	
Aktueller Rentenwert Ost (zum 01.07)	24,13 €	

2. Arbeitslosenversicherung

Beitragsbemessungsgrenze monatlich	4.550 €	
Beitragssatz	2,80 %	

3. Kranken und Pflegeversicherung

Beitragsbemessungsgrenze monatlich	3.675 €	
Beitragsbemessungsgrenze jährlich	44.100 €	
Versicherungspflichtgrenze monatlich	4.050 €	
Versicherungspflichtgrenze jährlich	48.600 €	
allg. Beitragssatz	14,90 %	

Beitragssatz Pflegeversicherung .... 1,95 % ....

Beitragssatz Pflegeversicherung für
Kinderlose .... 2,20 % ....

4. Kindergeld

Für das 1. und 2. Kind .... 164 €

Für das 3. Kind .... 170 €

Für jedes weitere Kind .... 195 €

■ **Daten zur Sozialversicherung in den alten Bundesländern**

1. Deutsche Rentenversicherung

	Jahr 2009	Jahr 2010/11
Bezugsgröße monatlich	2.520 €	....
Bezugsgröße jährlich	30.240 €	....
Beitragsbemessungsgrenze monatlich	5.400 €	....
Beitragsbemessungsgrenze jährlich	64.800 €	....
Beitragssatz	19,9 %	....
mtl. Mindestbeitrag für freiwillig Versicherte	79,60 €	....
mtl. Regelbeitrag für versicherungspflichtige Selbstständige	501,48 €	....
Geringfügige Beschäftigung ohne Versicherungspflicht	400 €	....
Aktueller Rentenwert West (zum 01.07)	27,20 €	....

2. Arbeitslosenversicherung

Beitragsbemessungsgrenze monatlich .... 5.400 €   ....
Beitragssatz .... 2,80 %   ....

3. Kranken und Pflegeversicherung

Beitragsbemessungsgrenze monatlich .... 3.675 €   ....
Beitragsbemessungsgrenze jährlich .... 44.100 €   ....
Versicherungspflichtgrenze monatlich .... 4.050 €   ....
Versicherungspflichtgrenze jährlich .... 48.600 €   ....
allg. Beitragssatz .... 14,90 %   ....
Beitragssatz Pflegeversicherung .... 1,95 %   ....
Beitragssatz Pflegeversicherung f. Kinderlose 2,20 %   ....

4. Kindergeld

Für das 1. und 2. Kind .... 164 €
Für das 3. Kind .... 170 €
Für jedes weitere Kind .... 195 €

Brutto-Einkommensgrenzen 2009 für Beantragung der staatlichen Förderung VL und Wohnungsbauprämie

	Arbeitnehmer-Sparzulage (VL)^2			Wohnungsbauprämie		
	ledig	verheiratet[1]		ledig	verheiratet[1]	
		eine(r) berufstätig	beide berufstätig		eine(r) berufstätig	beide berufstätig
Kein Kind	20.997 €	41.074 €	41.994 €	28.973 €	57.026 €	57.946 €
1 Kind	25.317 €	47.098 €	48.018 €	33.293 €	63.050 €	63.970 €
2 Kinder	28.329 €	53.122 €	54.042 €	36.303 €	69.074 €	69.994 €
3 Kinder	31.341 €	59.146 €	60.066 €	39.317 €	75.098 €	76.018 €

© Bernd W. Klöckner, Steffen Horn, Werner Dütting; Kopien, Vervielfältigungen und Weitergabe nur mit schriftlicher Genehmigung der Autoren; www.berndwkloeckner.com, www.duetting.com

[1] Zusammen zur Steuer veranlagt
[2] Für zvE von 17.900 € /35.800 €.

Hinweise zur Berechnung:

- Nur für sozialversicherungspflichtige Arbeitnehmer in der gesetzlichen Krankenversicherung, die mit den Versorgungsbeiträgen die gesetzliche Höchstgrenze für sonstige Vorsorgeaufwendungen ausschöpfen.
- Zur Ermittlung des zu versteuernden Einkommens wird der Bruttoeinkommen von kinderreichen Eltern um Kinderfreibeträge und Betreuungsfreibetrag reduziert. Diese Freibeträge werden nur dann herangezogen, wenn es günstiger ist, als das Kindergeld einzunehmen.
- Angaben ohne Gewähr.

Stichwortverzeichnis

A
Abgeltungsteuer 254 ff.
Abschlussgebühr 243
Abschlusstest 279
abstrakte Verweisung 263
Agio 254
Aktueller Rentenwert 50
Alterseinkünftegesetz 155
Alterspyramide 96
Altersrente
- für besonders langjährig Versicherte 102
- für langjährig Versicherte 103
- für schwerbehinderte Menschen 104

Altersvorsorgeaufwendungen 181
Anbieterwechsel 197
Anlage A 36
Anlage B1 37
Anlage B2 37
Anlagezertifikate 256
Annuitätendarlehen 244
Anspruchsvoraussetzungen EMR-Rente 67
Anspruchsvoraussetzungen Hinterbliebenenrenten 78
Arbeitnehmersparzulage 251
Arbeitsplatzschutzgesetz 258
Aufstockungsbeiträge zur DRV (400 €-Job) 43
Ausgabeaufschlag 232 f.

Ausländisch thesaurierende Fonds 256
Ausschließlichkeitsvertreter 136
Ausweichvarianten 136
Auszahlung der Riester-Rente 204
AVmG 191

B
BaFin-Stempel 253
Basisversorgung 177 ff.
Bausparen 243 ff.
Bausparvorausdarlehen 246
Beamtenvorsorge 128
Bedarfsermittlung Berufsunfähigkeit 125
Bedingungswerk 127
Befreiung von der Versicherungspflicht 48
Beitragsbemessungsgrenze 112
Beitragsrückgewährpolice 179
Beitragszahlung DRV
Beratungs- und Dokumentationspflicht (BWK®) 272 ff.
Bergbau 97
Berufshaftpflichtversicherung 269
Berufsunfähigkeit 68
Berufsunfähigkeit und Steuern 139
Berufsunfähigkeitsversicherung 124 ff., 130, 262
Beschwerde- und Schlichtungsstellen 271

Bestandsprüfungsklausel 99
Bestimmte selbstständig Tätige 33
Betriebliche Altersversorgung 210 ff.
Betriebsrentengesetz 211
Bewertungsreserven 264, 265
Bewertungszahl 244
Body-Maß-Index (BMI) 131
Bundesanstalt für Finanzdienstleistungsaufsicht (BaFin) 227, 253
BWK Business® 22, 28

C
Containerfonds 256

D
Dachfonds 256
Deckungskapital 264
Deckungsrückstellungsverordnung 168
Definition Pflegebedürftigkeit 141
demografische Auswirkungen 96
Deutsche Rentenversicherung Bund DRV 31
Direktversicherung 212 f.
Direktzusage 212
Doppelbesteuerung 256
Dread-Disease-Versicherung 137
Drei Säulen 174
Drei Schichten der Altersversorgung 175
DRV-Werte für das Jahr 2009
Durchführungswege bAV 212
Durchschnittsverdienst 49

E
Eckrentner 50
Eigenheimrentengesetz 207
Einkunftsarten 175
Einsteigerbonus 194
Eintragungspflicht 271
EMR-Rentenhöhe 73
Entgeltpunkte 49
Entgeltumwandlungsanspruch 211

Erlaubniserteilung 268 ff.
Ermittlung der Einkommenssteuer 176
Erstinformationen 267 ff.
Ertragsanteilsbesteuerung 225
Erwerbs-/Berufsunfähigkeitsrisiko 19
Erwerbsminderung
– teilweise 54
– volle 54
Erwerbsminderungsrente 65 ff.
Erwerbsunfähigkeitsversicherung 136
EU-Vermittlerrichtlinie 267
Existenzgründer 34

F
Familienversicherung 108
Faustregel 126
Filmfonds 252
First-in-First-out (FiFo) 257
Fondsgebundene Versicherung 223
Fondspolicen 229 ff.
Fondssparplan 232
Förderkonzept 191 ff.
Formen der Hinterbliebenenabsicherung 149
Formularnummern DRV 311 ff.
Fragen zum Gesundheitszustand 131
Freiberufler 45
Freibetrag 256
Freiwillige Versicherung 39
Freiwillig versichert in der GKV 110, 112
Frührente 102
Fünf Zweige der Sozialversicherung 31

G
Garantie- und Gesamtzins 167
Geförderter Personenkreis 195
Geldentwertung 61
Generationenvertrag 31
Geringfügig Versicherte 40

Geschlossene Fonds 252
Gesetz zur Weiterentwicklung der
  Kinder und Jugendhilfe (Kick) 194
Gesetzlich erwerbsunfähig 65
Gesetzliche Renteninformation 52
Gesprächsaufteilung 123
Gesundheitsfragen 132
Gründerzuschuss 34
Grundfähigkeitsversicherung 137
Günstigerprüfung 192

H
Haftpflichtversicherung 238
Halbeinkünfteverfahren 254
Halbwaisenrente 93
Hälftiger Wertzuwachs 224
Handwerker 36
Hinterbliebenenrente 82, 149
Hinterbliebenenrisiko 21
Hinterbliebenenschutz 148
Hinzuverdienst EMR-Rente 76
Höchstrechnungszins 168

I
Immobilienfonds
– geschlossen 252
– offen 256
Importieren von Datensätzen 276 ff.
Industrie- und Handelskammer
  (IHK) 269
Inflation 57 ff.
Informationspflichten 266
Interner Zinsfuß 230
Invaliditätsabsicherung 237
Investmentfonds 229

J
JOERS 274

K
Kapital bei Tod/Unfalltod 150
Kapital- und Rentenversicherungen
  223 ff.

Kaufkraft 56
Kaufkraftverlust 59
„Kick" 194
Kindererziehung 48
Kindergeld 239
Kinderzulage 193
Klassische Risikolebensversicherung
  150
Kleinstbetragsrenten 197
Klöckner® Methode 156
Kohorte 186 ff.
Konkrete Verweisung 263
Kontogebühren 244
Krankengeld 137
Krankentagegeldversicherung 137
Krankentarife 238
Krankenversicherung der Rentner
  (KVdR) 106
Kundenbeziehung 119
Kurzfristige Beschäftigung 44

L
Langlebigkeitsrisiko 21
Lebensversicherungen 255
Lebensversicherungsfonds 252
Lohnfortzahlung 137

M
Makler 136
Mehrfachagent 136
Mehrfachversicherungspflicht 36
Mehrgenerationenhaus 15
Mehrzuteilung 248
Merkmale für Selbständigkeit 35
Mindestentnahmebetrag 207
Minijobs 40

N
Nachgelagerte Besteuerung 185, 204
Nachschusspflichten 253
Nachversicherungsgarantie 133, 155
Nicht geförderter Personenkreis 196
Nicht-Beleihbarkeit 179

Nicht-Vererbbarkeit 178
Normierte Modelrechnung 266
Nullvertrag 195

P
Pensionsfonds 212
Pensionskasse 212
Pensionszusage 212
Performance 230
(Die) Phasen des Lebens 18 ff.
Pflegebedürftigkeit 139 ff.
Pflegedienstnavigator 142
Pflegerisiko S19
Pflegestufe 141
Pflegeversicherung 107
Pflichtversicherung KVdR 107
Phasen des Beratungsgespräches 123
Private Krankenversicherung 110, 114
Private Rentenversicherung 223
Private-Equity-Fonds 252
Privater Hinterbliebenenschutz 148 ff.
Produktverkauf 155

R
Rechnungszins 168
Reform
– der Erwersminderungsrenten 65 ff.
– der Hinterbliebenenrenten 81
Regelaltersrente 97, 98
Regenerative Energienfonds 252
Rendite 230
Renditefonds 254
Rente
– auf Antrag 77
– oder Kapital 226 ff.
– wegen Todes 77
Rentenabfindung und Splitting 90 ff.

Rentenanpassung 50
Rentenartfaktor 49
Rentenauskunft 53
Renteneintritt 54
Rentenformel 48 ff.
Renteninformation 52 ff., 127, 190
Rentenversicherungspflichtig 32
Rentenwert, aktueller 50
Rentenzahlung in der Praxis 137
Riester-Faktor 51
Riester-Rente 191 ff.
Risikolebensversicherung 150
Risikoschutz 124
Rückkaufswert 264
Ruhestand 95
Rürup-Rente 177

S
Sachkundenachweis 269
Scheinselbständigkeit 35
Schifffonds 252
Schweigepflichtentbindungs-
  erklärung 132
Selbstständigkeit 35
7-Schritte-Verkaufsmethode®©
  157 ff.
Sonderausgaben 177, 198
Sonstige Versicherte 33
Sonstige Versorgung 223
Sozialversicherungs(SV-)Nummer 53
Sparen 21
Spekulationsfrist 254
Spekulationsverluste 257
Sperrfrist 249
Standarddeckrentner 50
Steuerersparniseffekt 182, 184
Steuererstattung 198 ff.
Steuersparfonds 254
Störfall(e) 208, 328
Stornoabzug 264
SV-/Steuerbetrachtung bAV 215 ff.

T

Teilweise erwerbsgemindert 66, 72
Temporäre Beitragszahlung 258 ff.
Tilgungsaussetzung 245
Time Value of Money (TVM-Funktion) 25
Tonnagebesteuerung 257

U

Überbrückungsgeld 34
Übergangsregelung 69
Überschussbeteiligung 228
Überschüsse 169 ff.
Unfalltod 150
Unfallversicherung 238
Ungeordnete Vermögensverhältnisse 269
Unterstützungskasse 212
Unzuverlässigkeit 268

V

Venture-Capital-Fonds 252
Verbindlichkeiten 165
Vergleich „Alt-Ehe" und „Neu-Ehe" 87
Vermittlerregister 271
Vermögenswirksame Leistungen (VL) 251 ff.
Versicherungsaufsichtsgesetz (VAG) 266
Versicherungsfreiheit 39
Versicherungsmakler 272
Versicherungsombudsmann 271
Versicherungspflicht auf Antrag 38
Versicherungsvertragsgesetz (VVG) 171, 262
Versorgungsehen 82
Versorgungslücke 117
Versorgungswerke, berufsständische 45
Vertrauensschutz 66

Verweisungsmöglichkeit (konkret/abstrakt) 263
Voll erwerbsgemindert 66
Vorausdarlehen 245
Vorsorgemarkt 15
Vorzeitige Wartezeiterfüllung 70
VVG-Informationspflichtenverordnung (VVG-InfoV) 266

W

Waisenrenten 92 ff.
Wehrdienst 48
Wehr- und Zivildienstleistende 259
Windkraftfonds 252
Witwen-/Witwerrente 78 ff
Wohnförderkonto 207 ff.
Wohn-Riester 206
Wohnungsbauprämie 248
Wohnwirtschaftliche Verwendung 248, 249

Y

YOERS® Funktion 23, 274 ff.

Z

Zahnersatz 238
Zeitwert 264
Zentrale Zulagenstelle für Altersvermögen (ZfA) 198
Zielgruppe 50plus 239
Zinsabschlagsteuer 254
Zinsdifferenzgeschäft 243
zu versteuerndes Einkommen (zvE) 175
Zugangsfaktor 49
Zulagen 193, 320
Zulagenantrag 194
Zusatz-Krankenversicherung 238
Zusatzversorgung 190
Zuteilungsreife 244
Zweitmarkt 254

Die Autoren

Bernd W. Klöckner

Bernd W. Klöckner® ist in der Trainerbranche zweifelsohne eine einfach erfolgreiche Ausnahmeerscheinung. Er zählt heute zu den besten wie bestbezahlten Trainern zu den Themen Verkauf, Kommunikation und Motivation. Er studierte an der Universität Kaiserslautern Erwachsenenbildung mit Abschluss des Master of Arts, ist Diplom-Betriebswirt (FH), absolvierte ein MBA-Studium mit Erfolg und studierte ebenfalls Systemisches Management an der Universität Kaiserslautern.
Bernd W. Klöckner® verfügt über Ausbildungen in Hypno- und Gesprächstherapie sowie in Kommunikationsprozessen. Damit bietet Bernd W. Klöckner® eine in der Trainerbranche einzigartige und dokumentiert erfolgreiche Kombination aus Wissenschaft, 25 Jahren erfolgreicher Verkaufspraxis und eigenem unternehmerischem Erfolg. Der Ausnahmetrainer und High-Performance-Coach ist viel gefragter Redner auf Kongressen. Die von ihm begründete, in der Finanzbranche heute legendäre Klöckner® Methode ist das einzige Trainingssystem mit dokumentierter Leistungsbilanz. Die Klöckner Methode BASIS oder Klöckner® Methode PROFI ist ein ein- bis mehrtägiges Training für sofort umsetzbaren, zusätzlichen Erfolg als Finanzverkäufer. Die Inhalte der Trainings zur Klöckner Methode sind sofort, unmittelbar nach den Trainings umsetzbar. Bernd W. Klöckner® entwickelte die Verkaufstherapie® und den Komplementärverkauf®.

Er ist Autor des einzigen, täglichen Gratis-Online-Erfolgstrainings unter www.berndwkloeckner.com (hier: BWK Blog). Er ist 42-facher Buchautor, schrieb 17 Bestseller u. a. „Die Rentenlüge". Seine Bücher sind international erschienen, zuletzt wurde sein Buch „Die Magie des Erfolges" in China veröffentlicht. Als regelmäßiger und immer wieder gefragter TV-Studiogast in allen namhaften Sendungen (ARD Anne Will, Menschen bei Maischberger, Hart aber fair, ZDF Maybrit Illner, Joachim B. Kerner u. a.) erreichte er mit seinen stets auf den Punkt gebrachten und durchaus provokanten TV-Auftritten über 60 Millionen Zuschauer.

Bernd W. Klöckner® ist erfolgreicher Selfmade-Unternehmer seit seinem 18. Lebensjahr. Unter anderem ist er Mitentwickler und Mit-Urheber der Finanztaschenrechner BWK Business® und BWK miniMAX® (Details unter www.faf-verlag.com). Der BWK Business® ist das Kompetenztool für alle Finanzdienstleister. Für spürbar mehr Souveränität und Kompetenz bei allen Geldfragen der Kunden. Bernd W. Klöckner® ist Partner des Dr. Kriebels Beratungsrechners, der Beratungssoftware Nr. 1 für erfolgreichen, aktiven Verkauf in der Finanzplanung (Details unter www.beratungsrechner.de). Er ist Vater von vier Kindern, wohnt mit seiner Familie in Berlin Wannsee.

Kontakt für Trainings, Coaching (auch Einzel-Coachings), Kongresse und Vorträge:

mail@berndwkloeckner.com
www.bwk-international.com

Steffen Horn

Steffen Horn, Jahrgang 1977, ist Diplom Bauingenieur (FH). Nach erfolgreichem Abschluss des Studiums wechselte er in eine völlig neue Branche: Die private Versicherungswirtschaft, hier speziell in den Markt für private Vorsorge. Seit nun über sieben Jahren arbeitet er aktiv im Verkauf und der Beratung. Seine Vorgehensweise: Kompetent beraten. Entscheidungen herbeiführen. Im Sinne der Kunden verkaufen. Seit geraumer Zeit arbeitet Steffen Horn in der ersten Phase, der Beratung, maßgeblich mit dem BWK Business®. Der  BWK Business® wurde für ihn das unverzichtbare Kompetenztool für spürbare Souveränität von er ersten Gesprächsminute an. Die richtige Zahl im richtigen Moment. So entstand auch die Idee zu diesem vorliegenden Praxisbuch. Konkret aus der Praxis für die Praxis möglichst im Detail anwendbares Wissen auf den Punkt bringen. Das war das Ziel. Steffen Horn arbeitet heute als angestellter Spezialist in der Versicherungswirtschaft. Sein Wissen ist zweifelsohne wertvoll für jeden Finanzdienstleister.

Steffen Horn verfügt über diverse Zusatzausbildungen. Er ist zudem freier Fachautor für verschiedene Newsletter und Fachzeitschriften. Er lebt den Beruf des „Finanzdienstleiters" an der Basis. Und mit Leidenschaft. Der Buchautor ist zudem Referent für seine fachlichen Spezialgebiete. Sein Motto „Nichts ist schlimmer als auf etwas zu warten!" – Für Finanzdienstleister gilt zweifelsohne: Der Finanz- und Vorsorgemarkt ist in ständiger Bewegung. Die Finanzdienstleistung als eigenes Beratungssegment verlangt nach existenziellen und kompetenten Entscheidungen.

Kontakt unter:

st-horn@gmx.de

Werner Dütting

Werner Dütting ist Diplom-Betriebswirt (FH) und als wissenschaftlicher Mitarbeiter im FAF Verlag tätig. Er ist ausgewiesener Kenner der Finanzprodukte am Markt. Werner ist Buchautor mehrerer Bücher, darunter auch die Bestseller „Rechentraining für Finanzdienstleister", Band I, und „Die Rentenlüge 2.0".

Als freier Finanz-Journalist wird er regelmäßig in Fachzeitschriften und Newsletter publiziert. Im Studium arbeitete er nebenberuflich als Finanzdienstleister und kennt daher den Markt. Werner, Jahrgang 1982, beschäftigt sich schon seit dem 16. Lebensjahr mit Finanzen und Börse und wendet seither die Kunst der praxisorientierten Finanzmathematik an. Durch ein Auslandssemester in Schottland konnte er auch den britischen Finanzdienstleistungsmarkt kennen lernen. Seit Beginn 2008 lebt er in China und studiert dort die chinesische Sprache an der Shenzhen Universität.

www.duetting.com
werner@duetting.com